湛庐CHEERS

与最聪明的人共同进化

HERE COMES EVERYBODY

品类管理

CATEGORY MANAGEMENT

[美] 布莱恩·哈里斯
Brian Harris 著
[中] 张智强

中国财经出版传媒集团
中国财政经济出版社
北京

测一测

你了解何为品类管理吗？

扫码加入书架
领取阅读激励

- 品类管理是一种工作方法，它适用于：（　）

  A. 零售商

  B. 供应商

  C. 零售商和消费者

  D. 零售商和供应商

扫码获取全部测试题及答案，
一起学习如何运用
品类管理方法

- 一个零售门店若想吸引顾客、保障利润、超过竞争对手，就要把每一个品类都做到最好，这是对的吗？（　）

  A. 对

  B. 错

- 在超市，把同一个品牌的牛奶和酸奶集中在一起摆放的陈列方式值得推广吗？（　）

  A. 值得

  B. 不值得

扫描左侧二维码查看本书更多测试题

新零售的创新体现在应用互联网技术和大数据精准理解、认识顾客的画像和行为，实现精准营销，为顾客创造卓越的服务，而多维度的品类管理依然是实现新零售创新的基础。

侯毅

阿里巴巴副总裁
盒马鲜生创始人兼 CEO

从 2018 年春季开始，天虹的管理层有幸师从“品类管理之父”哈里斯博士和元旨品类管理创始人张智强老师，经过多轮系统地学习，掌握了品类管理的经典理论、原则和方法，并在元旨品类管理专业团队的指导下进行推演与实操，为天虹超市提升专业水平、推动业务变革、建立科学管理体系打下了坚实的基础。

在我看来，品类管理是打造零售企业可持续竞争力最为重要的基石，是彻底践行“以顾客为中心”的经营理念、确保经营战略与财务目标实现的有力保障！实施品类管理将使我们告别粗放式的管理模式，真正走上一条高质量发展的道路！

姜勇

天虹数科商业股份有限公司前副总经理、超市事业部总经理我与元旨品类管理创始人张智强老师结交甚久，亦师亦友。多年来，张老师以一位布道者的身份把哈里斯博士关于品类管理的知识不断传授给国内的零售企业，我由衷地敬佩他。

2016 年 5 月，哈里斯博士在国内第一次开授品类管理课程，地点就在湖南省衡阳市，那也是我首次了解到品类管理这一概念。我多次参加元旨品类管理课程的学习，将学到的知识结合自己企业的实际情况进行调整和优化，受益匪浅。

近年来，面对低迷的市场经济环境和零售方式的迭代创新，中国零售行业的同仁都感到迷茫。大部分的国内零售企业缺乏系统性的零售管理思维，在“内功”修炼方面还远远不够。听闻张智强老师和哈里斯博士合著《品类管理》一书，甚是欣喜。不论多么优秀的零售企业，用这本书中所讲的“三原则”“六要素”和“八步骤”做对照，都能找到巨大的改进空间，做得更好。

我是品类管理坚定的支持者和实践者。愿《品类管理》一书能为零售同行解疑释惑，打开一扇更好的大门，看到不一样的风景。

夏志秋

香江百货有限公司总经理

随着中国零售市场的不断发展，品类管理正成为零售企业成功的关键因素之一。品类管理的目的是优化企业的商品组合，提高销售额和利润率，同时降低库存和成本。在中国零售市场上，品类管理的重要性愈发明显，因为中国零售市场拥有庞大的消费需求，中国消费者有复杂的消费习惯，因此零售企业需要实施专业的品类管理来满足市场需求。

一方面，消费者对高品质、高性价比商品的需求越来越大，品类管理帮助零售企业根据这一需求选择适当的品类组合，提高商品的卖点和附加值。另一方面，品类管理也有助于零售企业降低库存和成本，加速资金周转。通过合理实施品类管理，企业可以有效降低库存、避免滞销情况的发生，同时货品周转率和库存周转率也会随之上升，企业运转也将更加流畅。

在中国，品类管理不仅是零售企业优化商品组合、满足市场需求的关键，也是降低成本、提高利润的最佳方法。随着市场及消费需求的不断变化，零售企业需要不断提高品类管理的专业性和创新性，在激烈的市场竞争中保持竞争优势。

智强老师是我认识多年的好朋友、好老师。他对工作的执着和热情是我非常敬佩的。他知识渊博、谈吐风趣，使人总想和他交流。他对品类管理的研究很深刻，我深信，读他的《品类管理》一书，定会受益匪浅！

李燕川

北京超市发连锁股份有限公司原党委书记、董事长

从欧洲开市客参观出来，智强提出了一个问题，开市客店里有多少个品种，几位国内零售企业的董事长众说纷纭，认为在 1 万 ~ 5 万种。而智强的答案让我们所有人都震惊了：4 000 种！于是我问他，怎么这么少又显得这么多？他沉吟了一下说："欧美有门商业学问，可以解答这个问题。"

这是我们第一次听说品类管理。后来，我们通过智强邀请到了"品类管理之父"哈里斯博士来中国讲课，而智强也创建了团队帮助我们学习品类管理。学习品类管理，对我们，特别是对生鲜传奇的发展起到了极其重要的作用。

去年，我听闻智强和哈里斯博士联合在创作《品类管理》后大喜，非常希望一睹为快。学了很多年，依然觉得资料少，学习得不透彻，特别是原有的书，时过境迁，适用性已有所不足。

我一直借《西游记》的桥段和朋友们推荐品类管理：品类管理的内容是"品类管理之父"哈里斯博士的"大乘佛法"，而张智强老师就是不畏艰辛、克服种种磨难为中国零售人取经的"唐三藏"。

王卫

生鲜传奇创始人、董事长

在华冠向新零售转型的过程中，我深刻认识到哈里斯博士和张智强老师的品类管理对全渠道零售的通用性，是经营者深刻理解顾客需要和消费者购物行为最有效的方法。线上与线下仅仅是外在的形式不同，而以顾客为中心的内核是永恒一致的。

肖英

京东集团北京华冠商业科技发展有限公司总经理

品类管理是现代零售的基础语言和底层逻辑，是实现“以顾客为中心”的有效方法，是零售人的必修课。

郭戈平

中国连锁经营协会创始会长

品类管理是零售行业进行商品管理的一种方法论，不仅适用于实体门店，网络零售商也在使用这种方法，还有人把它应用在餐饮企业的餐单管理上。品类管理是一个舶来品。20 多年前，中国连锁经营协会和美国食品营销学会合作，开始引进品类管理的相关图书资料，并开展了一系列培训。当时，最早的一套系列指南就是委托张智强主持翻译的。弹指一挥间，智强在品类管理的研究和推广上已经耕耘了 20 余年。今天，零售从业者对品类管理已经耳熟能详，全国 200 多所高校就读连锁经营专业的学生，也在学习协会的“1+X”品类管理课程。这些成果的达成，与智强长期投身这项工作密不可分。

当前，超市的发展遭遇了很多困难和挑战，消费者到超市购物的频率越来越低，供应商把商品和营销资源更多地投放在线上渠道。如果不能把消费者吸引到门店，超市的价值将不复存在，给消费者一个到店的理由，是关乎实体零售生存与发展的核心命题。零售行业的应对策略很多：做餐饮、创立自有品牌、建设中央厨房、使用预制菜，以及线上履约。这些方法都有一个共同的问题，就是没有触碰到零售企业的一个核心任务：商品管理。零售业毕竟是以销售供应商商品为生的，即使向制造型零售转型，也是以扎实的商品管理能力为基础。

因此，品类管理作为超市商品管理的方法论，理应得到更普遍的重视，更深入的理解和更广泛的实践。此次张智强先生和品类管理之父哈里森博士联袂推出基于中国品类管理实践的新作，对行业转型和精细化管理是一场“及时雨”，希望得到业内同行的关注。“理论是灰色的，生命之树常青”，基于品类管理的理念和逻辑，结合各自企业的实际，创造性地吸收和应用，一定会结出丰硕的成果。

裴亮

中国连锁经营协会名誉会长

零售行业当下的困境与 20 世纪 80 年代中期的美国颇为相似：门店饱和，成本上涨，各种新业态强势突入，所有零售企业都饱受困扰。哈里斯博士在那时提出的品类管理方法，为苦苦挣扎的企业找到了正确的出路：回归零售本质，以了解顾客为起点，凭借科学的决策方法提升商品力。如今，哈里斯博士和智强兄合作，针对国内市场的特点，全面阐释品类管理的奥妙，必能为锐意进取的国内同行指明正确的方向，引领大家成功破局，走向成功。

彭建真

中国连锁经营协会会长

品类管理，决胜零售。《品类管理》一书闪耀着真知灼见，是品类管理的集大成之作，我与哈里斯博士与元旨数据创始人张智强在 ECR 共同体（ECR Community）与中国 ECR 委员会（ECR China）的工作中有过多次深度交流与合作，这本书对品类管理的解说让人醍醐灌顶。品类管理的前世今生、原理原则、战略定位、核心要素、业务流程、顾客与门店、零售与供应链……书中都娓娓道来，相信会给予我国消费品零售业从业者智慧、启迪和借鉴意义。

孔洪亮 博士

中国 ECR 委员会执行秘书长
中国条码技术与应用协会理事长
中国物品编码中心应用推广部主任

爱因斯坦说过："世间最美好的东西，莫过于有几个有头脑和心地都很正直的朋友。"张智强正是我人生中这样的一位朋友。品类管理是零售企业必备的能力，中国改革开放 40 多年来，零售企业在资源整合、规模化发展方面取得了举世瞩目的业绩，但在管理基础层面打造得并不扎实，特别是在数字化快速发展的时代，显得不够深厚。品类管理是零售企业必备的能力。哈里斯博士和张智强老师合作撰写的这本《品类管理》，不仅为中国零售行业填补了企业管理的一块基石，也为世界零售行业开启了数字时代品类管理新的篇章。

杨德宏

杭州米雅科技联合创始人

"品类管理"是零售管理最重要的"专业基础课"，张智强先生是这门课程在中国最资深的专业老师，多少年谆谆教导，受教者不知凡几！他与哈里斯博士联袂合著的《品类管理》，是一本继往开来的里程碑之作。这本书一方面更精练地描述了品类管理的基本原理和运行过程；另一方面阐述了数字零售时代品类管理的新境界、新技术和新价值！各位零售人，"智强老师上新课啦"！

刘向东

中国人民大学商学院教授、中国连锁经营协会特聘专家

近年来，品类管理在中国的广泛传播和实践，为推动零售企业的精细化管理做出了突出贡献。但是，在学习和实践的过程中，零售企业对品类管理的理论和方法仍然存在理解不清的现象，它们缺乏一本权威、系统、通俗易懂、理论与实际相结合的教科书。品类管理之父哈里斯博士与他的中国合伙人张智强先生联袂推出的《品类管理》一书，针对目前零售企业经营中普遍存在的问题，从品类管理的原则和方法的角度提出了一系列思想和解决方案。我们期待这本书能够为转型期的中国零售企业提供新的启示，推动零售行业的可持续发展。

陈立平

首都经济贸易大学教授

基于30多年的零售从业经验和国际零售咨询经历，我可以确定无疑地说，想要认识、理解不断变化的消费者、购物者的需要和期待，进而做出有效回应，品类管理是最重要的理论基础。它不仅能提高零售企业的销售和利润，更能帮助零售企业树立差异化的品牌形象，获得竞争优势。说到底，它能保证零售企业从营销到商品展示、从采购到供应链的每一项经营决策，全都聚焦到为消费者和购物者提供价值这一共同目标上来。

戴维·钱乔（David Ciancio）

克罗格前副总裁

邓韩贝战略零售总监

在哈里斯博士的亲自指导下，永旺一直受益于品类管理的基本理念。哈里斯博士与张智强先生针对中国市场特点的这本新作，一定会帮助中国零售同行突破时下的困境，赋予品类管理新概念，从本质上提升经营能力，获得成功。

羽生有希

永旺集团执行董事、副总裁

坚持不懈地把经营重点放在认识消费者和购物者的需要，并以此为基础向顾客提供服务，这是贯穿整个现代零售历史最重要的成功要素之一。布莱恩·哈里斯博士在30多年前提出的品类管理被全世界普遍接受，作为标准的以顾客为中心的零售经营决策方法，这种方法一直持续不断地为零售企业创造卓越的销售业绩和利润。他与张智强合著的《品类管理》一书，为中国零售企业详细讲解了品类管理的重要性和成功实施的方法。

德克兰·卡罗兰（Declan Carolan）

ECR共同体联合主席

我与哈里斯博士在 2005 年为日本零售行业写过一本类似的书。在过去的 18 年中，那本书帮助日本零售企业和制造商在诸多挑战面前实现转型。我相信中国版的《品类管理》同样会让中国零售行业受益。

佐野吉弘

太平洋联盟集团 CEO

日本版《品类管理》联合作者

在零售企业高层管理岗位工作的 30 年中，品类管理一直指引着我，确保我的所有决策都聚焦于为消费者和购物者提供更大价值。与此同时，我的团队也利用那些常识性原则和逻辑清晰的“八步骤”去制订“品类经营计划”，从而推动了业绩的增长。如果没有对品类管理的信念和坚持，我们不可能取得这么大的成功。我相信，利用品类管理的原则和方法，中国零售企业一样会实现骄人的增长。

比尔·吉利斯皮（Bill Gillispie）

微软客户交付合作伙伴

Supervalu 前营销副总裁

我与天虹超市等多家中国零售企业一起工作过，帮助他们实施哈里斯博士的品类管理方法。我获得了这些企业通过品类管理实现销售和利润增长的第一手资料。更可贵的是，通过实施品类管理，这些企业的团队能力得到了提升。我向读者们保证：品类管理对中国企业绝对有效！这本书能够教你如何用好品类管理。

丹尼斯·索博特卡（Dennis Sobotka）

国际知名品类管理顾问

在如今这个全渠道零售营销的环境下，品类管理是零售企业获得成功不可或缺的经营方法。在职业生涯中，我一直靠着品类管理的方法去理解和认识消费者与购物者趋势，帮助零售企业和品牌制造商在复杂多变的商业环境中制定有效的战略、战术，去实现差异化、获得竞争优势。

卢克·德默勒纳尔（Luc Demeulenaere）

国际知名快消品顾问

宝洁前全球购物者研究总监

回归零售经营的本质

布莱恩·哈里斯博士
品类管理创始人

现代零售的历史，是一个不断发展和持续进步的过程。毫无疑问，充满活力的零售行业给零售商和供应商都带来了巨大的挑战。同样确定无疑的是，能够保持成长并取得成功的零售企业，一定是能准确认识顾客需要和消费者购物行为，深刻理解那些到自家门店、网站上选购其品牌的购物者的企业。想要做到这一点，零售企业必须兼备多种要素，包括最高领导者及核心管理层愿意真诚投入、能对未来机会做出清晰的判别，可以有效地使用经过实践验证的、以消费者为中心的经营方式。最重要的是，企业各层管理者要掌握正确的品类管理技术，并拥有将其付诸实践的能力。在我提出品类管理这一理念后的 30 多年中，它一直都是提供这些成功要素的平台，简单易行且实用有效。

三种力量推动零售行业不断发展

品类管理有很多独特的地方。首先是它的适应性，这也是它最突出的特点。30 多年的时间里，虽然零售行业经历了许多变化，但它都能很好地适应。其次，无论是发达或欠发达的国家和地区，品类管理均适用于当地的零售行业，展现出普遍有效性。最后，世界各地的零售行业对品类管理的定义及其业务流程完全一致，这在零售行业和消费品营销行业是少有的。**过去 30 多年，零售行业出现过很多新方法、新工具，但据我所知，就长久有效和广泛适用而言，品类管理是绝无仅有的。**显然，这是因为品类管理能够持续地为零售企业和消费品营销企业带来积极的结果。业内对品类管理重要性的认可，从品类管理出现伊始便未曾衰减，**30 多年来，品类管理一直是指导零售企业经营成功的良方。**

回顾零售行业的发展与进步历程，可以发现有三种推动力量，它们会单独或者组合起来发挥作用。第一种力量是最重要的，即消费者生活方式和购物行为的变化。时至今日，消费者在健康、生态环境和生活方式等方面的需要的变化，依然显著地影响着他们对产品和品类的偏好，特别需要注意的是这些偏好在不同的消费者群体（千禧一代、Z 世代和 X 世代①）中存在差异。消费者的生活方式和购物行为的变化，受线上购物渠道发展的影响最为显著。如今，全渠

① 这三个词是普遍流行于欧美国家的代际术语，指以出生年代划分的三类人群，有各自独特的社会行为模式。不同机构和专家采用的具体划分界限并不完全一致，以下所述仅为比较常见的一种。千禧一代指在 20 世纪出生，千禧年（2000 年）开始达到成人年龄的一代，通常是指出生于 1981—1995 年的人，其主要特征是与互联网共同成长。Z 世代紧随千禧一代之后是到 21 世纪第一个 10 年底成年的一代，通常指出生于 1996—2009 年的人，主要特征是伴随着实时通信、移动互联网和社交媒体的发展长大。X 世代是 1965—1980 年出生的人，其特征是经历了个人电脑和互联网从无到有的时代，积极接受移动互联、智能终端和社交媒体，但并未完全脱离传统大众媒体的影响。

道购物行为已成常态，所有零售企业对此都应有自己的对策和答案。

第二种推动发展的主要力量，是零售行业内部的竞争。30 多年前，零售行业的内部竞争几乎局限在各传统实体零售企业的不同业态（超市、大卖场等）之间。以美国的沃尔玛、欧洲的奥乐齐（Aldi）和 Lidl 等为代表的折扣店以及宠物用品专卖店、个人美容品店等“品类杀手”的出现，导致零售竞争环境突变，传统零售企业不得不从根本上调整自己的营销策略、商品经营和营运方法来应对这些新锐的竞争对手，寻求生机。面对新威胁反应迟钝的零售企业，都已被市场吞噬而无踪无迹了；那些发展出有效应对方法的企业，才能在比以往更高的层次上继续向成功迈进。品类管理成了零售企业有效应对威胁的核心方法，并重新定义了未来的成长之路。近年来，最明显的新竞争是线上零售渠道（亚马逊、阿里巴巴等）的出现和快速发展。这些新购物渠道的迅猛成长，让零售企业感受到了无比巨大的压力，迫使他们全面提高自身在各方面的经营能力。面对新的竞争压力，品类管理再一次帮助零售企业将目光聚焦于解读消费者的需要，明确用系统化的经营方式优化品类并满足顾客购物愿望的重要作用，成为新零售环境下企业经营成功的重要因素。

第三种推动零售发展的力量，是信息技术的进步。自从 20 世纪 70 年代早期 POS 数据出现以来，各种新型信息数据源源不断地出现，让零售商和供应商可以利用它们更好地理解消费者和购物者，将从信息数据解读中所得的相关洞察加以实际应用，从而改进营销和商品经营的具体方案。新的分析工具让信息数据的抓取和应用更精准、更快捷、更有意义。从早期的 POS 数据到今天的人工智能和机器学习方法，信息数据已然成为影响零售商和供应商决策的关键因素。一方面，基于最准确、最完善的消费者与购物者信息制作的品类经营计划，能让品类管理方法发挥应有的作用。那些及时发展了信息技术相关能力、改善了品类管理方法的零售商和供应商，能利用最切实的信息辅以最有效的分析工具做出经营决策，从而为其发展和进步提供保障，并且持续地获得优于同行的经营效益。另一方面，无法跟上发展步伐的企业，就会处于明显的劣势地位。

零售进步的三种推动力量——消费者生活方式和购物行为的变化，零售行业内部的竞争和信息技术的进步，共同塑造了零售行业过去 30 多年的历史，并会在未来继续推动零售行业发展。零售经营者必须学习在充满活力与挑战的环境中的生存之道，抛弃注定被淘汰的旧方法和旧模式。在过去 30 多年中，品类管理在帮助零售商和供应商应对新消费者、新购物者、新型竞争和新技术发展的冲击，实现成功转型的过程中，扮演了关键角色。不论在美国还是欧洲，都有无数的零售商和供应商由于没能及时提升经营能力、升级经营方式，被市场淘汰而销声匿迹了。

品类管理的普及意义重大

中国零售行业同样经历了一段引人入胜的发展过程。在这个全新时代的第一个阶段，发展的焦点是在中国许多城市中出现了大量的现代化超市和其他类型的零售门店。这个阶段是由为数不多的中国零售企业家引领的，他们发现了利用一般物业开展零售经营的巨大先机。如今，那些轻松成长的岁月不再，推动当下中国零售行业发展的外在环境已与他国别无二致：消费者和购物者的期待日渐高涨，以线上零售和线上线下融合为突出业务形态的各种新竞争者不断入局、迅猛成长，新的零售技术和信息源改变了零售经营者的决策方式。以其他国家的过往情形为鉴，不能及时升级自身能力和方法的零售商和供应商是不会有生存机会的。在下一阶段，零售企业发展与进步的先决条件，是形成以消费者为中心的决策模式，确保推行消费者中心制的商业模式所需要的经营方式和专业人员的就位。而品类管理，是零售企业达成先决条件的过程中最重要的方法之一。

在过去 10 年中，我有幸多次到中国参访，目睹了这种发展给零售商和供应商带来的冲击。通过元旨品类管理讲习班和各种咨询项目，我和张智强一起把品类管理的原则和方法介绍给许多零售企业和他们的核心管理层。推行品类管理原则和方法的成效极大地鼓舞了我们，这种实际经验无可辩驳地证明了，

在其他国家和各种不同的零售条件下发挥作用的品类管理方法，在中国同样适用。有机会亲自把品类管理方法的好处介绍给中国的零售企业和供应商让我心潮澎湃，激动不已。有机会参与中国零售行业的重要转型过程，也让我欣喜与感激。

我和智强合写这本书的决定，是基于我们对中国零售行业和消费品营销行业的共同认识，我们认为，让正确的品类管理方法得到尽可能广泛的传播，使这些简捷、清晰的原则和高效、易用的方法得到普及意义重大。我们确信，在未来的很多年中，这些方法将在中国零售企业和供应商的成功之路上扮演极为重要的角色。

有效实践品类管理的关键

从提出品类管理方法的最开始，我总是不断强调**品类管理最持久的益处在于对零售企业和供应商企业中的人的影响。**品类管理本身仅仅是一套方法、一种达成目标的手段，通过为消费者和购物者提供额外的价值实现经营效益的最大化。但若要达成此目标，企业的核心领导层和管理团队就必须有强烈的意愿，在推行品类管理的日常经营活动中承担相应的角色和责任，以及具备相应的技能。这要求企业的一把手及高层领导者愿意真诚付出，乐意接纳和聘用技能合格、态度积极的人，不间断地培养他们的决策能力，基于他们所取得的业绩给予奖励。在 30 多年的工作实践中，我与世界各地成百上千的零售企业和供应商企业打过交道，最让我感到欣慰的就是看到这些成功应用品类管理的企业所培养的行业精英的成长。这才是品类管理真正经久不衰的价值。

我们希望这本书能激发你继续深入学习品类管理的热情，并帮助你将这一经过实践验证的、有效的方法付诸实践。品类管理的好处难以尽述，以下 5 点建议或可助你及早受益。

- 鼓励企业中的所有管理者共同阅读、研究并探讨书中的内容，获得对品类管理深入、一致的认识。

- 对推行品类管理所需的团队能力做出评估，最重要的是评估团队成员的技能，找到薄弱环节，制订弥补计划。
- 选出几个对企业成功有战略意义、能创造竞争优势以及对重要的消费者和购物者产生巨大影响的品类，运用品类管理的基本原则寻找改善这些品类业绩的机会。
- 选出几个认同品类管理原则并愿意积极实践的供应商一起学习，用品类管理的方法，找到改善品类和品牌业绩的机会，携起手来共同进步。
- 聘请一个有成功的品类管理实践背景的教练或者咨询顾问，常能使学习事半功倍。

愿此书给你欣喜，谨谢。

Category Management

引 言

品类管理，零售经营一切努力的起点

零售行业遭遇历史性危机

如今，前所未有的经营压力落在了整个零售行业之上，且在日益加重，能够轻松应对的企业寥寥无几。究其原因，有人说是电商快速扩张的结果，有人说是资本“烧钱”换流量导致的，也有人说是宏观大势所致……但最本质的要点却鲜少被提及：**中国零售市场已发展到了门店、渠道饱和的状态，市场无法养活现有的全部门店、渠道，一场关乎优胜劣汰的空前残酷的洗礼已经开始了。**

零售经营者们正处在一个历史性的转折点上。从此以后，大型零售门店的数量将逐渐减少，每年关张的门店数量会多于新开的门店；效益上不去的企业将面临艰难的抉择，要么早一点放弃努力低价出让所有权，要么咬牙坚持，直到无以为继、破产关张。为零售企业供货的批发商、代理商和制造商，因为倒闭的零售企业拖欠货款而陷入困境的将不在少数，尤其当那些百亿规模以上的零售企业倒下时，其危害所及将难以估量。零售企业为了控制成本而裁员，将使大批员工失业；因为广泛的兼并重组，零售企业的管理岗位的数量将大规模缩减，有资格宣称自己是“零售行业管理者”的人会逐年减少。

这样的描述，不是出于想象和推理，而是对过往历史的回顾，是美国和欧洲零售行业从 20 世纪 80 年代开始的真实经历。门店过剩是那个时代欧美零售行业突然陷入的困境和一场劫难，但也恰恰是那段艰难的历程，提高了这个行业的整体素质，造就了一批出类拔萃的新生代企业家和零售经营者。他们以品类管理为基础，把顾客需要和门店商品紧密联系起来，更新了战略逻辑，升级了战术方法，用更有效的方式为顾客提供商品和服务，开辟了消费者洞察、零售品牌、购物者营销、全渠道营销和全渠道零售等一系列零售新领域。

中国的现代零售业肇始于 20 世纪 90 年代中期，开架售货和连锁经营相结合的经营模式，经历了 30 年的好时光，各地市场的门店数量供不应求，各类大小门店开一个火一个，既繁荣了当地市场、丰富了居民生活，也为早期的创业者们积累了可观的财富。

对于习惯了过往经验的企业家和管理者们，当前这个历史性转折的节点，是一个生死攸关的考验，而对于锐意变革的领导者和新生代的零售精英们，这却是一个难得的历史机遇。

零售经营专业性被严重低估

零售经营的专业要求和精微程度很容易被错误地低估，原因有三点。

被低估的第一个原因是零售经营看起来过于“简单”。零售经营的最终产物是“门店”，而从顾客的角度对门店的商品、价格和服务等做出评价并不难。以这样的评价为基础，想象在经营方式上做出某些改进以获得更好的效益，总会让人很受鼓舞。在经营手机、芯片和软件等科技产品时，人们往往容易相信其涉及的是专业领域，会带着敬畏之心谨慎地发表意见，但对日常光顾的超市、便利店及其背后的企业的经营，能够自信满满地表达自己独到见解的人却不计其数。

被低估的第二个原因是零售行业的人员结构比较宽泛。零售是劳动密集型行业，被外界看到最多的“零售人”是在店面整理商品、为顾客提供服务的普通员工。零售企业对这些员工通常没有绝对的学历要求，也没有期待他们能有所创新，主要的要求是他们能按照标准的作业流程完成既定的工作任务。人们很难从这些基层员工身上看出什么“深奥”的专业工作内容。在跟零售企业高层管理者甚至老板接触之后，这样的误解有时也难以消除，因为他们时常不会过于外露自己的过人之处。

被低估的第三个原因是关于零售的通俗读物。关注零售行业的人，大都愿意从沃尔玛创始人山姆・沃尔顿（Sam Walton）的传记《富甲美国》以及日本 7-Eleven 创始人铃木敏文的半自传体随笔《零售的哲学》等畅销书中获得对零售经营的理解，寻找零售经营的有效方法，甚至是秘诀。完整地读过《史蒂夫·乔布斯传》的人应该比读过《富甲美国》和《零售的哲学》的少很多。《史蒂夫・乔布斯传》的读者中，相信自己可以高明地经营一家科技企业的人寥寥无几，而读了沃尔顿的自传和铃木敏文的书后相信自己找到了正确零售经营方式的人却不在少数。这样的误解，发生在一般人身上并无大碍，但如果发生在零售经营者或者投资者身上，就可能是致命的。

零售经营的专业性、行业的竞争程度及投资风险，与其粗浅的表象之间有着巨大的差异。作为一个整体，零售企业的智力水平和经营智慧，在人数众多的店面员工和一般管理者身上几乎体现不出来，而是高度凝聚在极少数把控企业方向、构建经营体系的核心领导者的头脑之中。沃尔玛的雇员有 200 多万人，但掌握并决定其成功密码的核心只是本顿维尔（沃尔玛总部所在地）的极少数人。对企业成功的智力贡献高度集中在少数人身上，是零售行业的突出特征之一。

在世界范围内，优秀零售企业的领导者都拥有一种独特素质，就是能让自己企业最基层的门店员工感觉自己亲切且平易近人。沃尔玛创始人山姆・沃尔顿、会员制仓储俱乐部先驱索尔·普莱斯（Sol Price）[①]、开市客创始人吉姆·辛

① 1976 年，普莱斯在美国圣迭戈开设了第一家会员制仓储批发卖场普莱斯会员店（Price Club）。——编者注

内加尔（Jim Sinegal）、英国特易购前首席执行官特里·莱希（Terry Leahy）①、H-E-B 董事长兼首席执行官查尔斯·巴特（Charles Butt）、德国奥乐齐创始人阿尔布莱希特兄弟等都具备这样的能力。他们每个人都是沟通大师，被员工爱戴，受大众景仰。在自己员工的心目中树立节俭、勤劳的形象，并刻意展现跟普通人一样的人生，是他们的工作性质所要求的。他们的传记的最大价值就是给自己的员工看，而他们真正珍视的经营原则和意义深刻的实践心得，不但无须在传记中讲述，甚至有必要极力避免出现在自己的故事当中。

依靠阅读优秀企业家的传记或者他们写出来的文字去理解零售经营的奥秘是不完整的，还可能被引入歧途。

零售行业需要系统学习专业知识

在美国和欧洲，现代零售已经经历了 100 多年的发展，优秀的经营者和研究者在实践中积累了大量有效的专业知识和系统化的经营方式，并在实践中不断丰富和完善。“从实践中学习”，换个角度也可以说是“从错误中学习”，就是在实践的过程中不断尝试，不断出错，并持续修正。

凯马特（Kmart）曾是美国第二大零售企业，2002 年申请破产，到 2022 年只剩下 3 家门店。这家企业的历史可以追溯到 19 世纪末，比沃尔玛早很多，甚至第一家采用折扣店模式的凯马特门店（1962 年 3 月 1 日开业）也比沃尔玛的第一家折扣店（1962 年 7 月 2 日开业）早了 4 个月。1994 年，凯马特处于发展的顶峰期，它拥有 2 486 家门店，遥遥领先于沃尔玛。但它倾覆、坍塌的过程，给员工、顾客和股东都造成了巨大的损失，给供应商的打击甚至是灾难性的。

① 特里·莱希讲述自己在 14 年首席执行官任期中带领特易购成长为世界零售巨头、揭示特易购成功背后真相的作品《赢的真相》中文简体字版已由湛庐引进，浙江人民出版社于 2014 年出版。——编者注

弗莱明斯（Flemings）原本是美国最大的批发企业，顶峰时期年收入近200亿美元，拥有超过2万名员工，业务遍布美国各州。由于1993年与凯马特签订的一份长达6年的供货合同，被卷入凯马特的债务漩涡之中。因1996年的一项诉讼案的触发，弗莱明斯的股价跌了93%，从此不复昔日的风光。有人估计，凯马特失败所致的损失，当以千亿美元计。

通过分析、总结凯马特从崛起到落败的过程，人们发现其错误的模式很典型。当时的美国折扣店市场，沃尔玛不遗余力地强调低价，通过各种先进的管理方法把门店运营成本和商品物流成本控制到极致，在成本上处于绝对领先的地位，为低价策略奠定了基础，提供了保障。塔吉特（Target）则另辟蹊径，避开沃尔玛的锋芒，通过突出品质和时尚，提升品牌形象，放弃低端顾客，专注于吸引并服务青睐自己的优质顾客，同样取得了不俗的业绩。而凯马特却被自己模糊不清又僵化死板的战略夹在了中间，既跟沃尔玛比拼价格，又试图抓住高端顾客，用明星代言，陷入了“既要、也要、还要”的泥潭不能自拔，最终，凯马特因为一场与沃尔玛的全面价格战败北而全面崩塌。

为学习付出巨大代价，即使优秀如沃尔玛也不能幸免。1998年，沃尔玛通过收购德国SPAR[①]一个主要加盟商的门店进入德国市场，却在德国接二连三地遭遇挫折，究其主要原因是沃尔玛的经营方式和德国消费者的购物习惯之间存在冲突。

在美国，沃尔玛的服务原则要求员工与顾客近距离互动，帮助顾客选择商品，这也是沃尔玛在美国市场广受赞誉的服务标志。但德国文化的特点之一是人与人之间保持必要的距离，这是表达礼貌和尊重的必要条件。德国消费者习惯通过看商品说明书获得信息后独立做决定。当沃尔玛坚持要求德国员工为顾客提供亲切的美式服务时，先是受到所有员工的抵抗，当员工被艰难的说服和被严格的纪律整肃后，他们接近顾客的一系列行为又遭到了顾客的强烈不满，不仅没被认为是贴心的服务，反而被视为无端的骚扰。沃尔玛在德国市场

① 全球最大的自愿连锁组织和最大的食品分销企业之一，成立于1932年，总部位于荷兰。——编者注

苦撑了 8 年，直到 2006 年又不得不把 85 家门店卖给德国的麦德龙（METRO AG）。在这 8 年时间里沃尔玛付出了高昂的学费。

据统计，过去 30 年从美国市场上消失的知名超市品牌，足足有 100 多个。这些品牌曾经在他们各自的市场深入人心，广受当地顾客欢迎，但在美国市场进入门店过剩的激烈竞争环境后，他们或是被转售给了其他企业而被别的品牌覆盖，或是企业破产、门店关张，品牌消失在了人们的视野之外。

回顾美国零售业同行曾经付出的代价，有助于我们理解他们付过多少学费，也从一个侧面提醒我们，他们可能从惨痛的实践过程中学到了很多我们不知道的知识和技能。系统化地研究并学习这些专业知识可以让我们少走弯路，减少自己为学习付出的代价。

在美国和欧洲，以自选和连锁经营为特征的现代零售行业经历了 100 多年的发展过程，在这么长的时间里，零售经营者和研究者从经营实践和代价巨大的失败中不断总结、提炼，逐渐形成了一套有着严密内在逻辑和相对完整的知识体系，在零售行业中广泛传播，成为零售经营实践的基本原则和方法。这些实用的知识也被转化提炼，在大学的课堂里讲授。零售专业和零售课程已成为欧美商科大学里最常见的学科和教学项目。

从学术分科的角度看，零售的专业知识主要集中在两个领域：一是关于如何吸引顾客、鼓励顾客购买的“营销”（marketing）；二是关于提高商品传递效率的“营运”（operations），而信息技术、人力资源、成本分析等，都是给管理者在这两个领域的努力提供支持的。

营销工作的重点，是围绕顾客需要选择商品，并在门店展示商品；营运工作的重点是把选定的商品以快捷、有效的方式传递给顾客。显而易见，如果商品选择与展示出现错误，营运工作的作用就会大打折扣；而如果商品的选择与展示是精准、有效的，营运工作就能锦上添花。因此，为顾客选择、展示商品的水平和质量，是其他所有工作最根本的基础。而品类管理对这两项工作而言，都非常重要。

品类管理，打造零售企业可持续竞争力的基石

品类管理是关于选择与展示商品的实用方法，是在美国零售企业面临门店过剩的困境时提出来的。它是从深度认识、解析顾客需要和消费者购物行为开始，找出顾客评价与选择门店的基本逻辑，本着“以顾客为中心，以事实为依据”的精神，提出的一系列实用、有效的原则、方法和工具。

品类管理有一套完整的知识体系，需要从整体上理解和掌握，包括零售商品经营的品类管理三原则，企业推行品类管理方法要做的六个方面工作，也就是品类管理六要素，以及优化具体品类的基本方法，即品类经营计划八步骤。

经过 30 多年的实践和验证，品类管理已经成为全世界主流零售企业在战略规划、组织构建、流程优化、信息技术应用乃至全渠道营销和电子商务发展等领域的重要基础，是零售企业进行品牌营销与顾客关系管理的核心要点，是零售行业和消费品供应商的共同语言，是零售经营一切努力的起点。

作为一个专业名词，品类管理在中国的传播时间并不短，几乎与世界同步，但是作为零售企业的经营实践方法和学术研究的专门学科，其真正的内涵和要义却并未被正确地理解和接受，甚至在 20 多年的传播过程中，掺杂了大量的谬误和曲解。这些谬误和曲解经过各种出版物、互联网和培训课堂传播，误导着零售经营者和研究者。

本书的目的是把品类管理的“元旨真义”准确地传达给中国零售行业的经营实践者、研究者和学习者，帮助处在历史转折时期的中国零售企业快速走出暂时的困境，缩小与世界一流企业的差距，进而赶上甚至超越他们，为中国的消费者带来更大的福利，为中国的经济发展做出积极的贡献，也为培养新一代零售精英打好基础。

在叙述方式上，我们把品类管理放在零售经营的大背景中讲述，尤其是对与营销相关联的话题做了解说，试图让没有接受过系统化的管理、营销专业知识学习的读者容易理解和接受，力争在有限的篇幅中，让读者全面、系统地了

解品类管理的原理和方法，并据此探讨影响零售未来的重要趋势。

在第一部分“品类管理的原理”中，第 1 章对现代零售经营的专业方法做了全面的概述，为理解品类管理的原理和意义做必要的铺垫。叙述方式是按照历史发展的脉络层层展开，帮助读者理解在经营方式和方法上的每一次进步所蕴含的突出的实用意义。第 2 章通过借鉴产品营销的原理和方法，帮助读者认识、理解零售营销的意义和逻辑。第 3 章在揭示顾客评价、比较与选择零售门店的基本规律的基础上，逐一讲解品类管理的三原则，并提出品类管理六要素的基本框架。

在第二部分“品类管理六要素”中，第 4 章详细解说品类管理六要素的第一项核心要素“经营战略”，并针对中国零售企业的经营实践做深度剖析。第 5 章逐一详细讲解第二项核心要素“业务流程”的八个步骤，并给出诸多示范和工具，为品类优化提供完整的方法。第 6 章分别阐述品类管理六要素中的四项保障要素，并配以具体的建议和指导。

在第三部分“品类管理创造的新机会”中，第 7 章阐述零售品类管理对供应商的影响，以及供应商可以在零售品类管理工作中发挥的积极作用，从而帮助零售企业找到新的发展机会。第 8 章全面总结零售营销的发展过程，展现以品类管理为基础的零售营销和零售营运的机会与潜力。第 9 章结合电商业务、全渠道营销与全渠道零售，展望零售的未来，以及人工智能、大数据和机器人对零售的冲击和带来的机会。

第一部分

品类管理的原理

Category Management

Category Management

第1章 零售的经营体系和零售经营技术

用“人货场”概括零售经营，如同用“人球场”概括足球运动一样，是片面的，没有看到其系统化的运行机制和精微细致的零售经营技术。

Category Management

导语

1995年12月5日，法国家乐福的中国首店在北京国际会展中心开业了。

在一个8 000平方米的商场中，两层楼全部开架售货，琳琅满目的商品和超乎想象的低价，让北京的消费者大开眼界。闻讯而来的顾客每天都挤满整个商场，收银台前也总是排着长长的队伍。

1996年8月，美国沃尔玛在深圳开了沃尔玛购物广场和山姆会员店，为快节奏的深圳生活添加了几分国际化色彩。同年9月29日，荷兰万客隆在广州三元里开了中国第一家“现购自运会员制仓储批发商场”，该批发商场营业面积达12 000平方米，开业3天之后的国庆节假期，单日销售额就超过了1 700万元。次年11月8日，万客隆北京洋桥店开业，再次轰动了北京市场，其全年日均销售额竟然高达260万元。

那时的中国，本土零售行业刚刚开始尝试开架售货，一般的店面面积从几十平方米到数百平方米不等。虽然是开架售货，却大都沿用着柜台销售时的“柜组负责制”，每段货架前都站着几个服务人员，他们既为顾客提供服务，又起到防止商品丢失的作用。这些货架销售的范围局限在粮油副食和日化类等有着标准出厂包装的商品，单店日均销售额多则数千元，少则几百元，过万元的情况很少见。

从欧洲和美国来的零售企业的门店却大有不同，面积一般在10 000平方米左右，整个店面开架售货，销售的商品涵盖水果、蔬菜、鲜肉、水产、粮油、调味品、饮料酒水、个人护理用品、家居清洁用品、服装服饰、文体用品、餐具厨具、家电、自行车以及简易的家具，几乎包括了所有零售门店里能买到的商品，他们号称“能满足顾客全部的个人和家庭需求”，标榜为顾客提供“一次性购足”的丰富商品。

这些新型的经营模式受到了顾客的热烈欢迎，强烈地震撼了当时的中国零售行业，全国各地的国有商场和民营企业家们纷纷起而效仿，按照自己的理解，打造出各种不同形式的“仿制品”，有了“自选商场”“仓储商店”“会员超市”等不同叫法。深圳及周边地区的大店多称为“××百货”，哈尔滨的小店叫作“仓买”，全国各地被冠以“××客隆”的零售企业多达300余家。

那时，家乐福、沃尔玛和万客隆在中国各地开店是受政策限制的，需要申请许可证，并且可能被随时叫停。当时正值中国加入世界贸易组织的谈判期间，世贸组织准予中国加入的条件之一，是开放零售市场，允许外国零售企业直接投资，允许国际零售企业在中国市场自由开店。少数欧美零售企业在国内市场的成功，让本土的零售经营者和企业家们看到了差距，感到了与更多国际企业同台竞争的压力。随着谈判日程的不断展期，业界常常能听到“狼来了”的呼声。

中国零售企业该如何应对？当时有一种声音说，既然人家来了，我们就应该走出去。这种说法得到了一部分业内人士的认同和政府的支持。“走出去”的第一个践行者，是北京的天客隆。

1998年8月2日，占地6 000平方米的天客隆超市在莫斯科繁华的新阿尔巴特金大街开业了。国内的媒体报道说，天客隆在开业当天的销售额就达到了20万卢布，大获成功。

我在2000年春节期间专程去莫斯科看了这家店。回国后被问及我对这家店的印象时，我说，“莫斯科的天客隆跟北京的家乐福差不多”：两家店的员工都是中国人（莫斯科天客隆店里的员工主要是从北京派过去的），经营的商品以中国生产的为主（天客隆的商品全部是用铁路集装箱从国内运去的），服务的顾客同样是中国人（光顾莫斯科天客隆的顾客主体是在俄罗斯当地做生意的中国人），两个店赚的都是中国人的钱。不同的只是北京的家乐福是法国人在中国开的，而莫斯科的天客隆是中国人去俄罗斯开的。

时光如梭，20多年过去了。不妨试想，今天有哪家中国零售企业能够到俄罗斯或者别的国家去开店，以当地消费者为服务对象，聘用当地员工，销售当地市场上已有的商品？

那些来到中国的国际零售企业，依靠可复制的管理系统和流程，辅之以长期积累的专业经营技术，就有了足够的竞争优势，得以在中国成功开店并拓展业务。

反观我们国内同行的成功，靠的是勤劳、汗水和积极进取的奋斗精神。我们能够模仿的仅仅是国际优秀同行的门店风格，但对他们完善的管理体系、有效的经营方式，以及从长期经营实践中总结提炼出来的专业技术却茫然不知。

开篇的第 1 章，我将沿着现代零售发展的历史脉络，从整体上介绍零售行业独特的经营方式、零售企业的经营体系和零售经营的专业技术，为准确理解品类管理做必要的铺垫。

阅读这一章，可以找到以下问题的答案：

- 现代零售指的是什么？
- 现代零售是如何发展起来的？
- 推动零售进步的三种力量是如何发挥作用的？
- 超市经营的主要特点有哪些？
- 为什么零售要连锁？
- 什么是零售经营体系？
- 零售经营的专业技术有哪些？

零售经营的进步主要体现在两个方面：一是门店吸引顾客的方式；二是传递供应商产品的方法。前者集中表现为门店业态的变化及其对顾客吸引力的增强，衡量的标准是效果；后者发生在从供应商到零售门店再到顾客付款购买的全过程，衡量的标准是效率。

推动零售经营进步的核心力量，是消费者的变化、行业内部的竞争和信息技术的发展。现代零售的发展历程，就是这三种力量发挥作用的结果。消费品供应商一直都是零售经营实践的参与者和经营方式的影响者，零售商与其既是享有共同利益的合作伙伴，又是分割共同利益的竞争对手。零售的经营体系和零售经营的专业技术，是在充满活力的竞争市场中逐渐形成并不断进化的。

消费者的变化

消费者生活方式和购物行为的变化，是推动零售经营进步的第一种主要力量。

优秀的零售企业往往会在消费者生活方式和购物行为不断变化的过程中，通过坚持不懈地寻找更好地满足其需求的方式来自我进步和发展。

在电子商务和全渠道零售广泛出现之前，“现代零售”主要指汇聚多种商品在一个门店，采取开架售货、集中收款的方式向消费者提供商品和服务的零售形式，包括便利店、大卖场等多种不同业态，常常被笼统地称为“超级市场”，简称“超市”。超市经营的突出特征是一个企业的多家门店共用一个品牌，即连锁经营。

今天人们说的“现代零售”，包括从线下门店发展起来的实体零售企业和从线上业务发展起来的综合电子商务企业。有一个明显的趋势，实体零售企业越来越多地开展线上业务，而大型电子商务企业也在不断渗透、尝试线下业务，通过股权收购、参股实体零售企业或自建门店等方式开展业务，更有从一开始就使线上业务和线下业务并行的新型零售企业。这种全渠道零售是未来零售行业的重要趋势。

丘吉尔曾说：“你能看到多远的过去，就能看到多远的未来。”了解现代零售的发展历程，可以帮助我们更好地理解零售经营的专业话题。

超市的前身

超级市场是现代城市生活的重要元素，是伴随着工业革命的浪潮于 100 多年前出现在人们的生活之中的。

20 世纪初，美国社会尚处于第二次工业革命后的急剧变化过程中，人们因为制造业的蓬勃发展聚集到大型工厂周边，在新兴的城市里安家。那时，消费者购买食品和家庭日用品的方式跟今天相比有很大的不同。咖啡、茶、糖、面粉、黄油、蔬菜、水果等，要去食品店（grocery store）购买；肥皂、刷子、垫布、餐具、小型家用五金工具等，要去日杂店（general merchandise store）购买；人们也可以去生鲜市集（wet market），那里聚集了多个卖蔬菜、水果、零食和鲜花等的货摊和小店，这些货摊和小店的商品比一般食品店的更丰富、更新鲜。城市里的各个居民区还分布着一些由专业师傅亲自经营的面包店（bakery shop）和鲜肉店（butchery shop）。这些店的面积不大，十几平方米的空间就足以维持一个不错的生意。此外，每天早晨有送奶人（milk man）挨家挨户地送新鲜牛奶，是那个年代的美国人特有的记忆。穿着制服、骑着自行车的送奶人，是清晨的居民区最常见的形象之一，受到为一家人准备早餐的主妇以及儿童们的喜爱。

彼此独立、间隔分布的食品店和日杂店，一般都是由老板亲自打理，生意好的也许会雇一两个帮手或学徒。顾客买东西的时候，通常会带着一个购物清单，隔着柜台告诉店员，店员按照清单把东西找齐并拿到柜台上，算出总金额；双方确认后登记到账簿上，顾客就可以拿着东西离开了。

这种基于社区的交易行为，规模都不大，交易双方通常是熟人，赊账是通行的方式。店主对供应商赊账，熟悉的主顾对店主赊账。每月都有固定的结账日，在结账日的前几天，店主先让顾客把欠款结清，然后结清对供应商的欠款。

一个社区里，同样类型的小店有时不止一家，但卖的东西大致相同，约有两三百种，通常都是由供应商主动送来；商品的销售价格也相差无几，由供应商统一给出。店与店之间的区别，仅在于位置和店主的待客方式。位置更好、老板热情健谈的店通常生意就会略好一些。对这种小店，美国人还有一个沿用至今的通俗叫法——“老爸老妈店”（mom-and-pop store），类似中国人常说的“夫妻店”。

自选经营模式出现

率先打破传统的人叫克拉伦斯·桑德斯（Clarence Saunders）。

桑德斯是个经营天才，他的很多创意长久地影响着美国零售业，有一些创意甚至一直沿用到今天。1916 年 9 月 11 日，刚过完 35 岁生日的桑德斯，在田纳西州的孟菲斯开了一家叫“小猪扭扭”（Piggly Wiggly）的新型食品店。在这个店里，没有将顾客和商品隔开的柜台，也没有专门为顾客拿取商品的店员，顾客被直接邀请到堆满各种食品的店内，他们可以自己随意地挑选商品，再拿到出口处的收银台结账。

进店的顾客可以在入口处拿个购物篮，边走边把选好的商品放到篮子里。通道是单向的，通道的两侧布满了精心摆放的商品，配以清晰的价格标签，看起来就很有吸引力。顾客惊奇地发现，他们竟然可以在店里直接触碰商品，即使把商品拿在手里翻来覆去地仔细看标签和使用说明，也没人会催促；他们可以从一堆柿子椒里把那个最鲜艳的单独挑出来；甚至可以悄悄地把所有的桃子从上到下轻轻地捏个遍，然后捡出最柔软的放到自己的篮子里！

为了让这个新颖的自助服务式食品店吸引镇上更多的顾客，桑德斯用了很多新奇的方法。他在门店门口安排童子军乐队表演节目。当穿着漂亮制服的孩子们像模像样地演奏时，他们的家人、亲戚和朋友都奔走相告，带着自豪地围观并顺便进店看看。以前，这是只有在庆祝大型节日才会出现的情景。

桑德斯还举办了面向进店购物的女士们的选美比赛，邀请当地有名的记者组成评审团，优胜者可以得到几美元的现金奖励。这不光让那些信心满满的女士跃跃欲试，满怀好奇的男士也都不肯错过观看这一热闹场面的机会。他还有意把色彩鲜艳的糖果陈列在较低的货架上，方便被家长带进店里的孩子们拿取。店门口还经常提供刚上市的新产品，免费供顾客品尝。在门店出口处负责收款的店员，都是面目姣好的年轻女士，她们穿着精心设计的制服，显得端庄而时尚。桑德斯常常把自己打扮得很时髦，潇洒帅气地站在店门口招呼顾客，热情地邀请街上的路人进店看看。

这些方法让小猪扭扭一炮而红，受到了孟菲斯居民的热烈追捧。桑德斯的成功故事不胫而走，模仿桑德斯的人在美国各地陆续出现。他本人也大力扩张，不断开设分店。数年时间，小猪扭扭为桑德斯带来了巨额财富，他也因为这一创举，成为华尔街举足轻重的大人物和美国商界的传奇。

从消费者的角度看，这种自选经营模式有四大好处。

- **顾客有更多的商品可以挑选。**小猪扭扭经营的品种数量在 1 000 个左右，是普通食品店的 4 倍。第二次工业革命后，日益丰富的消费品市场激发了消费者的多样化需求，人们希望不断地尝试市场上出现的新商品，这使得商家有了扩大单个门店商品容量的必要。

- **所有商品明码标价，让顾客一目了然。**至于价格是否公道、有没有额外的优惠，顾客多比较几家店的价格就知道了。这让顾客感到更踏实。

- **开架售货这种方式，给了消费者亲近商品的机会。**对任何不熟悉的商品，顾客都可以自己拿到手上掂量掂量，摸一摸，捏一捏，仔细研读包装上的标签和说明书，不必因为怕显得无知而羞于向店员询问。因为不必面对面地与店员沟通，顾客在做决定的时候也会轻松很多。

- **节省时间对顾客来讲有着尤为重要的意义。**随着经济发展，工厂里的工作有明确的轮班制度和精确到分钟的到岗要求，城市里的生活节奏也在逐渐加快，顾客希望在购物上减少一些时间。

自选经营模式也为零售经营者带来了明显的好处。

- **最重要的好处是节省了成本。**在同样大小的店面，房屋成本或者租赁价格被大了好几倍的销售额分摊，坪效有了显著提高；因为省去了为顾客提供一对一服务的店员，在销售额大幅度提升的同时，用人数量减少了，"人效"的改善是革命性的。成本上的节省，给了零售经营者降低商品售价的条件；价格上的优势又吸引了更多的顾客，如此一来，销量和利润反而更高了。

- **顾客自己选购商品的方式简化了店员的工作内容。**一个合格的店员再也不需要长时间的锻炼和丰富的经验了，他们只需要按照一定的规范在指定位置摆放商品并及时订货，就能把一家店打理妥当。

- **没有了用来做交易的柜台，一个门店就可以容下更多的商品。**这与蓬勃发展的消费品制造业所形成的日益丰富的商品市场的要求相适应。

自选经营模式也对经营技巧提出了新的要求。比如，商品的陈列和展示要能够通过视觉效果表现出足够的吸引力，刺激顾客购买。零售经营者和供应商都潜心研究商品包装的哪个角度最能吸引顾客，如何叠放更有视觉冲击力。制造商对商品在商店里摆放时的视觉效果的重视，促成了一个庞大的消费品包装行业的兴起。

除了商品本身的视觉效果，还需要用图片和文字表现商品的功能、促销优惠信息和介绍新产品等。用图片和文字与顾客沟通，就是后来的零售传播（retail communication）和门店设计等专业技术的雏形。

超级市场出现

小猪扭扭并不算真正意义上的超级市场，因为它经营的内容还仅仅局限在传统食品店商品的范围内。第一位创办超级市场的人是迈克尔·库伦（Michael Cullen）。

库伦比桑德斯小 3 岁。1902 年，18 岁的库伦进入美国有名的大西洋和太平洋茶叶公司（The Great Atlantic & Pacific Tea Company，A&P）所开的食品连锁店，一干就是 17 年。1919 年，库伦换到另一家著名食品连锁企业克罗格（Kroger）工作，又干了 11 年。库伦在克罗格成为一名区域经理，管理伊利诺伊州赫林地区的 94 家门店。

库伦在工作中产生了一个大胆的想法：找租金低的地方开更大的店。这样的店要有足够大的停车场，集中融合几种常见的小店，所售商品价格超低，不提供赊账服务，也不提供送货服务。为此，他给自己的上司，也就是克罗格的副总裁约翰·彭汉（John Bonham）写了一封 6 页的长信，详细描述了他心目中的这个宽 12 米，长 40 ～ 50 米的庞然大店。它位于距离商业中心 1 ～ 3 个街区的地方，店内 80% 的空间提供自助服务，20% 的空间是非自助区。库伦断言，这样的门店所产生的利润，可以 10 倍于一家普通的 A&P 或者克罗格现有的门店，将使克罗格成为“地球上最伟大的食品连锁企业”。按照他的想法，这种店经营的商品将超过 1 000 种，其中 300 种按成本价销售，200 种加价 5% 销售，300 种加价 15% 销售，剩下 200 种加价 20% 销售。

令他备感失望的是，这个充满激情和梦想的计划，没有得到克罗格公司高层的任何回应。于是，46 岁的库伦决定从克罗格辞职，靠自己和家人的力量开出他理想中的庞然大店。他在纽约皇后区租下一个旧车库，做了简单的改造，于 1930 年 8 月 4 日开出了名为“库伦王”（King Kullen）的史上第一家超级市场。

品类管理小知识

超级市场，特级市场，大卖场

超级市场的英文是 supermarket，由 super（超级）和 market（市场）两个词组合而成。库伦当初创造这个词的用意，是强调他开出的店在规模上的“大”和商品内容上的“丰富”。由于顺应了当时美国城市消费者的生活方式和他们对食品与日用消费品的需要，超级市场这种经营业态开始在美国市场蓬勃发展，而这个新名词也成了整个行业的统称。

第二次世界大战结束之后，在助力恢复欧洲经济的马歇尔计划的大背景下，美国政府在执行食品援助方案的同时，也把美式食品零售的超级市场模式带到了欧洲。法国的家乐福就是在美国零售市场的影响下，由马塞尔・福涅（Marcel Fournier）、丹尼斯・德福雷（Denis Defforey）和雅克・德福雷（Jacques Defforey）三位企业家于 1958 年创立的。

家乐福的法语原文 carrefour 是十字路口的意思，这是因为家乐福的第一个超级市场就开在法国南部的安纳西小镇郊外的一个十字路口。随后几年，三位创始人多次去美国参加了由 NCR 公司①主办的超市经营培训班，听了来自美国俄亥俄州的著名商业培训师伯纳多・特鲁希略（Bernardo Trujillo）的课。受

① 该公司创立于 1984 年，总部位于美国佐治亚州亚特兰大市，为全球的金融、零售、酒店等行业提供软件和服务。——编者注

到这位被尊称为“零售教父”的现代零售大师的启发，三人决定在法国开一个前所未有的超大型超市，不仅销售食品和日用品，还把通常在百货商店销售的耐用品，如服装、家用电器、家居用品等统统加入进来。1963 年 6 月 15 日，一个卖场面积 2 500 平方米，还附带了 450 个免费车位的家乐福特级市场（hypermarché①）在巴黎附近的圣热讷维耶沃－德布瓦开业了。此后，这种特级市场开始在世界各地广泛出现。

1989 年，家乐福在中国台湾开店的时候，由它的法语原文发音结合吉祥的中文寓意，得到了现在的中文名字，其特级市场的模式也被称为“大卖场”，在中国流行至今。

库伦王的“超级”突出表现在三个方面：一是面积大；二是商品多；三是刻意强调低价格。这家店的面积超过 550 平方米，比 A&P 当时的普通食品店大了 10 倍。店内商品不仅包括一般食品店出售的包装食品，还包括面包、鲜肉、水产、奶制品、蔬菜、水果等。价格上，库伦王打破了一般零售商接受供应商指导价格的常规做法，以比指导价格低的折扣价销售商品，并在报纸广告上宣称本店是“世界上最大胆的价格肇事者”。

库伦王获得了空前的成功。不光周边的居民趋之若鹜，整个纽约城都轰动了，甚至有顾客从 100 多公里以外的地方专程驱车赶来购物。

库伦王的爆火让人们看到了这种以食品杂货店为主，融合了面包店、蔬果店和鲜肉店等几乎所有食品类零售门店商品的大型自选商店的潜力，发现了不断变化的城市生活方式中所蕴含的商业机会。

开超级市场的热潮迅速在美国各大城市蔓延。库伦的两个前东家自然不甘落后，积极地追随而来。到 1935 年，克罗格开了 50 家超市。1936 年，A&P

① 法语词，等同于英语的 hypermarket，意在表达比“超级市场”面积更大、商品更丰富，可译为“特级市场”。

的第一家超级市场开张，面积超过 2 600 平方米。从 1939 年开始，A&P 着手把旗下数千家小型自选食品店全部改造成较大的超级市场，平均一家大型超市取代之前的 5 ～ 6 家小型商店。1933 年前后，克罗格的前总裁威廉·H. 阿尔伯斯（William H. Albers）也在辛辛那提开办了自己的超市，取名阿尔伯斯超级市场（Albers Super Market）。

库伦自己也在积极地开分店，到 1952 年他一共开出了 30 家店。早期的店面面积在 480 ～ 600 平方米，后来逐渐扩大，面积达到 930 ～ 1 400 平方米。

全世界最大的博物馆、教育和研究综合组织——美国的史密森尼学会（Smithsonian Institution）将库伦王确定为世界上的第一家超级市场，并总结了这种零售模式的 5 个特征：

- 由相互独立的多个商品部门构成。
- 自选经营模式。
- 以折扣价销售。
- 对全部连锁门店实行整体营销。
- 采取批量进货的交易形式。

库伦的超级市场把不同功能的专业食品店出售的商品组合经营，突破了桑德斯的小猪扭扭以食品店为主的经营模式。这一创举，将零售经营带到了一个全新的高度，从针对单一顾客需要的商品经营，扩大为针对顾客购物任务的多种需求构成的有机组合的商品经营，并对顾客的购物行程产生影响。

品类管理
小知识

顾客需要、购物任务与购物行程

顾客需要，是顾客购买商品或服务的动机所在，既有被明确认识到的，也有未被发觉的，它决定了顾客最终购买哪种商品和服务。

顾客需要可以进一步分为三种类型：功能需要、社会需要和情感需要。

功能需要具体且有形，顾客对产品或服务的评价往往根据的是产品或服务的具体功能或者对解决自己的问题带来的帮助。顾客对功能的需求是多样的。对功能需要的确定和把握相对容易，可以通过直接的顾客调研发现。比如，刚开始练习烹饪的顾客可能会说："我需要一瓶酱油。"有经验的家庭主妇会说："我需要一瓶生抽酱油。"而一位关注饮食健康的年轻妈妈可能会说："我需要一瓶没有添加剂的纯酿造酱油。"

社会需要与顾客希望别人怎么看自己有关。社会需要虽不是顾客购物的主要考虑因素，但会影响其最终决定。确定和把握社会需要有一定难度。比如，一个常看美食节目的顾客，可能会受到主持人的影响而使用与其同样的酱油。

情感需要与顾客自己想要的感受有关。对情感需要的确定和把握同样有一定困难。比如，一个高收入家庭的主妇可能会认为进口酱油在食品安全方面更让她放心。

购物任务是顾客的一次购物行为需要满足的全部顾客需要的总和。购物任务有多种不同类型，比如，周末家庭购物的任务包含购买各种食品和日用品，以应对日常消费和储备之需；每天下班之后的晚上购物任务，包括购买第二天三餐所需的多种食材；上班族在办公室附近解决午餐的购物任务，包括购买盒饭和饮料；等待与客户会面时光顾便利店的购物任务也许仅仅是购买一杯咖啡。

顾客的购物行程是完成购物任务的过程。

现代零售的商品经营，不仅要考虑如何满足单个的顾客需要，还要考虑如何满足不同的购物任务类型所需的各种顾客需要的组合方式，并在顾客的购物行程中积极地为顾客提供更好的服务。

在库伦的超级市场出现之前，“为家庭选购食品和食物原料”这个购物任务，是通过光顾多个零售门店的复杂购物行程来完成的，这些零售门店包括食品店、面包店、鲜肉店和生鲜市集等。而超级市场的好处是把不同的购物行程合并成一个，简化了顾客的购物过程，方便了顾客。

从经营思维的角度来说，顾客需要和商品之间的关系是二维的，在零售经营者和消费品供应商之间没有显著的区别；而顾客的购物任务和购物行程与商品之间的关系是三维的，除了要建立顾客需要与商品之间的联系，还要在不同的顾客需要之间建立联系。

研究顾客购物任务的不同类型，探索满足顾客购物任务的各种方法，这其中不仅关系着零售经营者的利益，也是零售经营创新的重要方向。

通过试错在实践中探索

超市随着面积不断扩大，经营内容持续延伸，例如，一些个人护理用品品牌渐渐也从百货商店转向以超市为主要渠道。零售经营者对延伸经营范围和扩大经营面积的尝试并不总是成功的，他们是在不断试错的过程中逐渐找到最佳模式的。在这方面，沃尔玛的经历就很典型。

沃尔玛最初的经营模式不是超市，而是非食品的日用杂货自选店。1962年，沃尔玛在美国阿肯色州罗杰斯市开设了第一家店。

1983 年 4 月 7 日，模仿普莱斯会员店的山姆会员店（Sam’s Club）在俄克拉荷马州的中西市开业。在美国，山姆会员店一直没能像普莱斯会员店和后来的开市客那样成功，始终是这种模式的追随者。

沃尔玛的创始人山姆·沃尔顿在一次去欧洲旅行的路上，看到了法国式大卖场的成功，深受启发和鼓舞，感到这种模式在美国也能成功。他相信，在店里增加包装食品和蔬菜水果，能让顾客光顾沃尔玛的频率得到显著提高，从而提升门店的营业额。于是，他满怀希望地开始了大胆的尝试，于 1986 年在密苏里州堪萨斯城南部以模仿家乐福的方式开了第一家“美国特级市场”，营业面积超过 20 000 平方米，店内除了自营商品区域，还有各种专业小店，包括快餐区、银行和儿童游乐场；店外还有加油站、洗车房、音像店、自助洗衣房和牙医诊所等。

沃尔顿的尝试遇到了超出预想的困难。首先，最大的困难是店太大，但那时的沃尔玛尚不具备管理如此规模的门店所需的相应能力。其次，还有制冷、取暖费用过高，停车场堵车，顾客找不到商品等难题。沃尔玛以这个模式一共开了 4 家店，最终在 1990 年终止了整个项目。

1988 年，沃尔顿卸任公司总裁，由戴维·格拉斯（David Glass）接任。同年，经过调整以后，单店面积 11 600 平方米、更适合美国消费者习惯的沃尔玛购物广场（Walmart Supercenter）在密苏里州的华盛顿市开业。这次的成功开启了沃尔玛此后以大店为主的发展模式，沃尔玛购物广场正是其在中国市场发展的主要业态。像沃尔玛这样，通过不断尝试寻找能被顾客接受的、最有效的经营方式，是零售行业中的一种常见现象。

超级市场成为主流

美国消费者对超级市场的接受程度不断提高，超市的生意越来越好，人们的消费习惯随之发生变化，这些变化反过来又促进超市经营方式的持续改善和进化。购物车的发明就是这种相互作用影响下的一个实例。

随着私人轿车的普及和家用电冰箱的流行，顾客在超市单次采购的商品数量渐渐变大。为了方便顾客在超市里边逛边拿、买更多的商品，西尔万·戈德曼（Sylvan Goldman）在 1937 年发明了购物车。购物车的普及拓宽了超市货架中间的通道，也为扩大门店面积提供了更多机会。随着购物车容量不断扩大，收银台的宽度和长度也不断拓展。20 世纪 50 年代，电动传送带开始应用到收银台上，顾客可以把更多的商品放上去，结账的效率有了显著提升。

超级市场这种富有生命力的经营模式，在美国的经济影响力迅速扩大。

1950—1960年，通过超市销售的食品在美国市场的占比从30%跃升到70%，超市行业也被泛称为“食品零售”。

超级市场不断改变着美国人的生活方式。当超市里的蔬菜和水果在品质上越来越好的时候，再去生鲜市集采购就有些不划算了。美国范围内，1955年通过超市渠道销售的预包装蔬果占全渠道销售总量的20%，1958年是35%，1964年是40%，1969是46%。20世纪80年代，生鲜市集几乎已经从美国人的生活中消失了。

由于超市货架上的牛奶都有漂亮的包装，价格也不贵，送奶人的主顾也日渐减少。20世纪60年代，向送奶人订购牛奶的美国家庭只有30%。20世纪70年代中期，这一数据仅为7%。送奶人的身影也从美国人的日常生活中逐渐消失，只会偶尔出现在上了年纪的老人对儿时生活的温馨记忆中。

行业内部的竞争

行业内部的竞争是推动现代零售进步的第二种主要力量。在大多数人眼里，开一家食品零售门店不是什么难事：选个位置好的店面，搭上货架，摆上商品，生意自然就来了。即使在今天，不论在中国还是美国，或者世界其他地区，提到创业，人们想到最多的就是开一个以食品为主的零售门店。生意好些的，可以积累财富；生意差些的，至少能为生存提供保障。

行外人的这种想法，往往忽视了这个行业的一个重要特征。超市经营的商品以基础食品和生活日用消费品为主，这些商品的市场容量比较稳定，比如，一个家庭消费的盐、糖、咖啡、茶、食用油、面包、大米、洗涤剂、卫生纸等，在总量上不会因为外部经济环境的波动产生大幅度的变化。在人口稳定的前提下，一个城市或区域的市场规模通常不会有太大的变化空间。在这样的市场中，任何一个经营者想提升自己门店的业绩，都只能从周围其他店抢生意。超市行业的市场不能被创造，只能被重新分割。

处在这样一个竞争激烈的市场中，每一个超市经营者都在积极地向自己的竞争对手学习，不断改进经营方式。正因如此，整个行业的经营水平始终处在稳步提升的过程中。

更多的超市、更大的店面

第二次世界大战结束后，美国经济持续繁荣了相当长的一段时期，经济增长平稳，物价波动不大，就业情况也很乐观。那时候，开超市是个容易赚钱的生意。坊间流传的各种关于超市经营的故事，鼓舞着人们持续开店的热情。1950—1960 年是美国超市行业发展速度最快的 10 年，超市总数从 14 000 家发展到 33 000 家。

门店数量越来越多的同时，营业面积也不断扩大，从起步时 100 平方米左右的店面一路发展下去：20 世纪 60 年代至 20 世纪 70 年代，美国超市的平均面积达到了 1 000 ～ 1 500 平方米，20 世纪 70 年代中期猛增为 3 500 平方米。伴随着门店面积的扩大，销售的商品种类和提供的服务也越来越丰富。20 世纪 80 年代后期，沃尔玛首倡的“购物广场”模式，标志着美式大卖场的兴起。这种超大型的自选商场，除了在商品功能的覆盖面上显著扩大，还常常附带药店、干洗店、小型儿童游乐场和鲜花店等，成为大型郊外商业区的主力门店。

在大多数美国人的观念里，周末是用来参加个人活动或者与家人共同度过的。起初，食品店在周六和周日是不营业的。平时的营业时间从早上九、十点开始，到下午六、七点结束，有种“日出而作，日落而息”的感觉。店铺数量持续增加，生意被不断瓜分，就有人在作息时间上动脑筋，通过打破日常惯例开拓新的机会。一周 7 天营业的方式渐渐开始流行。早上提前开门、晚上延后打烊的门店越来越多，以至于“早上 7 点到晚上 11 点”竟成了有吸引力的门店招牌，并被日本人发展为一个享誉世界的便利店品牌 7-Eleven。

为消费品制造企业提供专业服务的广告业，在 20 世纪 60 年代飞速发展，众多消费品品牌从此崛起。在 20 世纪 70 年代末到 20 世纪 80 年代初的那几年，美国超市行业开始极力效法制造业，大肆在电视、报纸和广播等公共媒体上投放广告，霓虹灯的装饰在店内店外随处可见，超市企业成为那个时代广告公司的“大金主”。

渠道的传统界限被打破

最初，零售竞争主要发生在界限清晰的各个渠道内部。超市的竞争对手就是其他超市，与药店竞争的还是药店。但到了 20 世纪 80 年代中期，不同渠道之间的传统界限开始被打破：超市大规模扩充个人护理类产品，接着商品覆盖范围扩大到保健品和非处方药；数量众多的药店也开始在店里销售食品，那些遍布大街小巷的便利店的经营范围开始向生鲜和包装食品扩展。这种被称为“渠道模糊化”的现象，把简单的一对一竞争变成了一片混战，没有人能够说清到底谁是自己的真正竞争对手，对手仿佛无处不在。

创新业态出现

在经营模式和门店业态上的创新，总会让零售经营者激动不已。零售人从未停止过尝试，当年那些满是新意的奇思妙想，有很多没能经受住时间的考验而被历史遗忘。但把精彩延续下来的也不在少数，其中最耀眼的当属开市客。1983 年，山姆·沃尔顿的山姆会员店和由吉姆·西内格（Jim Sinegal）改良的开市客开张。此外，约翰·麦基（John Mackey）[①] 跟朋友合伙开的全食超市（Whole Foods Market）的第一家店，也于 1980 年在得克萨斯州的奥斯汀开业。

在众多创新业态中，有两种业态“杀伤力”特别大，震撼了整个行业。

第一种业态是“品类杀手”（Category Killer），即重点经营一般零售门店众

① 约翰·麦基经典力作《伟大企业的四个关键原则》展现了麦基在创办全食超市的过程中，对商业的重新思考，揭示了建立伟大企业的四项关键原则。该书中文简体字版已由湛庐引进，浙江人民出版社于 2019 年出版。——编者注

多商品中的一个品类，但它经营的某一品类所涵盖的商品范围更丰富，选品非常专业，店里的员工都有相当扎实的专业知识，可以给顾客提供诸多高质量的帮助。人们之所以将其称为“品类杀手”，是因为这种店的影响力巨大，一旦某个品类“落入其手”，其他经营者的这个品类就算被“杀”死了。其路线一般是从大型门店经营的众多品类中挑出利润高、成长快的商品种类，以小型专卖店的形式把这一品类做深、做透，再辅以专业的服务。“品类杀手”一般出现在有生意基础的大店周围。

“品类杀手”最成功的典范是在宠物养护用品领域，该领域影响力卓著的企业包括美国的 Pet Smart、Pet Co、Pet Stuff 等。这类企业的门店号称能满足宠物主人的“一站式购足”需求。对比之下，传统零售门店经营的同类商品，就有明显的局限性，商品种类普遍集中在最常见的猫、狗粮和少量的宠物附属用品上。“品类杀手”一出现，顾客立刻就能感受到明显的便利，而且在店里随便转转或者跟店员聊聊，就能学到不少新奇的宠物养护知识，单是购物过程就足以让人兴奋不已。

“品类杀手”出现之前，宠物养护用品是超市成长最快的品类之一。购买宠物养护用品的基本上都是家庭顾客，这个群体正是超市的主要目标。在宠物养护用品迅速增长的年代，美国养宠物的家庭比例高达 70%，很多家庭甚至开始畜养“第二只宠物”。一旦这个品类受到冲击，就会直接影响到整个超市经营的核心。宠物养护用品是购买频率最高的品类之一，销售额常排前 10 位，成长趋势远超门店平均值。养宠物的人对这类商品的价格一般都不太敏感，所以毛利润也很可观。正因如此，该品类对任何超市而言都是极为宝贵的。但在“品类杀手”的冲击下，短短的三四年后，宠物养护用品在超市渠道的销量占比就从 90% 跌到了 35%。

如今已经退出美国市场的玩具反斗城（Toys “R” Us）也是那时著名的“品类杀手”。凭借丰富的商品、低廉的价格、让孩子们兴奋不已的门店风格，还有穿着卡通服装扮作玩偶和孩子们互动的店员，没有哪个孩子能够抵挡它们的魅力。这个玩具“品类杀手”的出现，夺走了别的零售企业在这个品类上的大好机会。

针对其他商品的“品类杀手”也不断涌现，包括软饮料、即食正餐、保健品和美容化妆品等，这给超市经营者构成了难以回避的困扰。他们无法对此视而不见，必须找到有效的应对方法。

第二种震撼整个超市行业的新业态是以沃尔玛为首的大型折扣店。就其对超市经营者产生的压力而言，甚至超过了“品类杀手”。

沃尔玛的开店速度极快。1968 年，沃尔玛的门店已经遍布美国南方各州。20 世纪 80 年代，全美各州都有了沃尔玛的身影。1990 年，沃尔玛一跃成为美国最大的零售企业。

沃尔玛的经营逻辑从第一家门店开始就很清晰：通过低价销售扩大生意规模，依靠大规模销售的批量采购可以进一步压低供应商的供货价格，而批量采购的商品还可以支持更多新开的门店，此外，新店要开在零售业不发达的偏远小镇。在这样的模式下，相关的三方都能各得其所：顾客因低价而愿意来店里购物，供应商因销售规模扩大而愿意提供支持，沃尔玛得到了持续发展的空间和快速开店的机会。

前文提到过，起初沃尔玛经营的是日用杂货自选店，食品区域只有少量的罐头。在发展的过程中，沃尔玛逐渐加大了对家庭清洁类商品的关注力度，如洗衣粉、洗涤剂、家用纸品、清洁用具等。沃尔玛看中的是这些商品较高的家庭渗透率和购买频率。与此同时，沃尔玛持续地攻入毛利更高的个人护理用品和健康美容类商品领域。

“天天低价”（Everyday Low Price）是沃尔玛的口号。沃尔玛在价格上对顾客的吸引力大，对竞争对手的杀伤力也大。沃尔顿面对竞争对手从不手软，每进入一个市场，都会靠着超低的价格占据绝对性优势。根据统计数字显示，每一家沃尔玛新店开张，周边就会有七八家原有小店退出。

沃尔玛对信息技术的应用极为重视，出色的物流效率把所有的对手都远远地甩在后面，沃尔玛将物流成本压缩到行业平均水平的一半。为了及时传输并处理商品的动态数据，早在 1987 年沃尔玛就开始租用专门的卫星为自己服务。在某次访谈中，沃尔顿甚至不无自豪地说，“与其说沃尔玛是一家零售公司，不如说我们是一家专业的物流公司，只是很偶然地做了零售”。

凭借这种超强的本领，沃尔玛的任何举措都让同行不安。当沃尔玛凭借其“沃尔玛购物广场”的美式大卖场模式把生鲜食品纳入其经营范畴，进入一直以来都属于食品超市的主要领地时，全美国所有同行都感觉像是在战争岁月里突然听到了防空警报。那时的美国超市行业流行着一个夸张的说法，“所谓战略，对于生存在有沃尔玛时代的零售企业而言，就是能够活下去的方法”。

日益激烈的行业竞争，鞭策着超市经营者们寻找既能提高顾客的满意度，又能保障良好利润的更有效的方法。

信息技术的发展

信息技术的发展，是推动零售进步的第三种主要力量。信息技术的影响力是从实现了条形码商用化之后开始逐渐展现的。

条形码这一在几乎所有产品或者包装上都能看到的、用黑白双色线条标记的符号，被认为是人类在 20 世纪最重要的发明之一，已经彻底改变了人们在这个世界的生存方式。

从顾客服务到库存管理

在超市出现的早期，每一个商品上都需要贴一个价签。顾客把商品拿到收银台的时候，收银员要看商品上的价签，一个一个地把价格加起来汇总。那时，收款环节是销售的瓶颈，给顾客找零钱时也常常出现错误。

此外，零售门店里的库存商品对经营的影响很大。备货少了，就容易在顾客需要时发生缺货，不仅会降低销售额，还可能导致顾客的流失；备货多了，不仅要占压资金，还要占据空间。正因如此，订货时机的选择和订货数量的把握，需要零售经营者具有丰富的经验。

库存商品的价值要靠周期性盘点和估算得出，而库存商品的准确数量几乎永远不可能清楚。盘点工作一般每个月进行一次：利用制式表格清点并记录店内的每一种商品的数量，再把每一种商品的数量乘以商品的价格，得出该商品的库存金额，然后全部商品的库存金额相加，就是盘点完成时的库存金额。这样计算的结果根据价格标准可以分为“进价库存”和“零售价库存”；因为两次盘点中间常会发生价格变动，又有“期初价格”“期末价格”和几种不同的“平均价格”计算方法，这成了会计人员的一道难题。在两次盘点中间的会计日记账上，商品库存金额就只能靠估算，根据过往的实际毛利率把销售金额换算成已销售商品的成本价，或者把进货金额换算成未来的销售金额，再用两者冲抵的差额与前一天的库存金额合起来作为今天的库存金额。如此庞杂繁复的工作，只有经过专门训练的会计人员才能处理。至于店内每一种商品的准确数量，因为清点的工作量太大，最多每个月只能做一次盘点，所以平时的数量都是模糊的。

相比之下，制造业的库存管理早已通过计算机系统实现了革命性的变化。用计算机来记录原材料和产成品的数量变化，每一次增加和减少都可以清晰地记录下来，而库存数量几乎永远都是准确的，把数量换算成金额也是再简单不过的步骤。计算机管理库存的软件系统很早就在制造业得到普及，这让超市行业羡慕不已，但超市的特殊性在于，要求顾客在付款时等待店员在计算机上做商品的出库记录是不可能的。

1974 年 6 月 26 日，在经过了无数的尝试和努力之后，这个问题终于得到了解决。在俄亥俄州的迈阿密市一家叫作“特洛伊沼泽超市”（Troy Marsh Supermarket）的店里成功测试了条形码和激光扫描读码器的商用方案，从此开启了超市行业的信息化时代。

使用条形码和激光扫描读码器带来的最显而易见的好处是，顾客结账的速度加快了，金额也更准确。配备合适的软件系统，库存管理也更具效率了。用这个系统记录库存减少的实时数据，配合入库时的记录，可以实时、准确地知道任何一个时间点的商品实物库存数量，准确地控制订货数量，库存周转效率得到了革命性提高，缺货率也显著下降。“库存记录单位”（stock keeping unit，SKU）从此开始流行于超市行业。

货架空间管理

超市经营中有一个规律性的现象：某一个具体商品的销售量受其陈列面大小的影响，陈列面越大，销售量就会越大。影响商品销售机会的还有货架的摆放层次。通常，略微低于顾客眼睛高度的那一层商品的销售机会最大，而其他各层的销售机会按照一定的规律递减。

如何保证成千上万个商品的销售量最大化，是关于如何分配陈列空间的一道略显复杂的计算题。从数学的角度说，这个问题不复杂，但因为涉及的商品太多，其计算量大到难以靠人工完成。

20 世纪 80 年代，开始出现专门提供货架空间分配解决方案的专业计算机软件，这种计算机软件也成为帮助企业提高货架利用率的热门工具。其中最著名的当数时任南加州大学零售研究中心主任的哈里斯博士领衔开发的阿波罗系统，以及后来出现的尼尔森 IQ 的 Placeman 和 JDA 软件等相关产品。如今，包含货架空间管理功能的零售管理系统已经非常常见了。

事务处理、过程控制和决策支持

计算机系统在零售企业经营过程中所起的辅助作用，可以归纳为三种类型：事务处理、过程控制和决策支持。

事务处理

在零售企业经营过程中，起到事务处理作用的代表是利用条形码技术的收银系统。零售经营者在系统里设定每一个商品的价格，并将条形码与具体的商品一一关联，顾客结账的时候，用扫描器照射商品或包装上的条形码，再输入商品的数量，系统就能自动计算商品的价格总和。

过程控制

自动补货功能是计算机系统智能化的表现之一，能发挥过程控制作用。为了避免缺货问题，计算机系统会为每一个商品设定安全库存值，当顾客不断购买商品导致计算机系统记录的库存值降到设定的安全库存值时，系统就会自动发出提醒补货的指令。

决策支持

计算机系统决策作用的发挥体现在库存管理支持功能。每天营业结束后，计算机系统会自动更新最新的库存变化数据，第二天早晨以每日库存报告的形式提供给门店各主要部门的负责人，提醒他们需要注意的补货订单、滞销品处理以及促销商品的陈列等相关事项，从而提高库存管理工作的效率和精准度。

电子数据交换格式

电子数据交换（electronic data interchange，EDI）是用于企业间数据传输的规范格式，通行于全球各国的供应链业务，在零售企业和消费品供应商之间广泛应用。EDI 是国际企业间的标准沟通语言，用 EDI 的规范沟通订单等，简洁明了、准确全面。沃尔玛、亚马逊、特易购、宝洁、联合利华、雀巢等在供应链管理的相关事宜中，都是用 EDI 沟通的。

顾客洞察

在顾客付款的地方，与条形码扫描设备相连的那台计算机被称为“销货点系统”（point of sale system，POS），通过计算机记录下来的顾客购物数据即“销货点数据”（下称“POS 数据”）。对这些数据加以分析，可以发现顾客购物的重要规律，比如，顾客同时购买最多的是哪些商品，在什么样的促销方式下顾客反应更积极，价格变动对销售的影响等。从这些数据分析中得出的对顾客需要及其购物行为的深度认知，可以为商品经营的方方面面提供帮助，从而改进经营方式和措施。这种从 POS 数据得来的认知就被称为顾客洞察（customer insight）或者消费者洞察（consumer insight）。为了获得顾客洞察或消费者洞察，有时还需要在 POS 数据之外补充一些调研数据，以更好地理解顾客需要和他们的购物行为。

信息技术在零售经营中的广泛应用，为零售经营者提供了智力支持，提高了他们的工作效率和决策质量。20 世纪 90 年代期间，源于对信息技术未来前景的期盼和对沃尔玛应用相关技术水平的惊叹，曾有人戏言，未来的沃尔玛总部就是运行着完美软件程序的一台超大型计算机，外加一个人和一条狗。人的职责是喂狗，狗的作用是盯人，防止人干扰完美运行的计算机系统。

供应商的影响

消费品供应商一直都是零售经营的直接参与者和影响者。在现代零售诞生之初，制造业在企业组织和流程管控等方面比零售业更成熟、更完备，也更先进，零售端的很多具体操作方法是由供应商发明并传授的。

零售商与供应商处在同一个向最终消费者传递商品的链条上，是消费者价值的共同创造者，需要彼此合作；但他们也是分割同一利益的竞争对手，也常常互相博弈。随着超市企业以连锁化的方式不断扩大规模，并在经营技术水平上迅速提高，零售商与供应商之间的关系也发生着微妙的变化。

起初由制造商主导

19 世纪 60 年代，第二次工业革命爆发，起因是人们找到了用电传输动力的方法，使制造产品的工厂可以与提供能源的发电厂分开，让制造业有机会向劳动力聚集区和生产原料产地靠近，生产设备和产品也向更复杂更精巧的方向发展，带来了消费品制造业的蓬勃发展。

起初，生产是带动力量，零售业只是沾了制造业发展的光，只能算一个小生意。分散的个体小生意要紧紧追随制造商，这是产品分销过程的一个环节。制造业渐趋成熟后，制造商的关注重点从产品的创新和生产转向销售过程，他们认识到加大对零售端的影响力度是最终实现产品价值的重要途径。

为了把精力集中到产品的研发和制造领域，大型制造商并不直接跟分散在各地的众多小零售商打交道，而是通过分销商来做这些事情。这些分销商根据其具体的生意模式又分为批发商、代理商两种类型。前者的商品覆盖范围比较全面、丰富，重视的是商品的齐全；后者的商品类型相对简单，重视的是与制造商的关系和对专业商品经营方法的运用。

当时，零售端的很多做法是由制造商发起和主导的，并通过批发商或者代理商在零售门店落实。在零售商看来，批发商和代理商跟制造商是利益一致的，他们代表制造商跟零售商打交道，所以也常常把他们统称为“供应商”。

那时商品的售价由制造商统一确定，零售商几乎完全听从。个别灵活的零售门店主偶尔会给顾客一些小优惠，比如抹去价格零头等，但这种做法尚未体系化。商品在零售门店的促销活动也由制造商主导。具体的创意是供应商根据自己的经营特点以及其产品所处的竞争格局设计出来的。在销售价格上，供应商会强调自己比竞争对手有更大的吸引力。

供应商为了鼓励零售商配合自己，常常会附加一些激励措施，比如超出销售目标会获得高额补贴等。商品在零售门店的陈列和展示同样是以制造商做主为多，在设计和提供标准方案的时候，制造商鼓励零售商在标准原则下进行一定程度的自由发挥。

自助销售的方式需要商品依靠外观吸引顾客，与顾客直接建立联系。认识到这一点的消费品制造商开始对商品外观更加重视，付出了许多努力，推行了相应举措，这也成为现代食品包装行业发展的基础。在美国，食品的包装成本平均能达到售价的 20%，对很多商品而言，这个数字甚至高于产品本身的原料成本。

供应商向零售商出售商品的条件，包括价格和结算方式，也都是由制造商统一制定的。零售商能有多大幅度的利润，是供应商经过仔细推算而预先留出来的。

冲突与摩擦

零售商和供应商的关系从现代零售诞生起就一直存在冲突且不断变化着，20 世纪 60 年代至 20 世纪 70 年代冲突加剧，在 20 世纪 90 年代达到高峰。

最初双方的冲突点是商品的零售价格。从供应商的立场看，统一零售价格是有利的，消费者不论在哪里购买商品，价格都是一样的，差异仅仅是与竞品比较而来的，这是培养顾客对供应商信任的重要基础。但从零售商的角度看，在与其他零售商争夺顾客的时候，更优惠的价格是个简单直接的武器，能给顾客带来实实在在的利益，从而产生较强的吸引力。

双方一直在角力：供应商给出受法律保护的指导价格，零售商变换着方式打破常规，除了直接标出低于指导价的零售价格，他们还用赠品、奖励、多件一起定价等间接方式绕过指导价。折扣店原本就是指在供应商指导价的基础上打折销售的零售业态，最早开始于 19 世纪末的“5 分 1 毛店”。这期间，供应商与零售商之间常常因为价格纷争而对簿公堂。

在 20 世纪 50 年代美国价格管制放开以后，折扣店开始迅猛发展，美国很多零售门店正式宣布自己是折扣店，在供应商指导价的基础上全面打折销售。那个时候，将自己定位为折扣店的超市有数百家之多。1962 年诞生的沃尔玛、凯马特和塔吉特这 3 家后来的零售巨头，都是以打折销售为特征的。但即使法律改变了，也还有供应商严格要求合作的零售企业按指导价格销售。宝洁就曾因沃尔玛违反要求采取断供手段。

除价格问题外，还出现了产品过剩和货架空间不足的问题。研发新产品，然后进行生产和销售，这是制造商已经习惯了的流程。当新产品的成功机会急剧减少时，他们寻找新的成长路径的压力就会陡然增加，扩充产品线是那个年代被普遍看好的一条新路。

扩充产品线的捷径是仿制。以其他制造商生产的成熟商品为对象，好好研究一番，在产品配料和外形上下功夫。除此之外，还可能再增加些简单的变化，重新设计个包装，新产品就完成了。

一时间，大量缺乏实际创新功能的同质化产品涌现到市面上，纷纷抢占超市货架上的有限空间，让超市销售的商品品项数暴增。1916 年，桑德斯的小猪扭扭有两三百个 SKU，1930 年的库伦王有接近 1 000 个 SKU，到了 20 世纪 50 年代，各大超市的平均 SKU 是 6 000 个，而 20 世纪 70 年代中期，这一数值竟达到了惊人的 9 000 个。

超市的货架越来越拥挤，直到根本摆不下所有商品。这时就有聪明而有实力的供应商向超市付钱以换取自己的新产品摆到货架上的机会，这便是通道费（slotting fee）的由来。通道费的英文原意是“开槽”，意指在拥挤的货架上开辟出一个有保障的槽位保障商品的陈列和展示。后来，通道费的作用又不断衍生，增加了诸如保障供应商的促销方案落实、为商品预留特殊的好位置等。

通道费是供应商和零售商之间产生嫌隙和摩擦的重要源头之一。超市货架上的空间总是不够摆下所有的商品，而这时的供应商有了给通道费和不给通道费的差别，通道费又存在多和少的差别。当零售商对商品做选择的时候，受到通道费的干扰会越来越大，甚至超过了商品本身到底好卖不好卖这个根本因素。供应商对待零售商也是有差别的，通道费的多少要看零售商的规模和影响力。那些个体零售商和小企业对不公平的条件越来越不满，甚至偶尔还会有法律诉讼事件发生，采购谈判的焦点开始集中在供货价格和通道费的多少上。

僵持的局面被打破

系统化地打破供应商的指导价格，在零售企业中越来越常见。零售商的自有品牌[①]在其中发挥了越来越强的作用。早期的零售自有品牌主要集中在那些质量上容易把控的、通用性比较强的商品上，这种简单的自有品牌常见于面粉、大米、黄油、纸张、肥皂等基础食品和生活用品上。这种商品没有产地、原料、规格等方面的标准，对于产品性能的要求，也只是单纯地满足顾客的基本生活需要。零售商在意的是进货价格和盈利空间。承接零售商自有品牌生产任务的往往是那些有产能过剩压力、产品又难以挤进超市与大品牌竞争的小规模制造商。从严格的意义上来说，那时的零售自有品牌还撑不起"品牌"这个词的真正内涵，仅仅是零售商的一个商标。

从供应商的角度看，对他们有利的是顾客对其品牌的认知高于对零售门店品牌的认知，而零售商的情况正好相反。举例来说，针对"解渴"这种顾客需要，可口可乐供应商希望达到的效果是，顾客在口渴时首先想到的是喝一瓶可口可乐，然后在周围寻找能买到可口可乐的门店。对比之下，零售商想达到的效果是，口渴的顾客首先能想到自己的门店里有很好的解渴饮品，再看看周围有没有本零售企业的门店，进店之后从所有的饮料中做选择。

基于这样的逻辑基础，原本那种一切由供应商主导的态势就开始有了变化。随着规模的日益增长，零售商的主动权也越来越大，开始有选择地拒绝供应商推销的新产品，把通道费作为正式项目列入采购条款，把店里最好的位置留给自己的自有品牌。同时，零售商开始积极地寻找更有效的经营方式，在商品上下功夫，从自己的利益出发，主动地在门店做出创新，让零售商与供应商之间力量对比的天平向自己一侧倾斜。

---

① 自有品牌，也称"自有商标"或"门店品牌"，对应的概念是"全国品牌"。全国品牌这一概念最早出现于20世纪50年代至60年代，擅长品牌经营的美国消费品供应商在美国国内进行广告宣传，建立分销体系。这一成功做法沿用至今。但是，这一概念已经与当时的意思有了很大不同，因此在本书的叙述中，用"知名品牌"或者"一线品牌"替代。

零售的经营体系

零售的经营体系，是在充分借鉴了工业革命后实现大规模生产的企业成功经验基础上，结合零售特点，在实践不断打磨和优化最终形成的。

零售企业的效益指标

零售企业的经营目标是指零售企业对经营效益的追求。零售企业最主要的效益指标是利润、销售额和库存周转水平。

利润

利润是企业长久生存的本钱，是投资人投资企业的主要动力。健康的超市企业，综合毛利率一般在 20% ～ 30%，净利润率一般在 2% 左右。超市经营者不仅要看利润的绝对值，还要看毛利率及其同比、环比的变化，尤其是同一个门店的利润变化。

销售额

销售额不仅是利润的基础，还决定着企业规模的大小，代表着一个零售企业的行业地位、发言权和对供应商的影响力。

品类管理小知识

绝对规模 vs 相对规模

一个超市企业的绝对规模，是指其所有门店的总数量或总销售额，比如沃尔玛在 2023 年的绝对规模是 11 000 家门店和 6 060 亿美元的销售总额。

超市企业的相对规模指的是其在某个市场中的市场份额。比如 SPAR 南非在南非所占的市场份额是 30%。

一个超市企业在市场中的影响力主要取决于其相对规模，

而不是绝对规模。虽然 SPAR 南非的绝对规模只有 73.9 亿美元，仅是沃尔玛的 1/82，但在南非市场，SPAR 南非的影响力远远大于沃尔玛。

从对消费者的影响来看，规模大的企业拥有的门店多，商品向顾客曝光的机会多，营销活动的性价比高。这就导致在与供应商议价时，规模大的企业讨价还价的力度就大，可以从供应商那里得到更多的支持。从与竞争对手比拼的角度看，企业的规模和体量越大，进攻的效果就越好。

库存周转水平

库存周转对超市行业的重要性远远超过其他行业。为了保障门店能持续不断地为顾客提供商品，超市就需要有一定的商品库存。库存商品价值与销售额之比的控制程度，体现了一个零售企业的经营能力。衡量库存周转水平的指标有库存周转天数和库存周转次数。库存平均周转天数等于平均库存金额除以日均销售额；库存周转次数也称周转率，等于年销售金额除以平均库存金额。

销售和利润的计算周期，通常有日、周、月、季度和年度，库存周转指标是一个时间段内的平均数，所截取的时间段可以是周、月、季度或者年度。

为了衡量变化的趋势，零售经营者常把当前效益指标与上年同一个时间段的数字进行对比，这一对比数值也被称为“同比”。另外，还需要说明是否包含新开的门店和已关的门店。

在桑德斯发明自选经营模式后，零售经营者们也在不断改进经营方式，积累专业经营技术，零售行业的发展步伐虽然时快时慢，但方向一直是向前的。

零售经营的两个专业领域及其相关职能

对顾客而言，零售门店的价值在于把满足自身不同需要的商品聚集到一个门店，便于自己完成某些有共性的购物任务。所以，零售企业的经营目标是通过为顾客提供商品和服务获得效益。为顾客提供商品和服务的专业能力，表现在两个相互独立又彼此关联的专业领域中，即商品选择与组合，以及商品的传递（见图 1-1）。

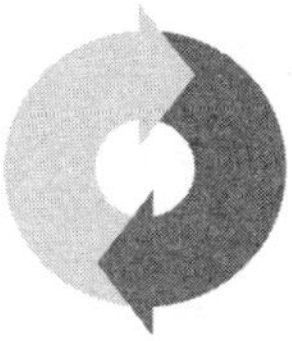

图 1-1 零售企业的两个专业领域

商品的选择与组合工作要实现的目标是让顾客喜欢这个门店，具体体现在以下方面：

- 提供的商品在功能组合上应顺应顾客的购物习惯，给顾客以方便。
- 选择的具体商品应贴近顾客的选择标准，让顾客满意。
- 门店呈现商品的方式应为顾客提供一个愉快的购物体验，提高顾客的回头率。

完成这类工作的基础是对顾客需要和消费者购物行为的深刻认知和理解，并据此向顾客提供商品和服务。衡量这类工作的标准是顾客被门店吸引的程度，其核心能力属于营销管理的专业范畴。

商品的传递是商品的选择与组合的接续，目标是把所选定的商品从供应商手里接过来，再经过各种中间环节传递给顾客，具体包括：

- 商品从供应商的工厂、物流中心或其他指定地点（比如港口）运输到零售商的物流中心或门店。
- 商品在零售商的物流中心暂存和分拨。
- 商品从零售商的物流中心运输到门店。
- 商品在零售门店的暂存和呈现。

完成这类工作的基础是订货、运输及储存环节保持合理、准确和及时。这类工作的衡量标准即商品传递过程是否高效，速度、成本、失误率如何，其核心能力属于营运管理的专业领域。

零售企业的组织架构及其内部的职责分工，是围绕这两类专业工作设立的。而零售经营的专业技术，就是以此为基础，经过长期竞争、实践的历练，逐渐总结、积累起来的有效方法和专项技能。

品类管理小知识

“商品”是动词

由于商业历史和文化背景不同，美国人对零售经营的认识和描述与中国有很大差别。中文的“商品”一词是名词，指买卖交易的实物；但英语的“商品”既是名词，还是动词。

merchandise（商品）的词源是 merchant，也就是商人，源自古拉丁语的 mercatus（交易市场），指市场中卖东西的人。作为名词，merchandise 指的是“交易的实物”；作为动词，merchandise 指的是“买卖”这一行为，尤其突出“为了把东西卖出去而努力”的意思。

词义上的细微差别，对零售经营者的观念及其行为有着深层次的影响。因为“商品”是动词，欧美零售经营者潜意识中认为一件物品并不一定需要经营者做些什么，使它具有“商品”的特质，让顾客愿意买它。如果它的性价比高，自然会被买走。那些为了吸引顾客，鼓励顾客购买商品的具体作为，常常用其动词的分词形式 merchandising 来表示。零售经营者在实践中总结出的一系列的吸引顾客的专业方法，也统称为“merchandising 方法”，狭义上是指向顾客生动地展示商品，从视觉上吸引顾客；广义上还包括为门店设计有效的布局和生动的展示方案，规划商品的选择和采购，巧妙地制定价格，以及策划积极的促销方案等。

因为文化差异，这个简单的英文单词，无法用一个词或一种简单一致的表述方法翻译成中文。

同属东亚文化圈的日本，在商业传统和文化上与中国相近，在日语中同样找不到这个英文单词的简单译法。日本人曾将其翻译为“商品化”“商品化计划”“商品政策”等，但都无法准确表达其含义。

从 1980 年开始，吉之岛公司[①]每年选派 30 名年轻的管理者，与其供应商选派的 10 人一起到美国南加州大学参加为期 2 周的“日本食品行业管理培训”项目。该项目由哈里斯博士和日裔教授佐野吉弘先生共同主持，系统讲授包括 merchandising 方法在内的超市经营知识。为了正确传达这个词的内涵，他们便以 MD 这一缩写方式表示其含义。到 2000 年，参加过该项目学习的日本零售管理者超过 800 人，通过他们的传播，MD 代替了 merchandising，并被日本零售行业广泛接受。

消费者、顾客、购物者

消费者（consumer）这个概念是从消费品供应商的角度提出来的，是供应商在产品规划时关注的焦点，偶尔也被零售商借用，指最终使用产品的人。可以说，消费品营销是产品提供者——供应商和零售商影响消费者选择自己商品的手段和方法，它需要从四个方面做出努力，包括产品（product）、价格（price）、渠道（place）和促销（promotion），即消费品营销的 4P。

顾客（customer）是指所有到店里购物的人。他们是在现场选购商品并支付价款的那一部分人。一般顾客就是消费者，但有的时候不是。比如，婴儿奶粉的消费者是婴儿，而顾客可能是婴儿的母亲；再比如，生鲜食品的消费者是全部家庭成员，但顾客只是到超市采购的家庭主妇。顾客是零售营销希望影响的基础人群。

---

① 日本优秀零售企业，是永旺（AEON）的前身。——编者注

- **目标顾客（target customer）**是从全部顾客中选出的一部分人，他们有共同的人口学指标或生活方式特征，比如“减肥的女性顾客”“在家做饭的学生妈妈”等。零售营销以目标顾客（也被称为门店最忠实的顾客）为对象，集中全部营销资源，让他们获得最满意的购物体验，并通过他们影响、带动更多顾客到店里来购物。

- **忠诚顾客（loyal customer）**是指经常来店里购物的顾客。在他们眼里，这个门店是同类里面最好的。顾客来店里购物的行为或者具体的购物频率被称为“顾客忠诚度”，吸引顾客反复来门店购物的方法被称为“顾客忠诚度计划”。

购物者（shopper）是到店里来的顾客，他们尚未做出是否购买商品的决定，是购物者营销试图影响的主要群体。

品类管理小知识

顾客画像

确定目标顾客的过程，就是深入理解和认识其需要和欲求的过程，这种理解和认识能够帮助经营者精准地做出营销决策，提高顾客满意度和忠诚度。确定目标顾客首先要建立顾客画像，就是对理想顾客或顾客群体进行细致描述，包括其人口学指标和生活方式特征。

分析顾客画像的方法多种多样，包括人口学数据分析、心理学数据分析、认知图谱、顾客调研和顾客小组访谈等。

分析顾客画像要回答的基本问题包括：我的顾客是谁？顾客的欲求是什么？影响他们选择零售门店的因素有哪些？不同顾客类型或者顾客群体之间有哪些不同？如何影响顾客选择本店？思考这些问题的答案能帮助零售企业确定顾客的类型和群体，以便更好地为他们提供个性化的产品和服务，更好地满足他们的购物需求。

零售营销六要素

一般认为，拉近门店与顾客距离的工作有六项重点，被称为“零售营销六要素”（见图 1-2）。

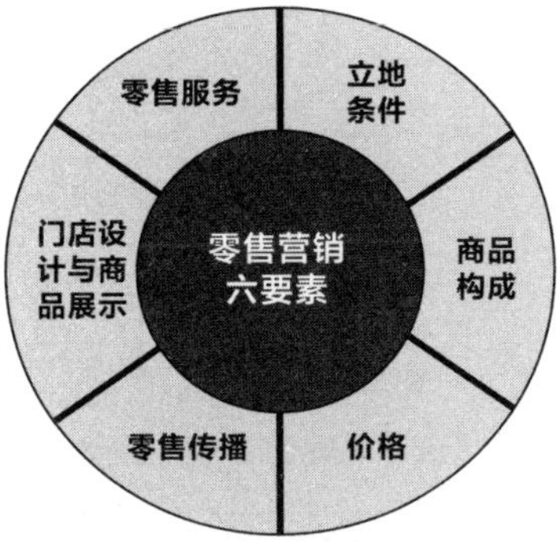

图 1-2　零售营销六要素

以零售企业的总体经营战略为基础和前提，将这六要素合起来就会对顾客产生综合吸引力。

- **立地条件：** 指门店的位置和物业特征，包括交通条件、周边环境、建筑的外部特征和内部构造等。
- **商品构成：** 指商品覆盖的范围以及具体的种类。
- **价格：** 指全部商品的整体价格水平和顾客对价格的印象。
- **零售传播：** 指在门店端与顾客沟通的方式和内容，包括产品信息、价格标签、购物指示等。
- **门店设计与商品展示：** 指门店内外在色彩、结构、灯光和视觉造型等方面的格调和商品的具体展示效果。
- **零售服务：** 指在商品以外为顾客提供有附加值的免费服务。

我们分别以沃尔玛、开市客和 7-Eleven 为例，比较这 3 家企业针对这六要素的战略选择。六要素的打分标准以 5 分为最佳，1 分最差。

沃尔玛

沃尔玛零售营销六要素的能力如图 1-3 所示。

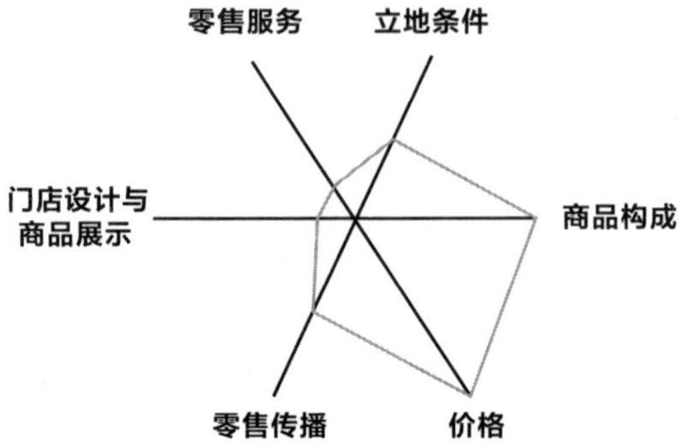

图 1-3　沃尔玛零售营销六要素能力图

- 立地条件（3 分）：在城市郊外，靠近交通要道，提供免费停车场，店内足够宽敞。
- 商品构成（5 分）：商品丰富，一次性购足。
- 价格（5 分）：以“天天低价”为目标。
- 零售传播（3 分）：采用普通的传播方式，不用昂贵的专业广告商。
- 门店设计与商品展示（1 分）：门店设计单调，商品展示直接。
- 零售服务（1 分）：几乎没有任何附加服务。

开市客

开市客零售营销六要素的能力如图 1-4 所示。

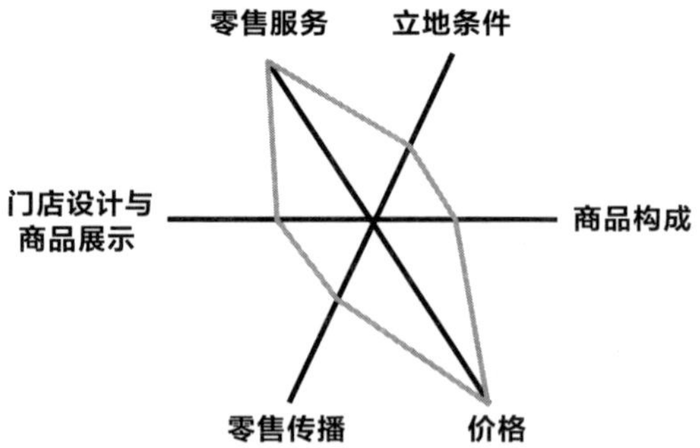

图 1-4　开市客零售营销六要素能力图

- 立地条件（3 分）：在城市中心要道边，提供免费停车场，店堂宽敞明亮。
- 商品构成（3 分）：商品集中在一线品牌和自有品牌上，商品品类不全。
- 价格（5 分）：商品价格总是最低的。
- 零售传播（3 分）：采用普通的传播方式，基本靠口碑传播。
- 门店设计与商品展示（3 分）：门店设计简单，有现代感。
- 零售服务（5 分）：服务极佳，实行排他性会员制；员工穿着得体，谈吐优雅，严格维护会员顾客利益，服务热情。

7-Eleven

7-Eleven 零售营销六要素的能力如图 1-5 所示。

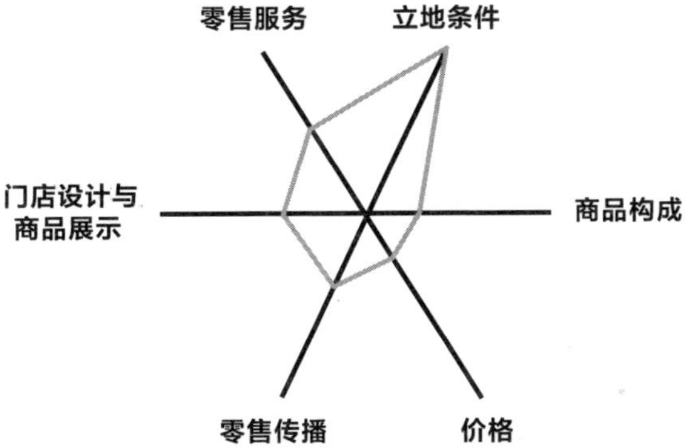

图 1-5 7-Eleven 零售营销六要素能力图

- 立地条件（5 分）：随处可见。
- 商品构成（1 分）：商品数量少，不实用。
- 价格（1 分）：价格偏贵。
- 零售传播（2 分）：注重口碑形象。
- 门店设计与商品展示（3 分）：是城市结构的一部分，具有生活气息。
- 零售服务（4 分）：提供有针对性的商品服务和必要的帮助。

零售营销六要素是确定零售业态的基本条件，而每一种业态都是战略性取舍的结果。零售企业突出追求顾客喜欢的某一个或某两个方面，但这往往意味着其会适当忽视其他几个方面的不足。

比如，沃尔玛追求的是商品全和价格低，以“天天低价”为目标，迁就的方面是选址在远离市中心的郊外，不打广告，门店装修简单，只提供少量服务。开市客追求的是商品价格上的优势，以及通过严格排他性会员制打造极致服务，迁就的方面是选址较远，选品不全，基本靠口碑传播，以及门店设计简单。7-Eleven 追求的是立地条件随处可见，但在其他五要素上均较为将就。

2014 年 11 月，开市客在美国推出一款高达 2.39 米的巨型玩偶泰迪熊，受到了会员顾客的极度喜爱，甚至在整个美国市场掀起了一股前所未有的狂潮。开市客店里每只 180 美元的泰迪熊很快售罄，但高价求购的呼声在互联网上快速蔓延，当时拍卖网站 eBay 上泰迪熊的价格已经被炒到了一只 1 000 美元以上。对此，有人在公开场合问开市客一位负责营销的副总裁，为什么开市客没有继续向市场提供这种有专利权保护的产品，满足依然旺盛的顾客需要。这位副总裁回答说，因为那样就是对开市客会员顾客的背叛，让已经购买并拥有这款产品的顾客蒙受损失。

拉近门店与顾客距离的全部六项重点中，如果没有满分项，表明零售门店没有突出的优点；如果有一项能够达到满分，这个门店就会表现出相当强的竞争力；如果有两项达到满分，这个门店的竞争力就会非常突出；但是努力追求三个项目满分的企业，却只能是“死”路一条。

品类管理小知识

制造型零售与垂直零售

关于对零售专业要点的理解与阐述，日本零售行业常与欧美有些不同；当相关的概念从日本传到中国后，日本式的概念又被放大演绎，竟与国际通行的认知大相径庭。“制造型零售”即是这样的例子。

制造型零售是由日本服装品牌优衣库提出的一种经营方式，指零售企业积极参与其所销售产品的制造过程的经营方式，包括原材料的选择、款式设计和加工制作等环节。按照优衣库总裁柳井正先生的说法，他倡导“制造型零售企业”，是受到服装零售企业盖普集团（GAP）的转型带来的启发。日本零售界把制造型零售企业用英语表述为 SPA（specialty retailer of private label apparel），指专业的自有品牌服装零售。这一说法在欧美零售行业并不是主流见解，甚至无法在互联网上搜索到相关权威论述。

曾任日本 7-Eleven 公司信息系统部部长的碓井诚先生曾著《图解 7-Eleven 式服务创新的条件》一书，该书在中国翻译出版时，书名被定为《制造型零售业——7-Eleven 的服务升级》，遂致“制造型零售”在中国零售行业广泛传播，甚至被当成零售未来的正确方向和出路。

欧美零售行业有一个概念叫“垂直零售企业”（vertical retailer），指不经过中间商或批发商，自己设计、制造并销售的零售模式，目的是更有效地满足顾客的需求。垂直零售控制了供应链的每一个环节，在时尚用品和服装业的应用比较普遍。近年兴起的苹果专卖店，以及与其类似的华为、小米、Oppo 和 Vivo 专卖店等都属于垂直零售类型的店面。

营运管理

零售的营运管理

零售营运的核心工作是在供应链上传递商品，保证在门店端及时地向顾客提供选定的商品。

图 1-6 展示了零售营运的管理流程。订货、验货、收货、运货，以及陈列和维护店面的商品，是门店营运管理的主要任务；运输和储存商品是供应链营运管理的主要任务。

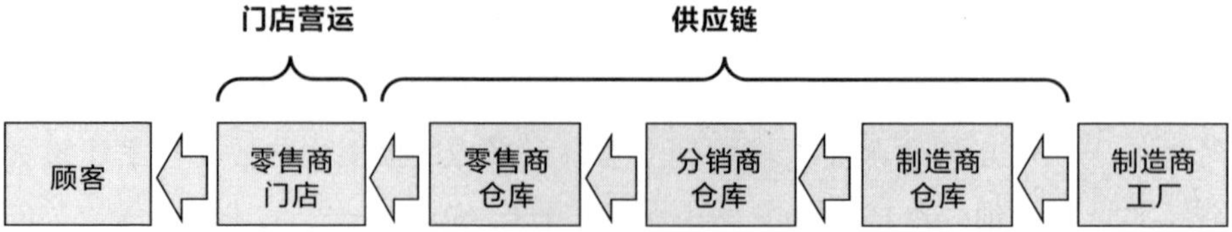

图 1-6　零售营运管理流程

营运管理的基础性工作常常用到标准作业程序。

品类管理
小知识

业务流程与标准作业程序

业务流程（business process）和标准作业程序（standard operating procedures，SOP）都是工作规范化的方法。

业务流程主要应用在管理岗位，指导管理者根据复杂的内外部因素做出开放式决策。业务流程在三个方面做出规范：核心决策点、决策逻辑和决策责任人。比如，品类经营计划的八个步骤是用来回答卖对商品四个关键问题的业务流程（这部分内容将在第 5 章详细阐述）。

标准作业程序主要应用在非管理者岗位，指导操作人员根据规范要求做出标准执行动作，如“生鲜区每日收工后的清洁整理作业程序”和“水果报损作业程序”等。

要计算门店和供应链营运管理的效率，需要用到关于工作次序、商品数量、传递频次、订货周期和订货时机等一系列数学计算和科学方法，属于“运筹学”的范畴。举例来说，商品缺货会造成销量减少，还可能导致顾客的流失，因此降低门店的缺货率是零售营运的一项重要工作。如果单纯以降低缺货率为目标，则有两种方法进行营运管理：加大安全库存量或者提高订货频次。安全库存量就是启动订货时的商品库存数量。加大安全库存量，虽然能够降低缺货率，但是也会降低库存周转效率。订货频次代表订单密度。比如，从一个星期订货两次变为一个星期订货四次，也能够降低缺货率，但会增加送货的运输成本和管理成本。如何在安全库存量、订货频次和缺货率标准之间找到一个成本和效益兼顾的最佳结合点，就要用到运筹学的科学方法。

品类管理小知识

运筹学 vs 营运研究

“营运管理”的英文是 operations management，研究营运管理效率和方法的学科叫 operations research，字面意思就是“营运研究”，两者的关联直接而密切。营运研究是为营运管理实践提供科学指引的，依循科学原理的管理实践可能更高效。

不过，“营运研究”的中文官方翻译是“运筹学”，听起来似乎特别抽象且离实践很遥远。这个翻译可能是造成中国零售行业严重缺乏管理营运效率科学方法研究成果的原因之一。因为从常识而言，我们很难看出零售门店的日常管理、物流的仓储运输与运筹学这样高深的学问之间能有什么瓜葛。

连锁零售的营运管理

在最高峰的 1932 年，桑德斯的公司一共经营了 2 660 家小猪扭扭门店；库伦王至今仍有 30 多家店；而发明了购物车的高德曼当时也正经营着一家叫“矮胖子”（Humpty Dumpty）的连锁超市企业。

用一种标准模式开出多家门店，各门店共用一个品牌，由一个团队统一经营，这种连锁零售的方式，是继承了大工业生产的标准化作业方式的自然结果，有着显著的成本优势，是现代零售的基本形态。

有历史记载的连锁零售起源于 1792 年的英国。亨利·沃尔顿·史密斯（Henry Walton Smith）和他的妻子安娜在伦敦开了一间报亭，生意传到孙子威廉·亨利·史密斯（William Henry Smith）手上的时候，正赶上工业革命时期铁路运输大发展，威廉从 1848 年开始在铁路沿线不断开设新的报亭，相当于开了许多家连锁店。美国的连锁经营最早见于 1860 年左右纽约的 J. 斯坦纳公司（J. Stiner & Company）所开的连锁茶叶店。到 1900 年，乔治·亨廷顿·哈特福德（George Huntington Hartford）成立的大西洋和太平洋茶叶公司（A & P）已经有了近 200 家连锁食品店。

连锁经营有三种基本组织形式：直营连锁（chain）、特许加盟连锁（franchise）、自愿连锁（voluntary chain）。

直营连锁指所有门店都由同一家企业拥有，在门店的管理上最严格，门店需要绝对执行总部的全部指令和所有工作标准。店长和门店员工由总部聘用并支付薪酬。门店的商品由总部统一划拨和核算。沃尔玛是直营连锁的典型。

特许加盟连锁的门店由加盟商（franchisee）拥有，并与加盟主（franchisor）以特许合约的形式建立联系。加盟主拥有品牌的所有权和相关的运营标准，通过培训和指导支持加盟商的经营活动，加盟店的商品从加盟主或第三方购入，按照加盟主的要求和指导经营，经营效益独立核算，并向加盟主缴纳加盟费。7-Eleven 是特许加盟连锁的代表

自愿连锁，是由多个零售商发起，或者批发商发起的连锁形式，品牌为发起方共有，通过协议条款规定发起各方的责任与义务。商品买卖的范围和条件也是通过合约做出约定。SPAR、IGA① 和艾德卡（Edeka）是自愿连锁的成功典范。

连锁零售有三个明显的优势，也是超市经营者的必然选择。

---

① 1926 年成于立美国，是全球最大的自愿连锁组织之一。目前在全球 40 多个国家和地区拥有 6 000 家多业态的店铺。——编者注

- 多家零售门店共同采购，增加了与供应商谈判的筹码，可以获得比单店优惠的条件，可以用更低的销售价格占有市场。
- 全部零售门店使用由中央管理团队总结和推行的经营技巧，节省高级管理者的人工成本。
- 多家门店应用同一个品牌，可以让其在顾客群体中扩大影响力，产生比竞争对手更强大的吸引力。

受到大型制造型零售企业的管理方式的影响，连锁零售的管理方式强调标准流程和专业分工。连锁经营的重要前提就是各门店的高度一致性，从而为统一的商品采购和销售计划提供基础。公司总部负责与供应商的谈判，制订经营计划，开展广告宣传等推广活动；各门店负责经营计划的落实，销售商品并为顾客提供服务。同时，高效率的连锁零售，需要对门店日常工作制定高度标准化的流程，让员工不需要复杂严格的培训即能准确操作。

连锁经营，是超市发展规模的必要前提，而规模是连锁经营的目标。

超市自选模式的营运管理

自选服务（self-service）是超市经营的基本形式。顾客从这种方式中得到的是挑选商品的自由和不受干扰的体验，超市经营者得到的是更低的人工成本和空间成本，显著提高的人效和坪效。在门店，通过有技巧的陈列和展示让商品自身表现出最佳的视觉效果来吸引顾客，是一项有效的基本原则。超市要通过商品的陈列和展示传递给顾客明确的信息——店里的商品丰富、价格优惠、品质可靠。

脱离自选的模式，在超市里大量使用供应商的促销员是一种普遍的错误做法。超市门店员工的选拔、培训和管理是店长和管理团队的一项重要任务，更是对管理能力的一大挑战。在自己员工中掺杂从供应商处拿工资的促销员，既增加了管理的难度，又降低了服务标准。

表面上看，由供应商支付薪资的促销员一定程度上可以在指挥和安排下向顾客推销自己公司的产品，并完成整理排面、清理杂物、处理补货订单等工作，但实际上也产生了三个负面作用：一是影响顾客自由选购商品的舒适体验；二是在推销自己所代表的产品时总会直接或间接地贬低竞争对手的产品，有损门店的整体形象；三是从总体上增加需要零售商和供应商分担的门店环节的人工成本。

但对于某些新产品来说，由专人在门店现场向顾客介绍、演示，并邀请顾客品尝或体验的确是有必要且有意义的。所以，超市需要有针对这类员工的管理方法，将出现负面影响的可能性降到最低。

在超市内部，以部分产品的销售提成奖励员工的做法也存在类似的弊端。例如，顾客在超市购物时常会询问店员对产品的建议。如果店员拥有丰富的产品知识，能给出实用得体的建议，自然会提升顾客的购物体验。正因如此，当顾客在不同产品之间难以取舍而询问“哪个更好”的时候，店员使用不同回应方式所产生的效果之间便有了微妙的差异。如果店员因为某个产品有销售提成，就简单地回答顾客那个产品更好，那么无论店员是否对产品的了解，这样的回答都存在一定的风险。首先，当店员对顾客说某一个产品更好的时候，也就意味着其他的产品不够好，这是一个严重错误的指向。从经营者的角度，店里所有的商品都必须是为顾客精挑细选的“好产品”，同样功能的产品之间的差别只是为了满足顾客的不同需求。其次，当顾客询问“哪个更好”的时候，也许并没有把自己的真实需求表述清楚，他可能指的是品质、性价比、规格、原材料或者品牌知名度等任何方面，贸然推荐会增加顾客的困扰。最后，我们从生活经验能够理解，所有人都会经历购物之后的“后悔”，虽然后悔的原因是多方面的，但习惯上人们都愿意给自己找一个容易接受的理由，而把店员推荐当作理由的时候，负面影响将不仅限于这个顾客，他还会把这种影响传递给他的亲朋好友。得体的做法应该是询问顾客的具体需求，引导顾客认识他比较的产品之间的差别，让顾客做出自己的选择。

Category Management

第 2 章

“以顾客为中心”，让门店成为顾客之选

如果你在思考零售，而你思考的内容与顾客无关，那其实根本就算不上思考。

Category Management

导语

很多妈妈都有这样的经历：在怀孕以后会突然发现自己走到哪里都能遇见孕妇，不论是在办公室、商场还是公交车上，有很多女性从体型上一眼就能看出是个准妈妈，但在此之前，自己竟从未意识到这一点。丈夫在第一次得知妻子怀孕的时候，常常会有类似的发现，惊奇地发现自己周围出现了大量孕妇。这种现象在心理学上被称为巴德尔·迈因霍夫现象（Baader Meinhof phenomenon），也叫频率错觉（frequency illusion）或者频率偏差（frequency bias）。

让一个完全不懂驾驶的人坐在司机旁边，在经过一段路程之后要求他们分别描述路途两边的风景和标识，两个人各自叙述的内容会有很大的差别。驾驶者会特别注意大量跟行车安全有关的信息和方向标识而忽视其他事情，引起乘客关注的事情却可能与安全信息和路标毫无关联。这说明，人们对事物的观察和判断，受到个人认知状态和当时需要的影响，从而偏离事实本身。认知偏差（cognitive bias）是普遍存在的。

超市的商品琳琅满目，顾客熙熙攘攘，而每位顾客都带着自己的认知偏差，只关注卖场中与自己有关的一小部分商品，并据此形成对整个超市的印象，进而做出孰优孰劣的判断。当超市的经营者希望让所有顾客作为一个整体获得最大程度的满足时，就需要脱离自己的主观视角，站在顾客的角度重新认识他们的各种需求，以及由不同需求组成的购物任务，总结归纳出对于自身经营真正有效的原则。

在产品和产能过剩的时候，营销学为制造商提供了让自己产品脱颖而出的有效方法。在门店过剩时，借鉴消费品营销的思路，有助于零售经营者找到自己的出路。这正是本章希望能给读者带来的启发。

带着以下问题阅读这一章，可以更好地理解其中的逻辑：

- 营销学的核心价值是什么？
- 需要、欲求和需求有什么不同？
- 消费者是如何比较与挑选商品的？
- 产品的“顾客购物决策因素”是什么？
- 顾客选择零售门店的“决策因素”有哪些？
- 门店商品与顾客需要是如何对应的？
- “以顾客为中心”的零售理念的基础究竟是指什么？

关于物种进化，达尔文的理论认为，生命种群的变异是一个日积月累的漫长过程，持续不断的环境变化检验着哪些变异对延续生命有积极的意义，而突然降临的自然灾难是优胜劣汰的关键大考，只有那些能够通过变异更好地适应环境变化的物种，才有延续生命的机会。这就是“物竞天择，适者生存”。

宏观经济环境的突然恶化和大规模的危机常常是零售行业进步的催化剂，大规模的集体淘汰之后，总会现出新的盎然生机。

门店过剩引发危机

在超市出现之后的很多年里，整个行业的发展欣欣向荣。不仅经营超市是一桩好生意，超市员工的薪水也很可观，超市的制服时尚且漂亮，收银员的打扮装束跟航空公司的空姐相比也不相上下。

突然恶化的宏观环境

关于第二次世界大战前的所有经济动荡，经济学家们曾经总结到，社会经济繁荣的时候，就业率高，同时物价会有些上涨；经济衰退或萧条时，失业率会上升，物价也会下跌。失业和通货膨胀不会同时发生是基本规律。而政府在经济衰退时的应对办法包括加大基础建设投入，创造就业机会，借此减少社会动荡。

然而，到了 20 世纪 70 年代，美国出现了一种前所未有的状况：在经济停滞甚至衰退的时候，失业率增加，物价却持续上涨。这种状况愈演愈烈，但对其成因和其中的原理，专业人士众说纷纭，莫衷一是。至于应对办法，政府更是束手无策，一筹莫展。经济学研究领域出现了一个新名词——滞胀。

在 1978 年底，伊朗停止出口石油 60 天，全球市场每天短缺原油 500 万桶，这个数量占当时世界原油总消费量的 1/10，导致原油价格飞涨，从每桶 15 美元左右飙升至 40 美元左右。历史上被称为“第二次石油危机”的这一事件，直接拉开了 20 世纪 80 年代经济剧烈动荡的序幕。

对美国这个“车轮上的国家”而言，石油价格的剧烈波动对经济的负面影响是难以估量的。对此，美国政府极为重视，尽其所能地使用各种财政政策和金融政策着力于宏观调控。最后，政府的措施有了效果，人们又看到了希望，股票交易的牛市从 1982 年开始显现，投机者的热情逐日高涨，借贷炒股再次渐成风气。然而，表面的风平浪静下隐藏着更大的危机。

突如其来的打击发生在 1987 年 10 月 19 日。那一天，道琼斯工业指数暴跌 22.6%，仅仅几个小时后就蔓延到了欧洲、日本、中国香港等全球主要证券交易市场，掀起现代历史上第一次全球金融危机，华尔街一天之内蒸发消失的股票价值就超过 5 000 亿美元。后来，人们把这一天叫作“黑色星期一”。

接下来的美国经济被卷入了高通货膨胀率的漩涡，利率时常超过 10%。物价总水平持续上涨的同时，食品的价格指数却时有降低。这让经营食品的超市行业受到了双倍的打击。

美国当时的失业人口主要来自从前的制造业，他们被自动化生产设备所取代。这些人即使没有工作也不愿意到超市工作，偶尔有少数愿意到超市工作的，又很难具备实际工作所要求的能力。于是出现了一种奇怪的现象：一边是大规模的失业人口，另一边是招聘困难的超市企业。

这种局面对每一家超市企业来说都是严峻的考验：销量无法预估，成本难以控制。对老板和经营者而言，那些堆放在仓库里的、原本正常的待售商品，这个时候看起来倒更像是一堆无法产生利息的现金。他们不禁在心里盘算：经营超市和放贷，哪种赚钱方式更容易？

问题的实质是“过剩”

西方石油公司（Occidental Petroleum）已故的前总裁阿曼德·哈默（Armand Hammer）曾说：“市场经济的瓶颈是销售，计划经济的瓶颈是生产。在市场经济体制下，只要能卖出去，任何东西都会有人去制造；而在计划经济体制下，只要能造得出来，任何东西都可以卖出去。”哈默的结论是在比较美国和苏联的经济状况之后做出的。在市场经济体制下，供给终究会达到“饱和”。

在美国，超级市场的门店数量在1950年约为14 000家，1960年达到33 000家，1980年超过40 000家，1990年这一数字是42 000家。按照美国食品营销学会的数据，2023年美国超市的数量大约是45 000余家。从20世纪80年代中期开始，零售门店空间过剩的问题显得异常突出，购物中心的整体空置率一度超过10%，几乎波及所有的零售渠道。这是整个零售行业的问题，超市自然不能例外。

人们从未预见到这种情景。市场已经饱和了，不再需要更多的超市门店。只是出于惯性，有些企业依然无法停下继续开店的步伐，造成了超市门店过剩的情况。但从市场的表现来看，新开店的成功率在极速下降，陷入亏损的门店和企业日见增多。面对生意越来越差的形势，超市经营者最直接的做法是通过降低商品售价吸引顾客。但这个做法过于简单而又太容易识别，比邻的超市竞相降价的结果就是，不但没有人能比竞争对手招来更多的顾客，反而使整个行业的利润水平都降低了。

站在今天回看那段历史，问题是显而易见的：美国消费市场无法承载那时的所有超市，一部分门店和企业必然会被淘汰。

对比当下的中国零售市场和20世纪80年代的美国零售市场，不难看出，**中国今天的挑战同样是门店饱和之后的过剩问题。这个市场无法“养活”所有的超市门店和零售企业，优胜劣汰无法避免。**即使没有电商、社区团购或生鲜到家服务，单纯的实体零售也必然会发展到这种状态。深入观察各个电商渠道、社区团购和直播带货方式之间的竞争后会发现，过剩和“内卷”同样普遍存在。

在门店数量达到饱和之前，零售企业的成功路径是快速开店。找到好的店址，以比竞争对手更快的速度开店是最重要的。这样门店的租金和开店的成本都不高，在快速增长的销售额的支撑下，获取利润的难度也不大。当门店饱和之后，开新店的空间越来越小，如何经营好已有的门店就变成了最主要的工作。稳定的市场规模能够支撑的门店数量是有限的，而零售行业竞争性的本质决定了每一个经营者都不会停止与对手争夺顾客的步伐。这时，零售经营最重要的核心任务就变成了：让自己的门店比竞争对手的更有吸引力。而其中的关键就是了解顾客是怎样比较、评价与选择零售门店的。

消费品营销方法成主流

在零售门店过剩之前，制造业已经历过普遍的产品过剩和产能过剩。是消费品营销方法的兴起，启发了一部分积极进取的消费品企业突破传统的经营方式，让自己的产品脱颖而出，成为顾客首选。

产品的制造、推销和营销

第一次工业革命发生在260多年前的英国。人们找到了燃烧煤炭产生动力的方法，推翻了有史以来只能依靠人力和畜力，间以少许的风力和水力推动机械装置的惯例，由此出现了大型纺织厂和火车运输方式，给人类在吃和穿这两大基本需求上带来了革命性的变化。

第二次工业革命发生在150多年前，以美国和德国为中心。由于发现了用电传输动力的方法，动力本身也以电的形式成为商品，制造一般产品的工厂得以跟生产动力的发电厂分开，从而向着更精巧和更复杂的精细化方向发展，大批制造消费品的工厂发展起来。

起初，人们的认识聚焦在发明和生产。发明一个有用的新东西，然后去创办工厂，把新东西批量制造出来，这是发家致富的好办法，也是那时成为资本家积累资本的主要路径。发明电灯泡的爱迪生、发明电话的贝尔和造出了普通人都能买得起的汽车的福特都是依靠发明产品成功的典范，是那个时代的英雄。

后来，工厂越开越多，产品日渐丰富，人们开始认识到，很多时候销售的商业意义超过了生产。产品必须卖得好，生产才有意义。企业经营者把注意力逐渐转向销售环节，创造出很多有效的销售方法。推销员成为那时的商业英雄。

这时的企业经营仍然“以产品为中心”。工厂把东西造出来后，要通过各种方式把东西卖给批发商或者零售商，靠强大的销售队伍去说服、影响批发商和零售商接受产品，然后再跟他们一起想办法把东西卖给最终消费者。

消费品制造业的成熟，显著降低了建立工厂和制造产品的成本，任何被消费者喜爱的好产品都很容易引来大批模仿者。后来这些同质化产品的生产者因为跨过了研发环节，甚至会有一定的成本优势。面对这种不利局面，制造业的经营者们就把工作重点放在了如何让自己的产品与消费者之间建立更紧密的联系，以及在众多同质化产品中脱颖而出、成为顾客首选的方法上。正是消费品营销学给了他们答案。

以消费者为中心

消费品营销学简称营销学，是管理学的一个重要分支，是在产能过剩和产品过剩的时代，经营者为了更有效地开发和经营产品而兴盛起来的。其中的基本原则和方法，对处在零售门店过剩时代的超市经营者们仍有重要的启发意义。营销学的首要特征是倡导“以消费者为中心”，把对消费者需要及其购物行为的解析作为开发与经营产品的前提。

消费者的购物过程

分析消费者的购物过程（见图 2-1），深入了解消费行为，是为了找到对消费者施加影响的有效方法。

消费者的典型购物过程可以概括为连续的 5 个环节：需求意识、信息搜集、评估比较、购买行为和消费评估。

图 2-1　消费者的购物过程

在这 5 个环节中用不同的方法对消费者施加积极的影响，让消费者更多地选择自己的商品，就是经营者所做的“营销工作”。

需求意识

需求意识是指在某个特定时刻，消费者意识到了一个需求。比如，因为生活习惯或者感觉身上脏了要洗澡的时候，发现家里的沐浴露快用光了，需要购买沐浴露。在这个环节，广告的影响力很大，甚至可以直接触发消费者的需求意识。宝洁、联合利华和巴黎欧莱雅等知名品牌的广告，不仅会突出产品特点，还会加浪漫的背景、动人的故事，以激发顾客在情感上的共鸣，进而选择相关品牌的产品。这时经营者要关注的重点是如何让消费者知道我的产品存在，以及消费者在哪里会看到我的产品信息。

信息搜集

确定需求后，消费者要考虑有什么产品可买、去哪里买的问题。比如，市面上都有哪些品牌的沐浴露？哪些地方可以买到？

消费者这时的状态往往是“这个产品好像不错，我再看一看别的”。消费者会从身边的家人、朋友，社交媒体，专业杂志，路过的门店等渠道获得相关的产品信息。而作为经营者，在门店显眼的位置陈列商品，展示特别的功效或者优惠信息，同时为商品配备促销员等，都是常见的方法。

评估比较

消费者对可选择的商品和购物场所 / 渠道做出比较，决定买什么，去哪里买？首先是在产品之间做比较。比较的对象不仅是同类产品，还包括替代品，比如，香皂在某些时候可以替代沐浴露，电动车可以替代自行车。在这个环节，在消费者可能得到比较信息的地方给他们留下好印象非常重要，比如在已消费过产品的人群中留下好的口碑。

管理产品销售的渠道、避免缺货也是至关重要的。如果现场缺货，消费者会容易选择替代品。可口可乐对分销渠道的管理一直是最出色的，他们会尽量避免顾客到店里找可口可乐的时候发现缺货而拿了一瓶百事可乐的情况。

购买行为

消费者选中商品和购物场所 / 渠道后，会做出购买的行动。购买行为是整个过程的关键，是所有其他努力产生结果的时刻，也是对所有努力的成效进行验证的环节。

消费评估

消费者在购买使用产品后，会对所做的选择进行评估、总结：是否满意或有没有后悔。这种感受和总结是影响消费者下一次购买行为的重要因素。让顾客体会到售后服务的保障，是解除顾客担忧的基本方法。

STP

STP 是营销学的一个重要概念，是 segmentation（市场细分）、targeting（目标顾客）和 positioning（市场定位）三个英文单词的首字母缩写。

起初的消费品都是大众产品。制造商的态度是“人不分男女老幼，地不分南北东西”，顾客按照个人喜好购买商品，所以制造商希望喜欢自家产品的人越多越好。当市场不断成熟，产品越来越多时，让一款产品被所有人喜欢和接受成了一件在经济上不可能的事，细分市场也就成了自然而有效的选择。细分市场的着眼点是顾客行为方式的不同，经营者希望能够针对不同细分市场中的消费者做出有针对性的营销努力。细分市场的主要变量有以下四个：

- **地理因素：**城市级别（一线城市、二线城市等），居住区域（商业区、居民区、城郊、乡镇、农村等），特定范围（某个商业或者行政区块、某个指定的小区、某一栋办公楼等）。

- **人口统计因素：**年龄、性别、收入、婚姻状况、家庭构成、教育背景、职业、民族、宗教等。

- **心理因素：**生活方式（活动、兴趣、观点等）和性格（保守、冒险、冲动等）。

- **行为因素：**对产品的使用方式、购买数量、购买时机，对产品的忠诚度，对价格变化和促销活动的反应等。

经营者通过某种方式对消费市场做了细分以后，选择其中的一部分作为自己的主攻目标，这部分被选中的人群被称为目标顾客。

针对目标顾客的特点，集中资源让他们获得最大程度的满意，并成为品牌和产品最忠诚的顾客，这就是市场定位。比如，体育品牌耐克的目标顾客是专业运动员和刚成年的年轻人，所以耐克的产品标准和营销，就是针对这一部分目标顾客的。

消费品营销的四项工作

消费品营销需要在四个方面下功夫，包括产品、价格、渠道和促销，即消费品营销的4P。将四个方面相结合，统称为营销组合（marketing mix），其中每一个方面的工作对另外三个方面都会有影响。

产品

产品的核心是差异化，即让你的产品在众多同类产品中表现出与众不同的好。要做出差异化的产品，可以努力的方向有很多，比如使产品：

- 在性能上具有某种特色。
- 在规格上更适合使用者。
- 在外观形象或功能细节上体现独特的格调。
- 在售后服务上提供充足的保障。
- 在包装的设计、材质、颜色等方面别出心裁。
- 售后服务及时、周到。
- 品牌的名字和延伸解释被赋予美好的含义。

价格

确定产品售价时需要考虑两个角度：一是提供产品的成本；二是消费者的接受意愿。在实际定价过程中，常常会有一个角度占主导。比如，所有产品的定价一定要在成本的基础上至少加价一个固定百分比；或者先确定一个售价，再倒推生产成本和分销成本，判断是否可以生产。而竞争对手的价格也会对消费者的接受意愿有很大影响。

渠道

制造商选择销售渠道，就是决定跟哪些零售商打交道，以什么方式打交道。制造商还要考虑如何鼓励零售商积极销售产品，以及如何参与零售端的销售活动。在大型零售商出现之前，大型制造商通常会选择批发商或代理商等中间商作为第一合作对象，按地理区域划分中间商的业务范围。大型零售商出现以后，在保留中间商的同时，也发展出了一部分制造商直供的零售客户。

小型制造商由于规模限制，除了有选择地跟一部分批发商和代理商合作外，有时也会只选一部分零售门店甚至一家零售企业直接合作。

促销

促销是指除正常销售活动外，为了临时创造商品对消费者的突出影响所做的阶段性活动。典型的促销方法有以下 5 种：

- 广告。
- 现场人员销售。
- 优惠销售。
- 公关活动与宣传。
- 直销。

需要、欲求和需求

关于消费者购买产品的起因，在营销管理和消费者购物行为研究领域有三个需要区分的概念：需要、欲求和需求。

需要是指维持生命或者正常生活的条件。有的需要付出代价，比如购买食物；有的不需要，比如空气。

欲求是指拥有某个产品或者消费的愿望，受情感驱动。有的欲求是需要的，也有的是不需要的。比如，食物是人生存的条件，人在饿的时候对食物有正常的需要，但对于特别美味的食物，人在不饿的时候也会产生吃的欲求。

需求是指有偿付能力和意愿支持的欲求。没有偿付能力支持的欲求不算需求。比如，一个人想要每天下午都能就着咖啡吃上一块维也纳萨赫蛋糕，这是他的欲求。如果他付不起相应的代价，这就不是需求。如果他喜欢每天下午都喝一杯咖啡，并且养成了习惯，购买雀巢速溶咖啡可能就是个需求。

四种类型的消费者

营销的目的是让品牌、产品与消费者建立起紧密的联系，在消费者有需要的时候，他能够优先选择自己品牌的产品而不是竞争对手的产品。从选择产品的态度来说，消费者有四种类型。我们这里以消费者选择可口可乐和百事可乐为例。

- 类型一：认为可口可乐比百事可乐好。
- 类型二：认为百事可乐比可口可乐好。
- 类型三：认为可口可乐与百事可乐一样好。
- 类型四：认为可口可乐与百事可乐都不好。

站在可口可乐公司的立场上看，前两种类型的消费者是营销工作的重点。可口可乐公司要不断增强类型一消费者对可口可乐的好感，提高类型一消费者对品牌和产品的忠诚度，并且改变类型二消费者对百事可乐的好感。

购物决策因素

购物决策因素（consumer purchasing decision factors）是让消费者对同一类商品产生品牌和产品偏好的影响因素。我们仍以可口可乐和百事可乐为例，如果追问前两个类型的消费者喜欢的可乐产品好在哪里，就能找到这两个品牌的消费者购物决策因素。

对于可乐产品而言，我们一般可以从消费者的具体描述中找到下述决策因素（见表 2-1）。

表 2-1 消费者购买可乐产品的决策因素

消费者购物决策因素	具体描述
甜度	甜度刚刚好（另外一个太甜 / 不够甜）
酸度	酸味适中（另外一个太酸 / 不够酸）
外观	喜欢包装的颜色

续表

消费者购物决策因素	具体描述
品牌标识	logo 好看
含气量	含气量正好（另外一个太冲 / 没劲）
广告	喜欢那句……（广告词）
形象代言人	他 / 她（广告里的明星）是我的偶像
……	……

消费者的购物决策因素可分为理性因素和感性因素（见表 2-2）。两种因素形成的机制不同，发挥影响的方式也有差异。理性因素有清晰的逻辑和明确的物质基础，偏好呈线性分布，包括甜度、酸度、含气量等。感性因素更多源自消费者情感上的喜好，没有明显的逻辑，也没有简单直接的偏好分布形式，包括外观、品牌标识、形象代言人等。

表 2-2　消费者购物的理性因素和感性因素

理性因素	感性因素
甜度	外观
酸度	颜色
含气量	广告
包装	品牌标识
容量	形象代言人
……	……

产品的营销导向

找到消费者的购物决策因素以后，接下来就要确定其中的因果关系，厘清他们的形成机制。

比如，影响“甜度”这个决策因素的要点有三个：

- 甜的感觉基础是糖，是由饮料中含的糖带来的。

- 甜的程度跟糖的含量有关，含量越高，感觉越甜。
- 甜的感受跟水的纯度和糖的纯度有关，纯度越高，感觉越甜。

对于这些决策因素，消费者也常通过自己的视觉、嗅觉、味觉、听觉和触觉等做出推理性的判断。比如，顾客喜欢蛋白质含量高的牛奶，他可能会观察牛奶的黏稠度，认为稠的就是蛋白质含量高。再比如，顾客喜欢精油含量高的个人护理用品，他会关注气味，认为闻起来醇香的就是精油含量高的。很多产品使用添加剂就是为了强化顾客的这种判断。

想要影响消费者判断，还可以在产品说明书或外包装上标明顾客在乎的要点。比如，消费者认为牛奶的质量跟饲养奶牛的牧场有关系，越自然的放养条件会让奶的质量越高，在广告和外包装上强调牛奶来自远离城市的草原牧场就会有作用。

当确定了消费者购物决策因素形成的原因后，就要在接下来的生产和推广过程中，强化对产品质量的控制和口碑的传播。假设消费者关注可乐的甜度，而影响甜度感受的是糖的含量、糖的纯度和水的纯度，那么零售商和制造商就需要确定这三方面的产品标准：

- 糖的含量为多少是目标消费者最喜欢的。
- 糖的纯度达到多少能够让目标消费者的感受跟成本匹配。
- 水的纯度达到多少能够让目标消费者的感受跟成本匹配。

以消费者对产品的体验为基础的营销，要求零售商和制造商在产品的品质上做到持续一致，保证顾客每一次体验的感受都一样，从而建立起消费者对品牌和产品的长期信任和习惯性依赖，进而形成品牌价值。

影响消费者购物决策的理性因素基本与产品的物质基础相关，可以通过改变产品的构成物质来实现，而对感性因素的影响更多是靠营销传播实现的。让我们借鉴消费品营销的原理和方法，来挖掘门店过剩时代的零售经营之道。

把握顾客选择门店的决策因素

效仿上文对可乐这一品类的消费者分析，我们首先应区分不同的顾客类型。

假设我们的研究对象是一群居住在两家大致差不多的超市（超市 A 和超市 B）中间的顾客，现在来研究他们对两家超市的偏好。

四种类型的顾客

与上文针对可乐品类的消费者研究类似，这群顾客会被分成四种类型：

- 类型一：认为超市 A 比超市 B 好。
- 类型二：认为超市 B 比超市 A 好。
- 类型三：认为两家超市都很好。
- 类型四：认为两家超市都不好。

毫无疑问，前面两类顾客很重要，我们需要从他们那里找到顾客选择超市的决策因素。

通常情况下，除了商品以外，顾客可能还会提到超市的位置、卫生、服务、设计风格或店面形象等非商品因素。如果我们剔除这些非商品因素，把跟商品有关的要点归纳出来，最典型的答案应该是这样的：

- 商品全 / 品种丰富 / 我要的东西都有 / 经常有新东西。
- 价格便宜 / 不贵 / 经常打折。
- 商品品质好 / 新鲜。
- 服务好。
- 方便。
- 有在其他零售门店找不到的某种特殊商品。
- ……

初步看来，这似乎就是顾客选择超市的商品因素了，但仅仅依靠它们并不能清晰地找到顾客选择超市的因果关系。上述因素不像可乐的“甜度”和“糖”之间的关系那么直接，甚至表现不出经营过程中应该管控的要点和标准。

比如，要让商品全而丰富，超市就要扩大空间，不论物业是零售经营者自有的还是租来的，都有成本，不可能无限制地扩大。因此，如何在有限的空间里体现出商品的全和丰富，需要更具体的原则或工具。例如，靠“新、奇、特”商品表现丰富程度等。

与此同时，顾客希望超市的商品价格实惠，但价格的降低会直接影响毛利水平，如何既让顾客对超市有价格实惠的印象又能保持足够的利润空间，同样需要更具体的原则和精准的工具。例如，靠“名品低价”树立低价格的商品形象。

“名品低价”就是把顾客最常买的一线品牌商品的价格压到很低，甚至低过进货成本，借此体现低价格的形象，同时提高不知名或顾客不熟悉的商品的价格，借此维持一个较高的平均毛利水平。这种做法的问题在于其简单透明且容易模仿，很容易让相邻的两家超市陷入直接的价格战，最后落得两败俱伤，白白损失了宝贵的利润。

而售卖未经市场验证过的“新、奇、特”商品本身就蕴含着巨大的风险，因为在产品过剩的市场上，信息是自由流通的，这类商品被消费者接受的机会很小。但这类商品一旦试销成功，被消费者所接受，就会在市场上快速弥漫开来。

显然，我们需要更深入地了解顾客。

“以顾客为中心”的零售商品

让很多零售经营者忽视的一个关键要点和常识是：对整个超市而言，每一位顾客都是有认知偏差的。因为工作职责的要求，超市的管理者习惯把超市作为一个整体来看待。但到超市购物的顾客却不同，他们进店仅仅是为了满足生活中的某一个或某几个具体的需要，他们对完成这个购物任务是有压力的，其关注的焦点往往集中在自己需要的商品上。

假如顾客进店时需要的是饮料，他在选择具体商品的过程中，就会对他看到的所有饮料做评估，并与他熟知的其他门店所售的饮料做对比，从而得出哪个店的饮料更全，谁的价格更优惠，谁的品质更好，等等。如果顾客进店时需要的是牛奶，他比较和判断的对象就是全部的牛奶商品；如果他当时需要的是调味品，他就只会比较所有的调味品商品。顾客会依据部分商品对整个门店做出判断，这种认知偏差代表着在顾客的眼里，整个超市的商品是被分成一个个彼此独立又相互关联的商品组的。

零售门店对商品的集合

在生活中，顾客的每一次购物都可视作是完成一次任务。他们常常要解决多个需求，这需要投入时间和精力。

多种多样的购物任务存在一定的规律，会形成一些常见的模式，比如：

- 满足家庭储备与补充需要。购买的商品包括米面粮油、牛奶、面包、主食、洗涤剂、卫生纸、牙膏、牙刷等，购物决策因素包括顾客自己和家人的偏好特征。
- 准备家庭聚会或节庆晚餐。购买的商品包括海鲜、肉、青菜、酒、饮料等，购物决策因素包括聚餐人数、预算、重点菜品等。
- 购买换季内衣，包括衬衣、衬裤、袜子、罩衫等，购物决策因素包括材质、价格、尺码等。

顾客对不同超市的选择，是基于对满足某个需要的商品组之间的比较，以及满足类似购物任务的多个需要的商品组之间的比较。

Category Management

第3章

品类管理三原则，零售经营的核心基础

零售是一门表演艺术。门店是舞台，商品是演员，经营者要像编剧和导演一样，用商品为顾客演绎充满魅力的生活剧情。

Category
Management

导语

田忌赛马是《史记》中的一篇故事。

刚到齐国的孙膑给大将军田忌做军师。他看到齐王常常邀请田忌跟他赛马。参加比赛的马有三个级别，上马跑得最快，中马次之，下马最慢。田忌的比赛方法是用自己的上马对齐王的上马，中马对中马，下马对下马。因为田忌每个级别的马都略逊于齐王，比赛结果总是三战三负。

孙膑跟田忌说，下次大王再邀你赌马，你只管下重注，我来安排，比赛保证你赢。在下一次比赛时，当齐王出上马参赛，孙膑便指导田忌以下马应战，先输一局；当齐王出中马，孙膑就让田忌出上马，赢了一局；当齐王出下马时，田忌以中马再赢一局。三战两胜的战绩让田忌赢得齐王的千斤黄金。

不论是简单的赌局还是复杂的市场竞争，资源占有量的多寡，并不是决定胜负的绝对因素。对资源的有效利用，常能使弱势的一方出奇制胜，战胜强大的对手。

对零售经营而言，以品类为基础的资源分配方法是赢得竞争最重要的方法之一。

作为便利店的两大巨头，7-Eleven 和罗森有着非常相似的发展路径，它们都起源于美国，并在日本发展壮大。在日本市场，这两家企业在产品、服务、管理等方面不断地相互学习，彼此借鉴，在竞争中相伴成长。

曾有一段时间，罗森想要努力在餐食方面超越 7-Eleven，但 7-Eleven 在这方面所下的功夫和取得的成就又是难以企及的。例如，为了保障门店出售的关东煮的品质，7-Eleven 的管理层不仅会重点关注配料的品质和制作过程，甚至细致到考虑顾客享用关东煮时的最佳温度。他们首先通过顾客调研确定在什么温度吃关东煮的口感最好，再测定和推算从顾客点餐开始，一份关东煮从被装进杯子到顾客吃到口中的时长，结合顾客通常购买的分量和店内的环境状况计算食物温度衰减的幅度，最终倒推出关东煮锅的最佳恒定温度。

这种情况下，罗森想在 7-Eleven 长期耕耘的关东煮等领域获得领先地位，难度实在太大。罗森需要选择一个自己的目标顾客很在乎而 7-Eleven 忽视的商品种类做出突破。经过调研和分析之后，罗森选择了年轻人普遍喜爱的西式甜点，在自己的店里推出了从前只有高档西式蛋糕店里才能买到的瑞士卷等精品甜点，从而收获了一大批热情的年轻顾客。

在对手较强的领域，努力做到差距不大；同时，巧妙地找到对手薄弱的领域，集中资源迅速超越。这种做法，体现了品类管理的竞争逻辑：为品类分配角色。

在前两章的基础上，本章详细讲解品类管理最初的三个基本原则、企业推行品类管理所需的六个方面工作以及品类管理在过去 30 年中的发展。

阅读这一章，可以帮助我们回答以下问题：

- 什么是品类？
- 为什么要以品类作为“战略性经营单元”（strategic business unit）？
- 品类管理的第一原则怎样影响现代零售营销？
- 第二原则如何指导零售竞争？
- 第三原则用什么方法保证效益最大化？
- 推行品类管理的工作有哪些？
- 品类管理有哪些新发展？

20世纪80年代中期，哈里斯博士在指导美国区域零售企业增强经营能力、提升经营效益时，向他们提出了三条改进经营方式的建议，并形成了品类管理的三个基本原则。

因为这三个基本原则的实用性及其显著的效果，实施品类管理的企业迅速增多，在多个行业组织的积极推动下，品类管理的体系和方法逐渐完善，在北美洲、欧洲和拉丁美洲得到推广和普及，很快成为零售和消费品分销领域的共同语言。

品类管理的三原则以第一个原则为基础，层层递进。

- **原则一：**按顾客需要和消费者的购物行为对门店的商品进行分组，并以这种被称为“品类”的商品组作为经营的基本单元，做出彼此独立又相互协调的经营规划。
- **原则二：**为品类分配不同的角色，通过完成相应的角色任务来超越竞争对手，为顾客提供卓越的购物体验。
- **原则三：**对门店经营资源的分配，以品类角色及其贡献为依据，做到精准投放，使效益最大化。

原则一是后面两个原则的基础，它把零售门店的商品与顾客需要相对应，明确零售经营的商品是以品类为单位的。第二个原则是关于竞争战略的，即如何用尽量少的投入获得最显著的竞争优势，让门店比竞争对手更有吸引力。第三个原则则明确了精准分配经营资源以使效益最大化的方法。

原则一：以品类为单位，连接商品和顾客

第一个原则有两层含义。

第一层含义，是在向顾客呈现商品的时候，门店把商品按顾客需要分成相互独立的商品组，每一组商品对应顾客的一种需要，并把同一组商品的不同种类集中在一起向顾客展示，以备顾客有了需要的时候，可以从这一组商品中做出选择。这样的一组商品就叫作品类。

第二层含义，是在经营过程中，针对每一个品类，零售企业分别确定具体的经营目标，包括销售、利润和库存周转等主要财务和营运目标，规划达成目标的具体方案和行动计划，并为这样一个品类的经营任务指定相应的责任人。这便是品类管理这一名称的由来。

确定一个品类所对应的顾客需要，以及这个品类所包含的具体商品，是品类管理工作的基础。这需要零售企业对顾客需要和消费者的购物行为做相应的调研与必要的分析，来完成这项相当有技术含量的工作。

突破习惯，以消费者为中心

刚接触品类管理的人常问："品类是大类、中类，还是小类？"其实，推行品类管理时所用的商品分类方法与零售企业沿用已久的分类是不同的。**在很多情况下，传统的分类方法并不能直接适用于品类管理。**

比如"罐头食品"是按包装所做的分类，其中包含水果罐头，鱼罐头、肉

罐头和蔬菜罐头等不同类型的罐头。不同类型的罐头对应的顾客需要有很大的差异。对于水果罐头，消费者喜欢的是水果的成分和香甜多汁的口感，所以常将水果罐头和零食一样用来做餐后甜品，有时也被用来做烘焙食品的原料。鱼罐头和肉罐头往往是作为正餐的一道菜，可以节省时间，省掉复杂的烹饪过程，快速上桌与其他食物相配合，提升整顿饭的品质；或者将其作为饮酒时的一道"硬菜"。蔬菜罐头则与普通蔬菜一样，是烹饪的原材料。在顾客的消费过程中，这些"罐头食品"是无法彼此替代的，但常见的习惯做法，是把各种罐头陈列在一起。

如果遵循顾客需要和消费者购物行为，正确的陈列方式应该是把它们分开。水果罐头可以靠近甜口的零食，或者果切拼盘等；鱼、肉罐头可以靠近酱肉、板鸭、烧鸡等熟肉制品；而蔬菜罐头可以跟可加工的蔬菜、干菜等放在一起。

影响力大的消费品供应商常喜欢把他们不同类别的商品集中在一起，既能突出品牌推广的效果，又便于商品的维护，但这种做法会导致应该归属同一品类的商品，因为供应商的不同而分散陈列，中间还穿插着并非一个品类的其他商品，增加了顾客选择的困难。

比如牛奶和酸奶，实力强大的几个供应商常要求把自己的产品放在一起陈列，并在生意好的超市派驻促销员。但从顾客需要和消费者的购物行为来看，牛奶和酸奶应属于不同的品类。

牛奶是适合全家人的早餐，可以搭配面包、馒头等主食。顾客对牛奶的需要基本是出于健康和营养的考虑，看重的是其优质的动物蛋白，以及有利于人体补充钙质。除了品牌和价格以外，顾客挑选牛奶时会重点关注的是包装的大小、蛋白质含量、脱脂程度、杀菌方法与储藏方式、保质期等。

顾客对酸奶的需要大多出于享受的考虑，看中的是酸奶酸酸甜甜的口味、滑滑嫩嫩的口感，可以作为餐后甜点或者零食享用。很多顾客都有自己中意的口味，也愿意积极尝试没吃过的新配方。

想要买牛奶的顾客，如果能快速看清所有可以选择的牛奶的品牌、内容、包装、价格、促销活动等信息，就可以方便快捷地做出选择。但如果中间穿插了酸奶，就增加了顾客挑选的难度，影响了顾客体验。

把同一个品牌的牛奶和酸奶集中在一起的做法，虽然会强化不同供应商的品牌宣传效果，也更方便促销员的现场管理，却影响了顾客的购物体验。

但很多超市把超高温瞬时杀菌（UHT）消毒法生产的常温牛奶和巴氏消毒法生产的低温牛奶分开在不同的区域陈列，中间还隔着其他商品，这种做法也不妥当，直接失去了增加销售和提高利润的机会。因为购买低温牛奶的顾客不是凭空产生的，而是从购买常温牛奶的顾客转化过来的。把低温牛奶和常温牛奶放在同一区域，相互靠近，就可以有效提醒那些习惯购买常温牛奶的顾客，还有更好的低温短保牛奶可以选择。尤其是在搭配低温牛奶的促销活动时，可以有效提高顾客从常温牛奶到低温牛奶的转化概率。因此，常温牛奶和低温牛奶理应属于同一个品类。

同理，对于偏爱素食或有过敏顾虑的顾客，植物蛋白饮料是牛奶的替代品，把豆奶、花生奶等挨着牛奶陈列，会让这部分顾客挑选起来更方便。

比萨是深受美国消费者喜爱的一种意大利风味食品。比萨健康、美味、方便，家庭渗透率和顾客购买频率都很高，一直受到超市经营者的青睐，很多超市都有以下三种比萨。

第一种是经过烤制的普通比萨饼坯。顾客买回去撒上芝士、蔬菜、香肠等馅料，放到烤箱里，二十几分钟后就可以享用。

第二种是配好馅料、初步烤制定型的冷冻比萨。顾客买回去解冻后，放到微波炉或者烤箱里再略微烤几分钟就可以享用，比较简单、便利。

第三种是现场烤制的成品比萨。顾客买了就能即时享用。即使是带回家吃，其口味也常比冷冻比萨好，顾客还不用那么麻烦。

在 30 年前的美国超市，这三种比萨通常放在超市里的三个不同区域：普通比萨饼坯在面包区，冷冻比萨跟冻肉、冻海产、冰激凌一样集中放在冷冻食品区的冰柜里，而现场烤制的比萨则在收银台外面的档口。顾客对这三种商品的个人喜好有一定差异，也会因为价格因素做出不同的选择，而且这种偏好也常常会改变。此外，顾客选择最先看到的那一种的可能性一般比较高。

当我们从顾客需要的角度重新审视比萨品类的时候，可以明确地看到三种产品所对应的都是顾客“吃比萨”这同一个需要。从顾客的角度看，它们之间是可以相互替代的，应该归属于一个品类，适合集中在一起呈现给顾客，给顾客完整多样的选择机会，感受比萨产品的“丰富性”。同时，不论顾客个人偏爱的是哪一种，只要顾客站在集中陈列三种比萨的货架面前，他们的需要被满足的可能性就会增加，做出购买决定的顾客比例也必然会提高。

如今，越来越多的美国超市把冷冻比萨跟比萨饼坯陈列在一起，并与各种比萨馅料相关联，而且靠近店内售卖现制比萨的区域。因为通过品类管理的实践验证，超市经营者确信这样做会提升顾客满意度，并增加销售和利润。

针对同一个品类，理解顾客需要和消费者购物行为的变化规律，有助于品类内部结构的构建，使商品的呈现方式更贴近消费者的需求，从而给顾客带来更好的购物体验。

面包是美国消费者最常吃的普通食品。很久以来，人们的消费习惯是依循面包的原料、发酵工艺、烘烤方法等做选择，面包本身的口味变化并不复杂。每个地区的市场都有数个影响力卓著的供应商为超市供货，提供的面包类型大同小异，品种没有显得特别丰富。在超市或大卖场设立烘焙车间，现烤现卖也是一种风尚。面包主要是按品牌、供应商或者包装陈列。

品类管理方法在美国推行的早期，恰逢烘焙行业的整体繁荣时期，很多面包供应商都在积极地推出新产品，面包的品种和口味一下子增加了很多，这些新产品中不乏受到消费者特别喜爱的明星产品。但如此一来，也加大了顾客的选择难度。如何帮助顾客快速做出选择，成了零售企业一项有意义的工作。

一家大型连锁超市通过顾客调研发现，顾客对面包的需要会因为具体什么时候吃而有很大的不同。按照普通美国消费者的饮食习惯，对早餐、午餐和晚餐所吃的面包做适当的区分和推荐，可以很好地引导顾客的选择。于是，这家大型零售企业在其所拥有的 1 000 余家门店中，把面包的陈列方式统一调整为早餐、午餐、晚餐和任意时间四个相邻的区域。在没有对商品选择和销售价格做显著调整、只是调整了陈列方式的情况下，这家超市的面包销量增长了 30% 多。

商品品类的划分

品类是一组具有显著特征的，可以调整和管理的商品 / 服务，在消费者看来，它们在满足某个具体需要时是相互关联的，并且 / 或者是可以彼此替代的。但零售企业沿用多年的商品分类往往脱离顾客需要，存在很多问题。

比较常见的一种情况是，把满足顾客同样需要的商品，按散装食品与包装食品区分开，中间隔着一种或多种其他商品，这在休闲零食、粮油和调味品品类中都能见到。

另外一种情况是，把同一种商品分配给多个相互竞争的部门。比如在中秋节期间，让负责现场加工的熟食部门、需要称重的散装食品部门以及提供包装和礼盒商品的饼干糕点部门，同时按照自己的逻辑展示、销售月饼。不论是自己吃还是作为送人的礼品，顾客对月饼的需要是相同的，正确做法是让顾客在一个地点集中看到各种各样的月饼，降低挑选月饼的难度，从而提升他们的购物体验、带来愉悦感。

对于商品品类的具体划分，不存在适用所有市场的统一答案。中国与美国不同，在消费者的购物习惯、市场的竞争格局等方面，中国的各省市、相邻的县城或者乡镇之间都有各自的特点。

品类的划分也不是固定不变的。例如，30 年前的中国市场，瓶装饮料只有少数几种汽水，其中可口可乐和百事可乐是市场的领导者。从那时开始，市场上先后出现了瓶装水（包括矿泉水、纯净水、蒸馏水等），茶饮料（冰红茶、绿茶、乌龙茶等），运动饮料（红牛、脉动、宝矿力等）等品类。最近几年，果味汽水开始受到一部分年轻人的喜爱。

以品类为战略性经营单元

顾客选择门店的“决策因素”中与商品有关的是：

- 种类全。
- 价格实惠 / 物有所值。
- 品质好。
- 新鲜。
- 服务贴心。
- 便利。
- 具有特别的优势。
- ……

这些决策因素是在研究某个对应具体需求的品类后得出的，而不同品类商品的特点和顾客的购物规律有很大差别，这时就需要给每个品类确立最合适的经营目标和最适当的具体方法，才能让每个品类发挥它应有的作用。

想要给每个品类设定最合适的经营目标，就要对一个企业的总体目标做科学合理的分解，把总任务分散到多个经营单元（business unit）[①] 中，这样可以使经营任务更具体、更明确，让复杂的经营活动更有针对性。

顾客在门店里关注、寻找、比较与选择的，是跟他当时的需要相对应的品

① 经营单元也常译为业务单元、业务部门或者营业单位，通常是指企业组织的一个分支，承担整体经营的一个部分，能创造收益，有对应的成本和费用，涉及的经营活动包括营运、会计核算、人力资源管理、营销、销售、供应链管理等。

类。把品类作为战略性经营单元[①]，就是践行“以顾客为中心”的最重要的第一步。

综上所述，**品类管理就是把商品与顾客连接起来的零售经营方式。**

原则二：准确划分品类角色，指引竞争胜利

专业的马拉松运动员都知道，要想赢得最终胜利需要用高超的技巧控制节奏，绝不能在比赛全程都用自己最大的力气。最好的方式是在某些阶段跟着别人跑，某些阶段超过对手跑，关键阶段拼尽全力跑。

类似地，一个零售门店若想超过竞争对手，吸引顾客、保障利润，也不能试图把每一个品类都做到最好，因为这样的目标根本不可能实现。在每一个品类上都尽力而为，不管竞争对手怎么做，我自己能做到多好就做多好，这样的门店就像一个业余的、缺乏机智策略的选手。

最好的方式应该像专业选手一样：大多数品类跟着对手“跑”，只求做到“不差”，即使能做得更好也不盲目超越，而是有意识地控制投入，做到不让顾客来店购物之后感到后悔即可；少数重要品类领着对手“跑”，做到“更好”；个别关键品类则务必要超越对手，做到“最好”，给顾客来店购物以明确而强烈的理由。这样，顾客被“最好”或者“更好”的品类吸引到店，并自然地接受了“不差”的品类，门店再为他们提供一小部分原本无足轻重但可以满足“一次性购足”购物任务的多样化品类，就能为顾客创造便利。

超市中最常用的品类角色主要有四种：目的性品类、常规性品类、季节性/时令性品类和便利性品类。

- **目的性品类：**集中表现与目标顾客诉求关联最紧密的那些优点，包

① 战略性经营单元是对经营单元及其实用意义做出强调的一种表述方法，突出其独特的愿景、使命和目标，既独立于企业的总体目标，又是长期目标与总体目标不可或缺的一部分。

括商品全，新产品更新及时，价格比竞争对手优惠，品质超群，比竞争对手具有更突出的吸引力，等等。

- **常规性品类：** 以竞争对手的品类为标杆，让顾客感受到不比竞争对手差，虽然不是吸引顾客的主力，却是让顾客不流失的根本保证。
- **季节性 / 时令性品类：** 季节性品类是指那些不需要常年经营，而只在特定的季节或时段出现的品类，比如，中秋节的月饼、端午节的粽子、学生开学季的文具和书包等。这类商品的营销可以随着企业的经营重点做调整，参照目的性、常规性或便利性品类的要求，或强或弱。
- **便利性品类：** 既不负责与竞争门店争夺顾客，也不关注顾客是否流失，只是为了给已经到店的顾客提供一次性购足的机会，满足其便利性需求，并因此增加销售、扩大利润。

为门店的所有品类分配角色的方法，可以保证零售企业在最小投入的情况下超越竞争对手，赢得竞争。正因如此，品类管理是指导零售企业超越竞争对手的有效方法。

下面以一个实例来详细说明，湖北黄商集团正是用品类角色提升效益的区域代表龙头企业之一，它的总部位于湖北黄冈，于 2018 年开始学习与推行品类管理。

黄商集团品类管理项目小组在做市场调研的时候发现，黄冈有一道极富当地特色的美食，受到消费者的普遍喜爱：巴河藕汤。这道菜的原料是黄冈特产的巴河莲藕和猪骨头。当地消费者对这道菜十分钟情，导致猪骨头供不应求，从菜市场到各家超市，每天上午不到 11 点，所有地方的猪骨头都会售罄。

经过认真分析，黄商集团的品类管理项目组和生鲜采购团队认为，凭借强大的供应链能力，他们完全有能力把猪骨头做成自己最有竞争力的品类之一。他们为门店确定的目标是：全天充足供应猪骨头。为此，他们与外地的猪肉供应商联系，达成了保证猪骨头供应充足的合同，很好地实现了这个目标。

很快，“任何时候都能买到猪骨头”成为当地消费者对黄商超市的共识。由此，黄商超市的消费者忠诚度得到了显著提升，增加了客流，提高了门店的整体业绩。

环顾全世界的零售行业，总能看到一些优秀的区域企业，通过巧妙的顾客定位，表现出与大企业不同的魅力，成为当地顾客的首选，从而在竞争激烈的零售市场赢得自己的生存空间。这样的实例，包括美国备受好莱坞大明星和洛杉矶富人追捧的布里斯托农场超市（Bristol Farms Market）、芝加哥低收入阶层喜爱的 Pete's Fresh Market，以及在荷兰为环保意识突出的年轻人服务的 Marqt 等。它们都能在巨人林立的市场中，仅仅靠十几家门店就经营得活力四射、多姿多彩。

原则三：合理投入经营资源，实现效益最大化

广义上说，零售企业的经营资源包括人力、资金、设备、店面和物流中心的空间等日常经营中可以投入的项目；狭义上说，零售企业的经营资源也可以单指门店的空间。**“以品类为战略性经营单元”的品类管理方法，就要求零售企业将这些资源精准投入品类，按品类制订投入产出计划，从而达到经营效益的最大化。**

对品类的精准投入，要考虑门店的空间、管理团队的人力、商品采购所用的资金、商品库存的空间和资金占用情况、门店内外的展示机会，以及为了树立价格形象需让出的利润等。

从主观上讲，为品类分配角色就是对品类的作用和业绩目标提出要求，也就确定了分配经营资源的倾向性规则，其目的是让有限的资源得到最好的利用，从而完成均衡考虑门店对顾客的吸引力并且创造效益的任务。

从客观上讲，根据品类的销售贡献和利润贡献占比，优化各品类的空间占比，扩大贡献占比高但空间占比低的品类的实际空间，压缩贡献占比低但空间占比高的品类，是提高门店整体业绩的科学方法。

品类管理指导经营体系的重构

在品类管理提出之前，零售经营者对门店管理的认识包括采购、门店日常管理和销售三个部分（见图 3-1）。三个部分之间既相互关联，又相对独立。不同岗位上的经营者虽然都很关注顾客需要，但在满足顾客需要的行动上却不能做到整体协调一致。

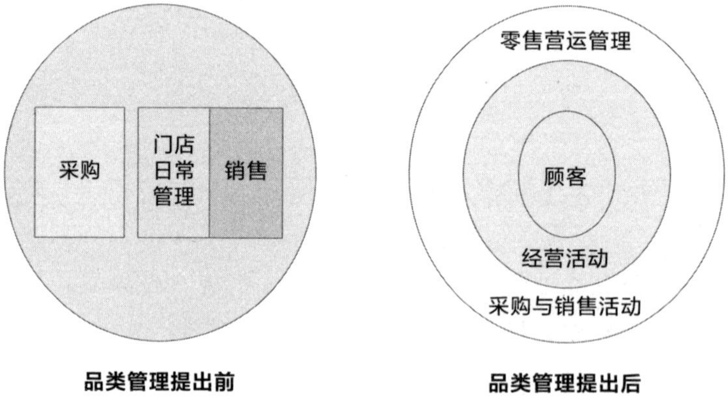

图 3-1　品类管理提出前后的超市商品经营模式

品类管理把顾客放在中心位置，围绕顾客需要展开经营活动，先确定卖什么商品，以及定价、陈列方式和促销活动等具体内容，制订出对顾客有吸引力的售卖方案，再根据方案依次开展采购和销售活动，落实品类管理方法。这样既可以提升顾客满意度，又能提高经营效益。

品类管理首先是关于“卖对商品”的专业技术，也指导“卖商品”的工作。有了品类管理的结论做基础，零售企业就能够精准地确定采购目标，与供应商的谈判和沟通就更具体、更细致，就能为高效传递商品打下良好的基础。

零售营运管理是关于有效传递商品的专门技术，包括商品离开供应商工厂到顾客在零售门店的收款台上支付货款拿走商品的全过程。没有品类管理做基础，营运管理传递时就会有很多不确定性，传递的效率就不会高。

品类管理方法提出以后，关于零售营销和零售经营的变革也在相继发生。在 20 世纪 90 年代中期，品类管理造就了席卷整个行业的门店布局创新浪潮，在 10 年后更是引发了购物者营销和全渠道营销的风潮。品类管理也为零售企业的差异化经营提供了可靠的依据，为零售品牌的塑造找到了方法，并在电子商务实践中得到进一步的印证。

服务是顾客购物体验中特别重要的一项内容，需要专业的设计与规划。没有做品类管理的零售企业，门店团队的核心任务是“经营”，是把工作重点放到挑选好卖的商品，并努力从销售商品上获得足够的利润。一个把心思主要花在商品构成、定价、陈列和促销等专业技术要求很高的事务上的团队，是很难把服务做到位的，不可能给顾客提供足够好的购物体验。

然而，当商品规划、营运、服务这三项重要的工作都要门店来承担时，任何一项都将难以出色地完成。这时，零售企业就需要按照品类管理的基本原则在六个方面做出努力，这六个方面的工作被称为“品类管理六要素”。

品类管理的六要素

品类管理的六要素是实施品类管理的六项具体工作（见图 3-2）。

其中经营战略、业务流程这两项工作是主要的，起着关键作用，被称为“品类管理的核心要素”。

绩效指标、团队能力、信息技术和协作关系这四个方面的工作为落实经营战略和业务流程提供保障，起推动作用，需要在经营实践中不断调整和提升，因而被称为“保障要素”。

品类管理六要素的具体内容，将在本书第二部分做重点说明。

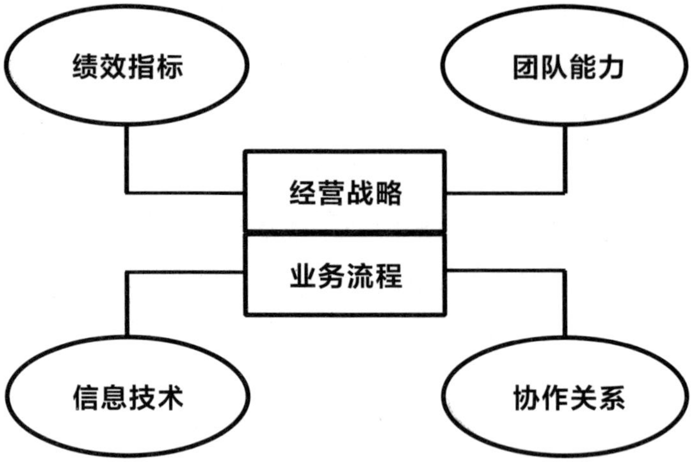

图 3-2　品类管理六要素

随实践不断进化的品类管理理论

品类管理的三个原则，是 20 世纪 80 年代中期哈里斯博士在指导美国区域零售企业时给出的改进建议，因为逻辑清晰、效果显著，被相当一部分企业采用。

当时的美国超市行业正处于历史性的门店过剩危机之中，超市经营者竞相陷入价格战的泥潭，并向供应商要求更优惠的供货条件，以弥补降低售价带来的损失，这导致零售商和供应商之间的矛盾和摩擦日渐激烈。区域性的中小零售企业普遍认为，他们拿到的供货条件比那些跨地区的大企业差，这是让自己处于竞争劣势地位的主要原因。

在供应商看来，这个理由是不能认同的。从供应商自身的利益出发，他们不希望自己的产品被少数几个大型零售商或分销商控制。渠道的均衡分散，更有利于发挥供应商的影响力。当时，中小零售企业以交易条件不公平为由把供应商告上法庭的案子屡有发生。

鉴于中小零售商与供应商之间愈演愈烈的矛盾，美国食品营销研究所（Food Marketing Institute，FMI）和食品杂货制造商协会（Grocery Manufacturers Association，GMA）联合发起了一个广泛的行业调研，委托在食品和消费品领域素有影响力的嘉思明咨询公司（Kurt Salmon Associates，KSA）负责实施，挖掘问题的症结所在，探索零供双方都能接受的、更好的发展与合作路线。这一调研得到了包括宝洁和可口可乐公司等多个大型消费品供应商和部分零售商的积极参与和支持。

相关调研报告以“高效的消费者回应”（efficient consumer response，ECR）为题，在1993年FMI举办的“深冬管理干部大会”（Midwinter Executive Conference）上公布。报告指出，零售企业竞争力不足的主要原因，在于他们自身低下的效率，而非供应商供货条件的差距。

报告同时提出“ECR战略”，倡导在零售商、批发商和制造商之间构建合作关系，以提高整个供应链的效率，使参与合作的各方以更好地满足顾客需要为前提，减少机会损失，降低库存水平，并提高各自的经营利润，提升综合竞争能力。

起初，ECR战略的核心是倡导零供双方在供应链上合作，也就是从营运管理方面入手，探索如何提高顾客需要信息从零售商传达到供应商的顺畅程度，以及商品从供应商传递到零售商门店的效率，也就是提高供给方面的工作效率。

但ECR战略的倡导者很快发现，如果零售经营者对顾客需要解读得不准确，他所提出的需求方案就是有瑕疵的，而如果这个需求方案有瑕疵，商品传递的效率再快也可能是错的。ECR战略需要补充需求方面的解决方案。

当ECR战略的倡导者们开始在需求方面寻找能够帮助零售企业正确解读顾客需要及其购物行为的解决方案时，由哈里斯博士提出并在一部分区域零售企业中推行的品类管理方法进入了他们的视野。

经过认真研讨和分析，零售行业领导者们达成了共识，品类管理是突破当前困境、帮助零售企业回归零售经营本质的最好方法。通过把品类作为战略性经营单元，让零售企业的商品经营紧紧贴合顾客需要，在极大地改善了顾客体验的基础上，使零售企业实现了效益的提升。

于是，ECR 战略的倡导者邀请哈里斯博士一起参与，全面地向美国零售行业宣讲、指导并推广品类管理的原则、方法和工具。

哈里斯博士将品类管理定义为零售商或供应商的一种工作方法，该方法把品类作为战略性经营单元，通过实现消费者价值来提升零售企业的经营效益。该定义包含四个要点：

- 品类管理是一种能提升零售企业经营效益的工作方法。
- 品类管理方法的特点，是按品类分别设定经营目标、确定经营方式和行动方案，以及配备经营资源。
- 这个方法的路径，是先改善顾客体验（实现消费者价值），再提升经营效益。
- 这种方法不仅适用于零售商，也为供应商提供了机会。

关于供应商在推行品类管理实践中的作用和机会，本书第 7 章会重点阐述。

品类管理在过去 30 多年的实践中一再证明，这套方法依据的是顾客需要和消费者购物行为的底层逻辑，具有相当大的普适性。其中，日本永旺集团（简称永旺）的成功，是 30 多年来亚洲零售企业推行品类管理最精彩的一段。永旺的品类管理历程始于 1998 年，那时的永旺年销售额约为 200 亿美元，是日本第三大零售企业。如今的永旺已是日本最大的零售企业了。特别是最近 3～4 年，日本宏观经济环境每况愈下，永旺的业绩却能远远超过日本其他所有主要零售企业。他们的门店销售增长水平是日本同行中最高的，在其他企业的销售和利润双双下降时，他们的利润却依然能够增长。

永旺是第一家实施品类管理的日本零售企业，其品类管理之路由哈里斯博士亲自指导和带领。在最初的两年时间里，哈里斯博士和他的咨询团队指导永旺完成了 24 个品类经营计划，覆盖了食品杂货、健康美容、鲜肉和水产、蔬果、烘焙和熟肉等所有商品部门。

虽然这些品类都取得了突出的业绩增长，但最值得骄傲的成绩还是品类管理方法帮助永旺在日本赢得了与家乐福的直接竞争。法国的家乐福是全世界经营大卖场的佼佼者。家乐福进入日本的第一家店开在距离东京约 64 千米的幕张，是个面积接近 2 万平方米的超大型门店，与永旺业绩最好的大卖场（位于千叶的 Marinpia 店）同处一个商圈。

这样的态势相当于一场短兵相接的肉搏战。面对家乐福全新的旗舰店，永旺制定了自己的防守战略，在已制订出品类经营计划的品类中挑选出 20 个品类做出有针对性的强化和调整，用以实现自己门店的差异化。永旺的项目团队与美国专家携手，分别为这 20 个品类制定了新的品类策略和品类战术，并按照品类优化的八个步骤，设计了一套全新的商品经营与展示方案，包括品类的指引方法、陈列设备与展示的道具以及货架标识。这些新的品类设计所提供的差异化素材，是永旺门店改造和重装项目的重要组成部分，得到了很好的落实。其中多个品类被升级为目的性品类，强烈突出了与家乐福新店相比的差异化，增加了自身的吸引力。这一系列改变传递给永旺门店的现有顾客一个清晰的信息：他们没必要去家乐福新店购物，家乐福能给的，重装的永旺店都有，甚至更好。

永旺门店实施品类管理所取得的效果极其显著。永旺门店全店的销售额实际增长了 10%，其中 20 个重点规划品类的增长都超过了 10%。有个别目的性品类，如寿司和葡萄酒的销售额增长甚至超过了 50%！与此形成强烈对比的是家乐福令人失望的业绩。新店开业不久，负责日本业务的高管就被炒了鱿鱼。

永旺的高层领导者明确表示，实施品类管理是取得这场胜利的主要原因。这也是品类管理成功实践的一个精彩案例。

过去 30 年中，品类管理的理论和实践一直在不断进步与更新之中（见图

3-3）。对此，本书第 8 章有详细的介绍。

图 3-3　品类管理的演变与进化

推行品类管理，是零售企业重回零售经营的本质，是把“以顾客为中心”落实到经营实践中的具体方法，能为零售企业创造全面提升的机会。品类管理为零售经营带来什么样的进步、创造哪些成长机会是本书第 9 章的主题。

经过 30 多年的实践，品类管理的影响范围已经远远超出了超市行业，被快速发展的电商模式进一步验证，并被其他商品零售和服务行业接受，为全新的现代零售营销奠定了基础。在全渠道零售的今天，品类管理依旧是零售经营的底层逻辑和零售经营者的共同语言。

第二部分

品类管理的实践

Category
Management

Category Management

第4章 经营战略，为零售企业铸就竞争优势

没有明确的战略，团队必定会迷失方向，产品和服务便不可能聚焦，顾客更是无法在红尘漫漫的世界中认出你。

导语

目标顾客是营销学的核心概念之一。通常，在产品设计、生产、销售、推广乃至售后服务等一系列环节，经营者都会将企业的营销资源集中起来，聚焦到目标顾客身上，了解他们的需要，听取他们的声音，围绕他们的生活需要开发产品和提供服务，并与他们紧密互动，从而让他们成为最忠实的顾客，并通过他们带动和影响其他顾客选择自己品牌的商品和服务。

运动品牌耐克的目标顾客是专业运动员和喜欢运动的成年人，它的广告宣传的主要对象是年轻的成年人。一般认为，其中“年轻的成年人”指的是那些刚刚步入成年的十八九岁的年轻人，他们的普遍特征是生命力旺盛、活跃，急切地想要冲破传统观念的束缚，在成人世界里获得一席之地。但在生活中，他们又常遇到各种阻力，父母和老师对他们不放心，他们自己也经常闯祸。针对这个目标群体，耐克不仅在产品上突出耐用、轻便等特点，还通过各种媒体广告，宣扬挣脱束缚、突破传统的价值观，积极地与这些年轻人建立情感上的连接。

在某一届足球世界杯赛期间，耐克拍摄了一条独具创意的广告。他们邀请多位被世界各国年轻人推崇的著名球星接力传递足球。广告画面中，足球从巴黎的埃菲尔铁塔下被一脚传到了伦敦的皮卡迪利广场，再一脚传到柏林的勃兰登堡门，再一脚劲射，只见足球从古罗马斗兽场的上空划过……突然，足球撞上了一块映着蓝天白云的大玻璃，被击中的玻璃稀里哗啦碎了一地。正玩得尽兴却突然闯了祸，这像极了年轻人在日常生活中的经历。随后，耐克的品牌口号“Just Do It”和它的品牌标识一同出现在了屏幕上，这是那些尚处于求学阶段的年轻人最熟悉不过的标识：老师批作业时的“对号”，也表示毫无保留的认可。整段广告就像是在对屏幕前的年轻人说，不要管父母、老师怎么说，不要管社会上的人怎么评价，做就对了（Just Do It）。

毫无疑问，这样的广告是能够从内心深处打动那些“年轻的成年人”，让他们信任甚至依赖耐克，成为耐克最热情、最忠诚的追随者的。显然，购买耐克产品的人并不仅限于它的目标顾客，年龄稍长些的成年人或者未成年人都是它的消费者。但目标顾客始终是耐克进行品牌营销的焦点。

一旦明确定位目标顾客，企业的产品设计、开发、生产、销售、推广、售后服务等环节就有了明确的方向，对品牌的营销、传播也会更生动。

诸如目标顾客、核心业态、优势品类等营销战略，都属于零售企业“经营战略”的范畴。梳理经营战略，是推行品类管理的核心工作之一。

本章首先对企业的经营战略做概念性的阐述，接着从一般企业的经营战略延伸到零售企业经营战略的要点，进而分析零售企业实施品类管理要从梳理经营战略开始的必要性，重点阐述“品类管理是一把手工程”这个要点。本章还介绍了分析、表述以及企业内部沟通经营战略的方法，为零售企业梳理经营战略提供了相应的模板，并对与品类管理相关的零售企业经营战略做了剖析。

本章能够帮助读者理解以下问题：

- 什么是企业的经营战略？
- 推行品类管理为什么要从梳理经营战略开始？
- 为什么说“品类管理是一把手工程”？
- 影响品类管理最重要的企业经营战略有哪些？
- 什么是目标顾客？
- 如何确定核心业态？
- 怎样选择与发展优势品类？

战略是企业经营中最常提及的名词之一，也是最难把握、被夸大最严重、误解最多的一个概念。零售企业实施品类管理，必须对其经营战略的内涵、要点和应用加以梳理并做出必要的阐释。

从历史上看，中国人对战略的系统性认识比西方早，内容也更加完整和丰富。约 2 500 年前成书的《孙子兵法》几乎是如今全世界的经营战略研究者的必读书。“战略”这个概念，在英语中只有一个词 strategy，但在汉语中，“策略”“计谋”等都与之相关，它们之间常存在微妙的差别。

在品类管理六要素中，有两个内容的英文包含 strategy 一词，一是第一个核心要素“business strategy”，二是第二个核心要素业务流程八步骤中的第五步“category strategies”。为避免歧义，本书将 business strategy 译为“经营战略”，category strategies 译为“品类策略”。

经营战略是指企业的远景和全局规划。品类策略是为了确定品类角色而在商品选择上做出的组合，并为定价、陈列和促销的具体方法提供指导性原则。本章将先对经营战略进行详细的阐释和分析。

什么是企业的经营战略

在阐述零售企业的经营战略之前，我们先从一般意义上探讨企业的经营战略及其影响。

企业经营与战略

“企业”的英文是company，它的基本意思是“同伴”。公司是欧洲中世纪传统商业自然形成的概念。按照西方人的理解，公司这个概念首先指的是一伙人（两个或以上），而不是一桩生意。这些人为了某种商业目的组织在一起，并获得了行业或政府的许可。随着工商业实践的发展，尤其是三次工业革命的推动，公司的组织规模越来越大，结构逐渐复杂，而商业活动的内容也日益精微。为了保障公司经营的效率，就需要对参与经营活动的人在层级上做合理分工。

个体工商户或者小企业，只要有一人负责管理就足够了。但大型企业有多人负责管理，必须对他们的指挥层级做明确分工。

如图4-1所示，企业管理团队典型的分工包括三个级别，每个级别不同岗位上的管理者要领导下属完成相应的任务，使他们发挥各自的作用、相互配合，从而实现企业的整体目标。三个层级从上至下有一个指挥链，指挥链的顶端是企业的老板、股东或者首席执行官。每个管理者的决策权和指挥权是与其层级和岗位相配的。

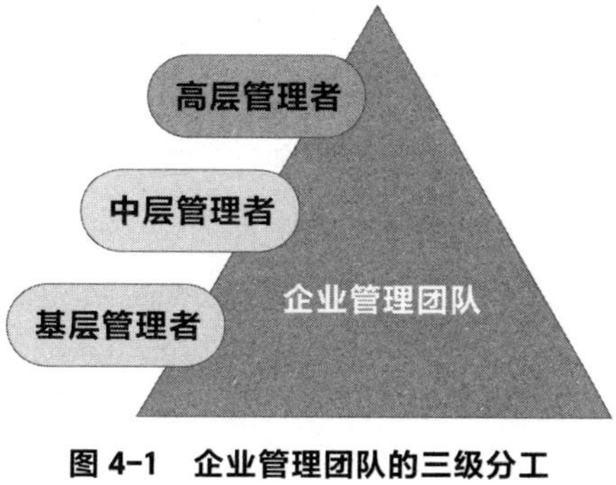

图4-1　企业管理团队的三级分工

高层管理者

高层管理者可能是企业的创始人，或者股东、董事会等，他们负责企业的战略和方向，是公司最高权力的代表，企业的最终目标、经营原则、核心流程、长期计划、调整与改进的创意等，均由他们参与制定。他们管理、指挥各职能部门，并向专业的中层管理者授权。

中层管理者

中层管理者是企业管理团队的中坚力量，也称为“执行层”，通常是指各个部门的总监或者经理。中层管理者对高层管理者负责，向他们汇报，同时管理本部门的下属，保证部门任务的落实。

在复杂的大型企业中，中层管理者可能还会分出多个级别，目的是使完成任务的质量和效率得到保障。

基层管理者

基层管理者是一线员工的直接领导者，如工厂里的班组长，门店的部门主任，军队里的班长等。他们的核心任务是协调与落实日常工作，保障具体项目或任务的完成。

基层管理者不仅需要中层管理者的指导，还需要人力资源部门的专业支持。在日常工作中，基层管理者指导和培训一线员工完成工作，回答他们提出的问题，鼓舞干劲，解决矛盾。

高层管理者的失职是最大的风险

中国有句俗话叫“兵熊熊一个，将熊熊一窝”，意思是士兵无能只是他个人的事，如果将领无能，则会影响整支军队的战力。西方也有类似的说法：“一头狮子带领的一群羊，胜过一只羊带领的一群狮子”（An army of sheep, led by a lion, is better than an army of lions, led by a sheep）。企业管理也是如此。**零售企业的高层管理者，必须首先回答关乎企业未来和发展的战略性问题，而不是陷入日常琐事当中。**如果高层管理者不能很好地履行职责，明确方向和目标，清晰划分各部门的工作与职责，做到奖惩分明，就可能导致企业整体效率低下，逐渐在竞争中失去立足之地。

经营战略的要点

在逻辑上，企业的经营战略是自上而下形成的：从最高的使命宣言到总体目标，再到最终具体的战略决策上。

使命宣言

人们通常认为，企业的经营战略是从其认定的使命（mission）中生发出来的。很多西方企业都会认真地制定一个使命宣言（mission statement），对自身存在的根本意义和目的做出陈述，用简短的语言明确所做生意的范围。使命宣言要能够给人以鼓舞，促使人们加入企业成为其员工，或者让他们接受企业的产品和服务，使他们成为其顾客，甚至是企业的投资者或股东。

使命宣言常常体现了企业的价值观和对未来的判断。例如，耐克的使命宣言是，为世界上的每一个运动员带来灵感和创新（Bring inspiration and innovation to every athlete in the world）。谷歌的使命宣言是，组织全世界的信息，为所有人所用（To organize the world's information and make it universally accessible and useful）。沃尔玛的使命宣言是，为人们省钱，让他们过得更好（To save people money so they can live better）。

总体目标

企业的总体目标（superordinate goal）既是企业使命的具体化，体现了企业的理想和价值观，又能指导具体经营目标，是使命与目标之间的过渡和桥梁。

战略决策

战略是具体行动的指南，是对实现目标的各种可能方式所做的选择。在制定战略前，重要的是要落实战略决策。想要做好战略决策，必须完成以下三个步骤：

- 明确达成目标的全部可选方案。
- 充分考虑实现目标的重要影响因素。
- 比较各方案之间的优劣。

经营战略的分析、制定与表述

在制定、执行经营战略前，企业要先进行战略分析。企业从战略分析中得出结论，并在组织内部进行完整的沟通，目的是让相关职能部门和团队中的每一个成员都能沿着共同的方向努力。

对企业的高层管理者而言，既需要决定经营战略，回答“是什么”的问题，还要向中层管理者解释经营战略，回答“为什么”的问题，并且帮助他们找到“如何做”的答案，从而保障他们能够指导基层管理者去准确落实既定的经营战略。

战略分析的 SWOT 分析法

企业首先要对所处的竞争态势做出分析，然后根据分析结果制定出经营战略。在超市行业，直接而激烈的竞争是最重要的特征之一，因为市场相对固定，超市无法创造新的生意，只能重新分割现有市场。更具体地说，**任何一个超市想要拥有更好的生意和更大的销售范围，都必须从周边其他超市、菜市场、个体小卖铺把顾客抢过来。正因如此，竞争战略成为超市最突出的战略议题。**

市场竞争与战争相似，战略的核心内容就是明确什么时候进攻，什么时候防守；进攻从哪里开始，经过哪些阶段；防守哪里是重点，需要什么样的措施。

世界上使用最广泛的竞争战略分析方法是 SWOT 分析法，该方法是由已故美国商业和管理咨询专家阿尔伯特·汉弗莱（Albert Humphrey）在20世纪60年代为斯坦福研究所工作时提出的。在SWOT分析法中，S代表strength（优势），W代表weakness（劣势），O代表opportunity（机会），T代表threat（威胁）。这个分析方法针对的是具体的竞争对手。竞争对手可以是一个，也可以是多个。运用SWOT分析法进行竞争战略分析的具体步骤如下。

第一步，分析外部环境的变化趋势，包括消费者群体及其购物习性的变化，政府的法令法规、供应商格局的调整等，这些变化对经营有显著的影响，但企业无法控制这些变化。一一列出这些变化趋势，并总结出清单。

第二步，总结这些变化趋势对企业和竞争对手同样有利的因素（机会）和不利的因素（威胁）。

第三步，分析在这样的外部环境中，企业获得成功需要具备的素质或条件，列出取得成功的关键因素。

第四步，参照成功的关键因素与竞争对手比较，找出企业自身的优势和劣势。

第五步，总结企业自身的优势与机会重叠的地方，也就是企业应该猛烈进攻的地方，而对于自身的劣势与威胁重叠的地方，企业就应该加强防守。

战略的表述与沟通

企业的各相关管理层需要就经营战略做清晰的沟通，务必让整个管理团队就经营战略达成一致，从而在战略实施过程中同心协力，共同达成目标。

最有效表述与沟通经营战略的工具是OGSM模型，该模型形成于20世纪50年代，后来被宝洁公司等优秀企业倡导和使用，渐渐在国际上得到广泛应用。OGSM模型中的O代表objective（方向），G代表goal（目标），S代表strategy（路径），M代表measure（考量）。图4-2详细阐述了该模型的具体内容。

方向	目标	路径	考量
我们要实现和达成的方向以及关于方向的描述	我们要实现和达成的财务或者营运的业绩指标	沿着既定方向，为了达成目标所选择的具体方法 沿着路径完成目标的阶段性项目、行动计划等	公司在落实战略的路径上，对进程做标记的数字化指标及说明
（文字描述）	（数据指标）	（文字描述）	（数据指标）

图 4-2　OGSM 模型

举例来说，某个零售企业的董事长把“提升服务水平”作为一项经营战略提出来，他的经营团队并不能仅仅根据这一方向性的描述确定到底应该做什么，这样的描述和沟通并不完整，还需要进一步的沟通。

首先，在“提升服务水平”这个方向的基础上，经营团队还需要跟决策团队展开讨论，就能够代表方向的具体目标达成一致，比如：

- 改进顾客抱怨较多的项目：高峰时交款排队；
- 改进顾客抱怨较多的项目：退货麻烦；
- 为顾客寻找商品提供帮助（通过调研发现，顾客在卖场找不到商品是个突出问题）。

其次，有了具体的目标之后，接下来就要让负责具体营运的管理者参与讨论，找出可以达成目标的各种路径，并选出可以操作的最佳路径。比如，改进高峰时段排队现象的可能路径包括：

- 增加收款台的数量；
- 更换更先进的智能收款机；
- 培训收银员的操作技能，提高收款速度；
- 改进排班方法，高峰时增加收银员上岗人数；
- 鼓励员工在发现顾客交款排队时随时主动上岗。

经过进一步评估，确认前两条不可行，而后三条的实用性和可行性都很好。

最后，要针对每一条路径及其具体的行动方案，确定考量指标：

- **培训技能，提高速度：**通过培训与考核，6 个月之内把收银员的平均收银速度从每秒 3.8 个品项提高到每秒 5 个品项；
- **改进排班方法，压缩非高峰时段收银员数量：**在上午、下午和晚上的高峰时段，各增加 10% 收银员在岗人数；
- **选拔 10% 理货员，培训收银上岗技能，在高峰时段参加收银工作：**在收银岗位工作，每小时额外补贴 50 元。

如此一来，从方向出发，通过确认目标，寻找、评估并选择路径，并用考量指标准确描述每一条路径和行动方案，“提升服务水平”这一经营战略才算完整。

竞争战略的三种选择

美国企业战略大师迈克尔·波特（Michael Porter）对竞争战略的阐述得到了企业经营者和管理专家的普遍认可。他认为，企业要想获得超越竞争对手的战略优势，有三种主流的竞争战略可以选择（见图 4-3）：

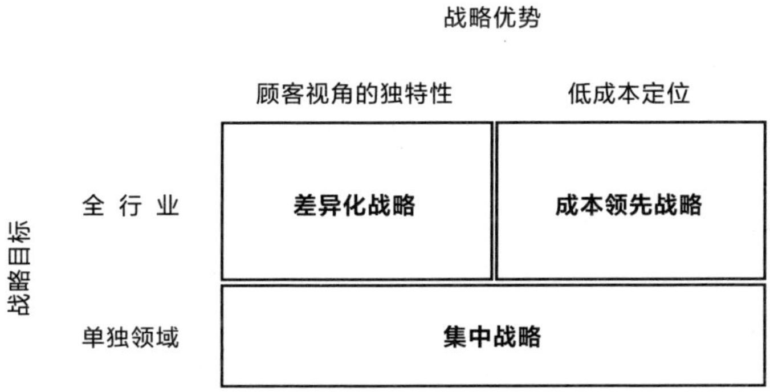

图 4-3　三种主流的竞争战略

- **成本领先战略：**综合成本最低，就有机会给顾客更低的价格，单纯靠性价比吸引顾客。这需要企业拥有突出的营运能力。

- **差异化战略：**让顾客体验到与竞争对手不一样的好。这需要卓越的创新能力和大量的研发投入。

- **集中战略：**找到与大众市场不同的独特领域，在该领域内比所有的竞争对手更专业。

零售企业在分析、制定与表述其经营战略时，在一般的战略管理方法的基础上，还需要充分考虑零售经营的特点。下面将重点介绍零售企业的经营战略的相关内容。

零售企业的经营战略

传统实体零售的商业模式，需要在两个方面表现卓越：一是吸引顾客到店购物的能力，二是传递商品到门店的效率（见图 4-4）。前者属于营销范畴，后者属于营运能力。

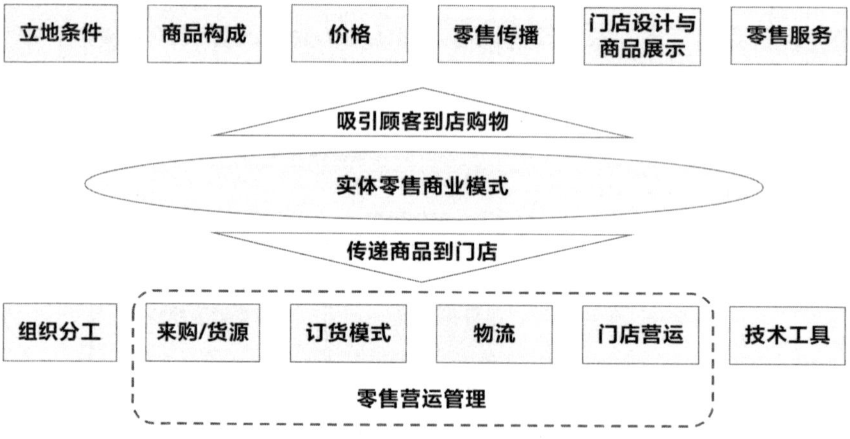

图 4-4　传统实体零售商业模式的战略要点

首先，想要吸引顾客到店购物，需要考虑立地条件、商品构成、价格、零售传播、门店设计与商品展示、零售服务六个方面，也就是零售营销六要素。

- **立地条件：** 门店的位置和物业条件。
- **商品构成：** 商品涵盖的功能范围和商品选择的丰富程度。
- **价格：** 与竞争对手相比的价格差异。
- **零售传播：** 让顾客认识门店特别之处的方法。
- **门店设计与商品展示：** 从视觉效果上吸引顾客的具体风格。
- **零售服务：** 在商品之外附加的服务。

其次，为了提升传递商品到门店的效率，首先需要运用零售营运管理的专业技术，该技术包含四个方面。

- **采购 / 货源：** 选择与什么样的供应商合作，与供应商合作的深度和广度，以及在供应链的哪个节点上与供应商衔接更有利于提高效率。
- **订货模式：** 在保障顾客买到商品和控制库存周转之间找到最佳平衡点，这需要应用运筹学等科学手段做严密的计算和筹划。
- **物流：** 商品储存和运输的效率。
- **门店营运：** 门店对商品的处置和管理。

最后，为了让零售营运管理的专业技术得到有效发挥，企业还需明确组织分工方式，并使用技术工具。

- **组织分工：** 明确零售经营过程中决策与执行的权责分配和技能要求，是提升物流效率的重要保障。
- **技术工具：** 信息技术对决策的支持和自动化技术对人工的替代。

零售企业的经营战略就是对传统零售商业模式的两方面进行权衡。企业要决定用什么样的营销方式吸引顾客，让门店拥有比竞争对手更大的吸引力，以及决定用什么样的营运模式传递商品，从而让自己比竞争对手效率更高、成本更低。

在全渠道零售已成现实的今天，当我们利用移动智能终端与顾客互动，发挥大数据的优势来增强对顾客需要和消费者购物行为的理解，用人工智能、机器学习等信息技术替代人工、辅助决策等，还需要对上述传统认识做补充和改写。

西方人认为，“零售是人的生意”。**想要在零售领域取得成功，发挥管理者的主动性和创造性依然是最重要的任务。**即使在 ChatGPT 无所不知的时代，要想发挥人工智能的作用，还是需要能够提出恰当问题的人，因为 ChatGPT 无法向提不出恰当问题的人提供有价值的帮助。

品类管理从经营战略开始

品类管理的具体行动，是从零售企业总体的经营战略开始的。

零售企业的经营战略是指导企业长期经营的基本原则；是企业的核心领导者基于对竞争格局的认识和对未来趋势的判断，对企业前进的方向所做的选择；是核心领导者与管理团队或股东等相关利益人之间的约定。

战略是团队协作的指引

零售企业的经营战略需要在各部门团队之间达成基本的共识。现代零售企业的经营，是由各部门的专业分工实现的：每个部门承担着各自的责任，朝着一个共同的方向做出努力，这个方向是引领团队相互配合的基础。**经营战略要为具体工作提供长期而稳定的指引，并且帮助团队成员做到步调一致，它是经营过程随着内外条件变化调整资源配置的准绳。**各部门团队内部也要做好充分的沟通，保证每一个团队成员能够理解、认同并支持企业的经营战略。

零售企业经营战略覆盖的范围可以很广，包括营销战略、发展战略、人力资源战略这三大战略，又可细分为目标顾客、价值主张、核心业态、优势品类、成长模式、拓展区域等，还包括组织方式、人才培养、团队建设，当然也包括指导企业获得竞争优势，通过有效的差异化获得顾客认可和喜爱的竞争战略。

各品类的战略一致性

从品类管理的概念出发，每个品类都应有独立的、对应顾客需要和消费者购物行为的经营目标和经营方法，各个品类的具体经营方法和行动计划，体现在它的经营计划中。图 4-5 的七个层次所表达的是递推关系：从这个图最顶层的“企业使命”开始，逐级分解，一直到具体的品类经营计划，最终与消费者建立起直接联系。

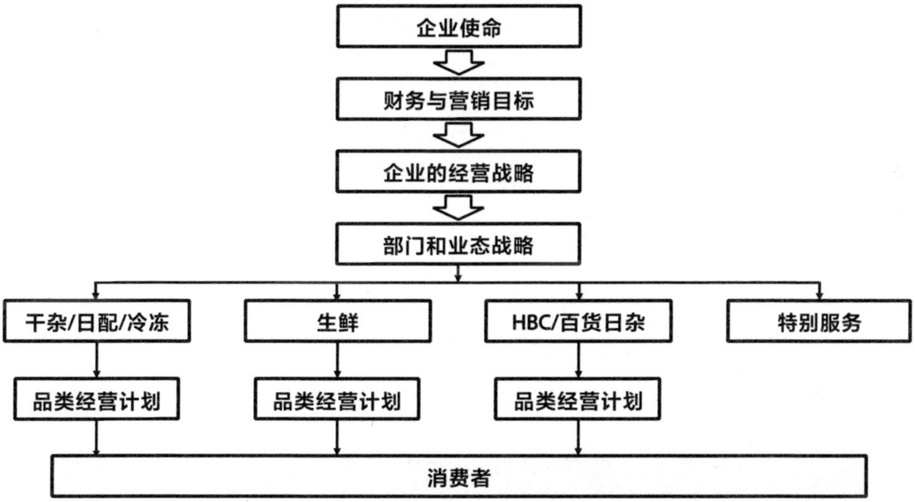

图 4-5　品类管理从战略开始

- **企业使命：**通常是最笼统的，反映了企业最高领导者在精神层面上制定的理想化的、抽象的目标。
- **财务与营销目标：**是对企业使命的商业化诉求的具体表达。财务目标可能包括对未来的利润、销售额和投资回报率的具体规划；营销目标可能包括商圈覆盖范围、服务的顾客数量、顾客消费比重等。

- **企业的经营战略：**从商业化诉求（财务与营销目标）推导出来的实现目标的方法。比如，每年新开店数量、物流中心配送量、压缩营运成本的具体方法、员工培训计划等。

- **部门和业态战略：**是对整个企业的经营战略的进一步分解。一个企业可能有多种业态的门店，而任何一个业态的门店都包含若干个部门。比如，通过增加蔬菜的深加工项目提高生鲜商品的市场占有率，在物流中心使用机器人降低人工成本，将现有 5 000 平方米以上的门店压缩营业面积从而提高库存周转率等。

- **商品部门战略：**把部门与业态战略进一步分解为商品部门的战略，即“干杂 / 日配 / 冷冻”“生鲜”“HBC/ 百货日杂”和“特别服务”等战略。比如，压缩百货日杂部门 25% 品项数，用以增加生鲜部门的品项数，强化生鲜产品的市场优势地位等。

- **品类经营计划：**进一步分解到不同的品类，确定该品类的经营目标，并将其落实到具体的行动方案中，这样就跟消费者有了直接联系。

这个图也可以从下往上看，多个品类的经营目标合起来是某个商品部门的战略，将全部商品部门的战略合起来，就形成了整个业态或者业务部门的战略，最终形成企业的经营战略，在达成企业的财务和营运目标的同时，实现企业的使命。

对于零售企业而言，涉及战略议题的几个重要概念与零售的特征密切相关，需要进一步说明。

企业使命

企业使命从总体上说明企业的业务类型及其存在的根本意义和目的。企业使命的要点特别应包括希望在市场中树立什么样的形象，如何满足顾客需要，以及如何实现跟竞争对手的差异化。

财务与营销目标

包括企业在战略层面上最重要的方向和目标，对零售企业来说，即企业通过采购、门店商品展示、营销推广、补货、门店营运等方式持续提升和改进的方向和要实现的目标。

发展方式

规模发展对零售企业的未来至关重要。零售企业在选择发展方式时，要考虑是区域集中发展还是跨地区发展，是持续开店还是收购、兼并其他企业，是选择特许经营还是直营等。不同的发展方式对应不同的管理门店的具体方法，也自然需要不同的品类管理推行计划。

营销战略

零售企业的营销战略，包括对目标顾客的选择，以及针对目标顾客的经营特色和价值主张。企业要将这两项组合起来构成与竞争对手形成差异化的竞争战略，还要在这个统一的战略大方向的指引下，指明战略实施的具体原则，包括业态和品类的组合方式、具体品类商品的构成要求，以及有关定价、陈列方式、促销、广告投放、零售服务和门店设计等的具体做法。

核心业态

大多数零售企业都有类似的创业经历：一家位置很好的单店给了投资人和管理者开设分店的资金和信心，接着开始增加门店数量。早期的门店拓展方式都是有什么位置开什么店。当门店数量达到一定程度后，经营的难度就会逐渐增加，导致企业需要花费高成本管理不同类型的门店，抵消了新开门店带来的利润增长。成熟的零售企业都能认识到，由一个团队管理多种类型的门店既不现实也带不来可观的经济效益，而且世界上真正出类拔萃的零售企业都坚持单一业态。在做品类管理的时候，企业要做出战略决断，决定未来以哪一个业态模式为主要方向。

优势品类

零售企业要考虑，有哪些品类可以超过竞争对手，给顾客超越期待的购物体验？或者需要在哪些方面做战略性投入，以便获得品类优势。

商品供应与物流

零售企业有关商品供应与物流的战略要使其在商品采购、订货、运输等方面保障自身能在门店实现顾客价值的最大化。

供应商关系

经营战略要使零售企业明确与供应商的关系，确立供应商的选择标准、对供应商的要求，以及给予供应商怎样的保障和承诺，最重要的是要确立以顾客需要选择商品和经营商品的方法。这样的原则尤其对一直以价格条件和通道费谈判为焦点的双方关系具有建设性意义。零售企业和供应商应该以顾客需要为共同的立足点，以提升消费者价值为目标，提高双方在智力交流和知识交流的深度和广度。

门店部门战略

在品类管理方法中，企业层面的总体经营战略平行地分解为各商品部门的经营战略。例如，百货日杂部门的目标顾客和竞争定位，是否要在企业层面的营销战略的基础上做补充。如果需要补充和调整，必须保证与企业战略相一致。把部门战略与企业战略相连接，能够为品类经营计划中的品类策略与更高层次的企业战略的一致性提供保证。

品类管理是一个持续不间断的过程，是一个零售企业实现卓越的消费者价值的核心保障。所以，关乎具体品类的经营原则和方向，要与公司或部门层级的战略相一致，这是成功的必要条件。这种有效的连接，能够保证企业的各种经营决策和经营资源的分配长期不变、持续一致。企业的最高领导者必须亲自领导和监督完成这样的工作，为部门和品类的负责人提供有效的决策支持。只有真正建立起这个连接，品类管理才可能取得成功。

品类管理是一把手工程

品类管理涉及零售企业经营体系的调整，也需要企业的一把手从战略高度的层面对有些问题给出答案，因此品类管理是真正的“一把手工程”。

品类管理与授权

现代企业是高度组织化的机构，每个部门都有明确的分工，每个团队成员都有具体的职责。品类管理的原则和方法可以指导零售企业内部有效地分工与协作。

零售企业实施品类管理的方向是授权基层管理者，帮助他们在日常经营中，结合顾客需要、市场变化、企业自身的经营状况及供应商的支持，对具体品类的商品构成、定价、陈列方式和促销方案不断做出调整和优化。基层管理者完成这些工作需要得到企业的一把手的授权。授权的规则和体系，也需要由企业的一把手确定。

授权的规则与体系

企业的一把手授权的首要任务是划分职责，也就是对相应工作的决策权限做出明确规定，比如哪些决策需要基层管理者做出，哪些需要上报。

首先，在授权的体系内，需要有清晰的业务流程，也就是对关键决策点、决策逻辑和决策责任人的规范。特别是担负一线决策责任的管理者，需要有相应的业务处理能力和专业技能。包括基本的零售营销知识、相应的财务核算技能、懂得商品在门店陈列与展示的技巧、了解供应链操作，同时要有战略管理的意识，会搜集和处理信息，沟通能力强。其次，还需要有后备人选支持的淘汰机制，这是保持团队活力的必要条件。最后，赏罚分明的激励机制，也是授权体系的必要条件。

决定品类管理方向的三大战略要点

品类管理是关于卖对商品的专业方法，对一个企业的品类管理方向有着决定性影响的是企业的营销战略。从营销的角度看，对品类管理至关重要的战略议题有三个：目标顾客、核心业态和优势品类。

目标顾客

目标顾客是零售营销的一个基本概念，是从全体顾客中选取的一部分人，他们具有某种显著特征和明确的需求偏好，并且在整个顾客群体中有较强的影响力。零售企业应集中较多的人力、物力、财力和营销资源，努力为他们提供明显超出竞争对手的购物体验，从而获得较高的忠诚度，并通过他们影响、带动其他顾客到零售门店来消费。

零售门店的目标顾客，是针对一家零售企业旗下同品牌的所有门店而言的，与具体门店的主要顾客有区别。

对目标顾客的描述，通常需要人口数据（年龄、性别、职业等）和生活方式（个人爱好、禁忌，或者参与的社会活动等）两种信息。

选择目标顾客的关键，是判断这类人群是否对零售门店的品类组合、各品类的商品构成特征，以及商品定价、陈列方式与促销方案等经营方式有突出的期待或未被满足的潜在需求。能够针对这些需求提供特别商品或服务的门店，就能与其他门店形成差异。在营销宣传中，如果零售门店突出强调商品或服务的特别之处，表达出与竞争对手不同的、能给予顾客的好处，就能达到吸引目标顾客与培养目标顾客忠诚度的目的。

很多零售企业会用一句口号概括旗下零售门店的差异化特征，并在宣传推广中长期反复强调其差异化优势，提醒顾客注意和比较。这是零售企业进行品牌营销时常用的一种方法，比如沃尔玛的口号“省钱、省心、好生活”（Save Money, Live Better）突出了其“天天平价”的经营哲学；家乐福的口号“开心购物家乐福”（Happy Shopping Carrefour）也呼应了其通过周期性大力促销给顾客以惊喜感的方式。

下面我们以一家零售企业为例，该企业针对目标顾客制定了差异化的经营方针，取得了良好效果。

台州市三和连锁超市有限公司（简称三和超市）是台州市规模最大、网点最多、服务面最广的品牌连锁零售企业，2020年位列中国超市百强榜第81位。三和超市成立于1996年，总部位于温岭市，网点辐射椒江、玉环、临海等区域，同时经营综合超市、生活超市、生鲜超市（邻大嫂）、便利店（村村达）4种业态及电子商务。三和超市拥有直营门店77家，其中综合超市32家，经营总面积达8万平方米，经营品种达25 000多种。

2017年，在元旨品类管理专家团队的指导下，三和超市总经理蒋巧云带领团队针对三和超市的目标顾客做了梳理，要点如下：

- **目标顾客：** 家中有读小学或初中孩子的职场妈妈。因为在温岭当地，幼儿园提供一日三餐，高中时大多数孩子会住校，而读小学和初中的孩子每天要在家吃早、晚两顿饭，这类目标顾客要在家里给孩子做饭。

- **顾客需要 / 潜在需求：** 小学和初中阶段是孩子长身体的重要阶段，他们还要面对繁重的学业和升学压力。妈妈们因为有正常职业，时间较为有限。市场调研发现，她们最关心的事项包括食品安全、孩子的健康和营养，比较在意自己做的东西孩子喜欢吃或者担心自己厨艺不够好。

据此，三和超市确定了自己的差异化经营方针（见表4-1），并将其作为指导商品经营和营销宣传的总方针，最终取得了突出的积极效果。具体方针如下：

- 加强蔬菜、肉、蛋、奶、豆制品的品质及新鲜度管理，分别制定了严格的品质标准和保质期管理办法。
- 针对海边居民钟爱海产品、相信吃鱼更健康的特点，着意提供高品质的海鱼产品。
- 提高农药残留的管控标准，并在门店做突出公示。
- 提供新鲜、多样的半成品。
- 普及烹饪知识，特色菜品制作知识。

表 4-1　三和超市的目标顾客与差异化经营方针

目标顾客		需求 / 潜在需求	差异化营销	
人口特征	• 女性 • 有正式工作 • 孩子读小学或初中	• 每天给孩子做饭 • 食品安全 • 孩子吃得健康、营养 • 节省做饭时间 • 饭菜可口（烹饪技巧）	选址与立地条件	无
			品类构成	• 以食品为主，突出生鲜 • 新鲜的菜、肉、蛋、奶、豆制品 • 高品质的海产品 • 无农药残留的食品 • 新鲜半成品
			定价	无
生活方式	• 为孩子准备早饭和晚饭		促销	在寒暑假、开学季、升学考试季促销
			传播	青少年营养知识
			门店设计	无
			服务要点	无

核心业态

零售业态是零售门店向顾客呈现商品的具体方式，这是由零售营销六要素（立地条件、商品构成、商品价格、零售传播、门店设计与商品展示、零售服务）决定的。

零售业态应与目标顾客的需要对应

同一个品类的商品，在不同业态的零售门店，经营方式会有很大差别。下面以饮料品类为例。饮料对应的顾客需要是解渴。7-Eleven、家乐福和屈臣氏都在贩卖饮料，但它们的经营方式有所不同。

7-Eleven 看重的是以解决吃喝为主要目的的年轻顾客，所以店里的饮料通常比较新颖，果汁和含气饮料的占比会略高，能够配合三餐饮用。

家乐福以照顾家庭一次性购足为主，强调商品的全，只要是生活中能见到的饮料都要有。它售卖的饮料在品项的数量上比 7-Eleven 多得多。此外，因为对应的是家庭消费，所以会有较多的低端商品，或者价格比较低的饮用水、简装茶等。

屈臣氏的目标顾客依然是年轻人，但它并不以卖饮料为主。到屈臣氏购物的顾客主要是去买化妆品的年轻女孩，有时候她也许渴了，需要喝一瓶水，这时她对水的要求没有那么直接，只要能临时解渴，喝一口就可以。

综上所述，7-Eleven 卖饮料注重的是满足常规性配合餐食的即时消费，同样的商品会比家乐福卖得贵。而屈臣氏注重的是满足临时起意的便利性消费，饮料上的选品并不丰富，价格更贵，而且果汁类的很少见。

业态的形成、选择与创新

成功的业态是指，零售企业在其所处的竞争市场中，以对消费者的生活习性和需求特点的认识为基础，结合企业的能力基础和资源优势，选取的一种有差异化优势的门店经营方式。这种业态需要在实践中反复修正和打磨，不断摸索、总结形成。

当零售企业探索出一种有效的方式后，它通常就会积极地复制出更多的门店。当门店数量达到一定规模后，该企业的模式就会引起同行企业、供应商、研究机构、行业协会或学者的关注。如果该模式经过推敲后被认定为一种有竞争力的模式，就会有更多的企业加入进来，最终引起政府部门的重视，从而被认定为影响宏观经济的一种力量，单独作为一种业态列入标准。

有些业态看似简单，但模仿起来很难。奥乐齐和 LiDL 的折扣店模式，被全世界的同行所称道，竞争力极强，但几十年来，成功模仿和复制的也不过寥寥几家，如葡萄牙的公司在波兰经营的 Biedronka、土耳其的 BIM 等。**从每一个优秀业态吸收养分，接受启发是有益的，但简单的模仿却不是。一个业态是融合了企业团队的基因的，无法轻易模仿或复制。**

业态本身没有好坏，所谓的成长趋势是针对大的宏观经济形势而言的。对于具体某家零售企业来说，最重要的还是经营能力。如果拥有好的经营能力，零售企业在衰退的业态上依然可以很优秀；如果经营能力差，那么即使是成长趋势很好的业态也一样做不好。虽然大卖场这一业态呈下滑的成长趋势，但沃尔玛、家乐福、特易购都在持续改进，市场占比依然是最高的。在很多国家，大卖场在食品零售市场所占的份额仍然超过70%。社区生鲜店虽然在中国的潜力很大，但依然有很多人做不下去，关张、赔钱不在少数。

跟所有事物一样，业态也是有生命周期的。零售企业在接受了一个业态会“生老病死”的基础上，再努力改进业态，使其与时俱进就是正确的做法。例如，7-Eleven的业态在美国虽然失败了，但其创始人、前CEO铃木敏文却在日本把它做成功了。

在创业初期，零售企业可以考虑选择哪种业态，但对于具备一定规模并且拥有一个稳定的团队的零售企业而言，不能因为未来趋势的变化而考虑开别的业态。它们不应该将业态创新理解为创造新的零售门店模式、开新店，而应将其理解为对已有门店进行改造：通过在现有门店探索新的布局、形象，在商品和服务特色等方面持续做出改进和提升，来对目标顾客产生更强的吸引力，使自己已有的门店焕发出新的活力。

当欧洲市场普遍看到旧有的大卖场业态模式对新一代消费者的吸引力逐渐下降时，主要的大卖场经营企业都开始努力探索、尝试，改造、升级自己的门店，特易购在英国沃特福德的尝试，荷兰第二大连锁超市Jumbo在荷兰布雷达的努力，家乐福在意大利都灵的试验均属此类。因为这些门店才是他们真正的“看家本钱”。

很少有零售企业能依靠多业态模式取得成功。想要取得成功，最终都要走上专业化的道路。业态越专，团队竞争力越强，企业文化越有力量，开市客、奥乐齐、7-Eleven等都是坚持单一业态的典范。

优势品类

在个别品类上做出优势，从而超越竞争对手，对每一个零售企业都非常重要。优势品类是零售企业的重要武器，进攻、防守都要用。要想塑造优势品类，零售企业既需要长期积累和投入，也需要自己的管理团队拥有丰富的经验与相关经营技术。这些经验和技术可以诉诸文件，也可能仅仅存在于人的头脑和工作习惯中。此外，在很多情况下，优势品类的塑造，还需要在商品的运输、储存和展示环节投入专业设备。在塑造出优势品类后，需要通过持续的研发投入来保持优势。

优势品类的品质控制也很重要。对零售企业的品牌而言，优势品类的品质与品牌符号完全是一体的。当消费者看到品牌的符号，就会想到该品牌的优势品类所具有的品质特征。

优势品类的表现方式，包括持续稳定的商品价格和不间断的供货。例如，不论外界市场发生什么变化，几十年里，英国零售业巨头之一阿斯达（ASDA）始终稳定供应售价 1 英镑的牛奶、奥乐齐始终售卖 2 欧元一杯的咖啡，两者在自身优势品类的供货上从未间断。

Category
Management

第5章

业务流程八步骤，驱动品类经营计划实施

任何无法用流程规范的经营方式，都不具有专业价值。

Category Management

导语

初次接触品类经营计划的八个步骤时，很多国内零售同行都对它的复杂性心生畏惧，并希望能够找到一条捷径，最好一步到位解决问题。岂不知，正是这八个步骤蕴含了品类管理的核心精华，也是品类管理最有效的业务流程。

汽车和飞机都是人类在20世纪初发明的改变交通方式的革命性工具。在那之前，马车大概算是最高效的了。赶马车不需要正规的培训，也不需要规范的步骤，跟师傅学，经过不断的尝试即可掌握。但驾驶汽车就不同了，需要严格按照规定一步一步地操控。汽车从启动到停车，需要十多个步骤才能完成，这个过程比赶马车复杂得多，必须经过规范的训练才能掌握。但汽车的好处也特别显著，就是提高了交通运输的效率。飞机的运输效率更高，但其操控的复杂程度要远远大于汽车。飞机从起飞到降落，需要驾驶员按步骤完成几百个操控动作，驾驶员只有经过更严格、更专业的训练才能掌握。

机器的功能越高级，构造就会越复杂，操作的规范步骤就越多，其产出的效率通常也就越高。

经营企业与操控机器类似，随着企业的规模日益增大、效率越来越高，企业需要更精准的经营体系和更完备的流程。品类管理正是着眼于高效的零售经营体系，提出了品类经营计划的八个步骤。其精准的内涵和深藏的价值，需要零售企业在实践中不断练习才能掌握和体会。

品类经营计划的八个步骤，是信息时代零售经营的“汽车”和“飞机”，不能指望像赶马车那样靠过往的经验和简单的模仿就能掌握。

清晰流畅的业务流程，是现代零售企业管理的重要特征，是公司内部的团队协作、信息技术的开发与应用，以及与供应商相互配合提高供应链效率的基础。品类管理的业务流程，是确定品类的商品构成、定价、陈列方式与促销方案的决策逻辑、决策依据和得出结论的具体方法。

本章的重点是介绍品类经营计划的八个步骤，阐明每一步的任务、方法和工具，并对关键要点做出详细解释。

本章的重点是解答以下问题：

- 制订品类经营计划的目的是什么？
- 品类经营计划的重点目标有哪些？
- 怎样应用品类指标？
- 如何找到品类的优化机会？
- 品类的四种角色是什么？
- 品类角色与品类策略有什么关系？
- 品类策略如何影响品类战术？

从福特汽车生产流水线的出现，到研发原子弹的曼哈顿计划的实施，再到计算机管理信息系统的大规模使用，现代管理方法和管理技术的进步，总是跟业务流程的革新分不开。

推行品类管理，零售企业需要围绕“以品类为基本的战略性经营单元”的原则展开工作。这些工作要有一个确定的任务、一套有效的方法和明确的责任人，从而形成经实践验证过的完整、高效的业务流程。

在中国零售行业，业务流程是个常常被提到的词。粗看起来，人们对它已经习以为常，不需要深究。但稍微深入了解一下会发现，零售经营者对业务流程的正确内涵存在普遍的误解，这种误解对实际工作造成了严重的负面影响。

有相当一部分零售经营者，把业务流程简单地理解为审批的一系列步骤。例如，在企业颁布的正式文件中，关于新商品引进的流程可能包括“发现、评估、上报、审批”等步骤。其中，前两个步骤罗列了采购经理应该如何去找到新商品的要求和提示。而到了审批这一步，文件只是笼统地规定总监、负责采购业务的总经理或副总经理需要在听取采购经理的汇报后决定是否批准，并在文件上签字确认，甚至由多个高管组成的“新品引进委员会”也是如此。对于一个商品是否值得引进的依据，以及分析和判断的方法，文件都没有做出严格、清晰、有效的说明，更没有说清楚如果这个新品引进失败了，采购经理和负责审批的管理者应各负什么责任。

有些人对业务流程的理解，局限在文件和规定的条条框框上，而不是针对实际工作去构思处理方法。这种所谓的“规范流程”常常是非业务部门的管理者制定出来的，缺乏对实际工作流程准确、深刻的认识，也没有经过实践的充分检验，只会让基层管理者在处理实际工作时感到阻碍和困扰。还有一部分企业管理者，只是简单地把别的优秀企业的流程照搬过来，仅对个别字句略作改动，完全不顾自己企业的实际就硬性推广开来。

正确的业务流程，是为了完成经营活动中的某个具体任务，对一系列经营活动中的重要决策所做的约定和规范。管理团队内部及与合作方之间，要就关键决策点和决策逻辑达成一致，并赋予某个工作岗位决策的责任。正因如此，业务流程需要制定关于所涉及的经营活动的明确目标和总任务，完成总任务的一系列具体步骤，以及每一步要完成的分解任务，并指定任务的责任人。

品类管理的工作目标，是以品类为战略性经营单元，结合对顾客需要和购物行为的深度认识，让顾客在商品的丰富程度、价格水平、品质、新鲜度、便利性和服务等某一方面或某几方面得到满意的，甚至是超出预期的购物体验，从而使零售门店成为顾客偏爱的购物场所，进而使企业在销售额、利润和资产回报等综合效益指标上得到提升。

顾客在零售门店购买商品时所获得的购物体验，受到该零售门店涵盖的品类范围及主要品类的特点的影响。零售企业想要“卖对商品”，必须回答有关具体品类商品的这四大问题：

- 商品如何构成；
- 商品怎样陈列与展示；
- 商品怎样定价；
- 如何制定与常规经营方式不同的促销手段。

其中，商品的陈列与展示，包括从营销美学出发的视觉效果设计和空间资源的分配。品类管理重点解决的是空间资源的分配问题，包括品类在门店的落位、所占空间的大小，以及品类内部各子品类和商品组合的分配方案，该方案需要考虑不同规格、品牌的产品或单品等在货架上的具体位置和所占空间大小。

品类管理的业务流程，即是针对具体品类回答上述“卖对商品”的四个问题并制订出经营计划的过程。该流程共有八个步骤，以品类为战略性经营单元，其最终成果是制订出成体系的品类经营计划，这是品类管理具体工作的两个阶段之一（见图5-1）。另一个阶段是对品类经营计划的落实与维护。两个阶段的工作相辅相成，互为表里。

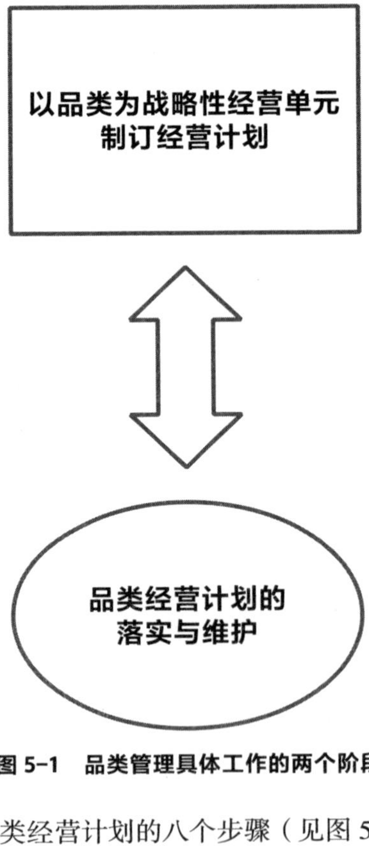

图5-1 品类管理具体工作的两个阶段

下面将首先阐述品类经营计划的八个步骤（见图5-2）。

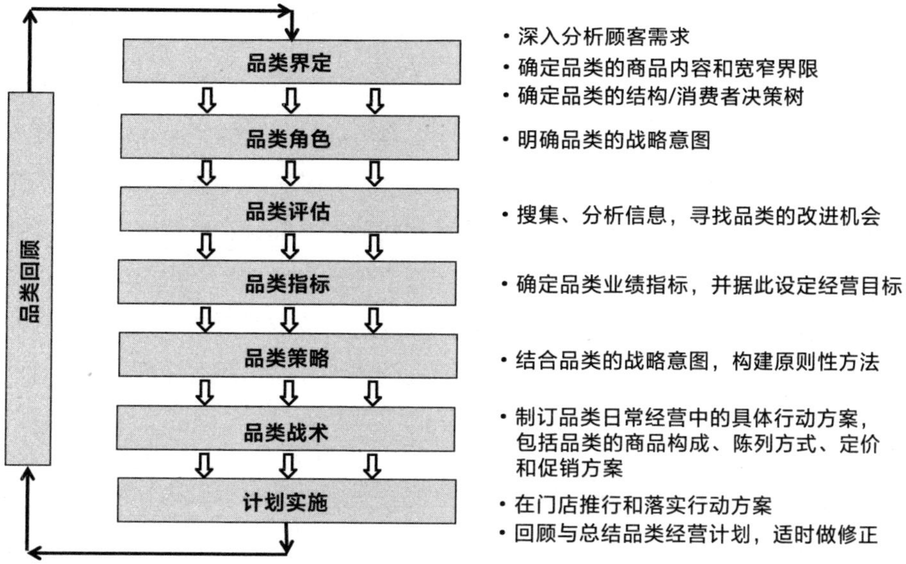

图 5-2　品类经营计划的八个步骤

步骤一：品类界定，从顾客的视角看商品

被称为品类的一组商品，对应的是什么样的顾客需要？或者换一个角度看，顾客的某种需求，需要哪些商品来满足？如何围绕顾客需要选择商品？被选择的商品之间有什么样的内在联系？这些问题的答案，是品类管理全部工作的基础，是企业内部沟通时所用的共同语言，是与供应商对话时应该遵循的基本逻辑，是门店正确呈现商品和采购部门进行业务划分的依据。

品类界定是品类经营计划至关重要的第一步。它明确了被作为战略性经营单元的品类的界定方法，对后续所有的步骤都有极为显著的影响。这一步有两个任务：第一，要确定构成品类的具体品项及选择标准；第二，要确定这个品类所包含的商品之间的关系，或者叫商品结构或细分。在零售企业内部各部门之间，以及零售企业与供应商之间，就品类的商品内容及其结构达成一致，是有效推行品类管理的起点。

完整、贴切、清晰的品类界定，具有以下四个作用。

1. 在商品与顾客需要之间建立连接。很多企业现有的商品分类体系是多年沿袭下来的结果，受到多种因素的影响。有的商品分类体系是在信息系统升级换代时由软件供应商推荐的，有的是创业之初照搬别的零售企业的，还有的是在借鉴第三方数据公司的结构和格式后构建的。一部分企业把这些从外部借用来的分类体系结合自身情况做了修改，通常他们会考虑是否按门店联营，是否需要制冷设备，商品供应是门店直送还是经过物流中心中转等具体情况。但这些分类体系没有从顾客需要出发，既不能恰当地反映出顾客需要，又无法为改善顾客体验提供线索。

在有些企业的分类体系中，不同的级别都存在一些“其他类”商品，这个类别中隐藏了大量功能不清，意义不明，销售情况、利润率、库存周转率都低于平均水平的问题商品。

品类管理所要求的品类界定，必须明确对应顾客需要。品类界定是从理解和认识消费者的购物行为开始的：

- 消费者是如何看待这组商品的？
- 消费者用它们满足了什么需求？
- 这个品类内部的子品类、商品组、细分组、品牌和规格等对消费者有什么意义？
- 消费者在选购商品时，考虑的要点是什么？
- 消费者对这个品类的购买决策是什么样的？

2. 统一企业内部各部门沟通时的说法。完整、贴切、清晰的品类界定，能帮助采购、门店销售、营销等业务部门在沟通商品经营活动时使用一致的词汇和同样的标准，减少分歧和误会，从而提高工作效率。

3. 奠定与供应商对话与交流的基础。从探究顾客需要和消费者购物行为出发，零售商和供应商可以更好地达成共识，找到共同语言，从而能更好地拓展合作的深度和广度，共享品类界定的结论，为更高层次的合作打下基础。

4. 获得有价值的新知识。从实际经验上看，当品类界定完成后，零售企业的管理者常常能够获得对该品类的崭新认识，发掘出更丰富、更具体的顾客需要，找到被忽视的重要机会，认识未曾注意到的竞争对手。

把顾客需要与商品对应

探究与认识品类所对应的顾客需要，需要以消费者调研为依据，要尽量避免脱离消费者调研、只是闭门造车和自以为是地想象的做法。不以消费者调研为基础的品类界定有可能出现两种问题：一种是因为习惯而忽视并遗漏了顾客的真正需求，另一种是由于职业的认知偏差创造出虚假的顾客需要。

例如在食用油这一品类中，多数零售企业的覆盖范围包括花生油、大豆油、玉米油、调和油、色拉油、菜籽油、山茶油、橄榄油等。从消费者需求的角度看，食用油主要是用来炒菜和高温烹制（煎、炸等）食物的。在湖南、湖北、江西等地区，猪油是很常见的炒菜用油，但直到几年前，很少有超市销售成品猪油。顾客在超市里看不到猪油，她们要么自己在家里炼制，要么去菜市场买。在做调研的时候，问消费者"炒菜和煎、炸食物的时候用什么油"，就很容易发现这个遗漏。

正是通过这个方法，一家优秀的区域零售企业发现了猪油的机会，决定和一家愿意提供支持的供应商展开合作，引进这个商品，结果很快把猪油做成了明星商品。

负责口腔护理的业务人员，无论来自采购还是门店销售部门，大多能说出十余种不同的牙膏功能，包括美白、亮齿、防蛀牙、清新口气、消炎、抗菌等，似乎从牙齿、牙龈、到牙周组织的所有问题都能靠牙膏解决，牙膏的作用甚至可以取代专业牙医的作用。但如果去询问顾客，我们就会发现牙膏对应的顾客需要是很有限的，顾客购买牙膏的目的主要还是保持口腔卫生和清洁牙齿。显然，业务人员对牙膏的理解，掺杂了很多供应商刻意宣传而并不被顾客了解的功能，零售企业经营者对牙膏的认知也不能如实反映顾客的真正需求。

品类界定所需要的信息，有时可以从相关供应商的市场研究部门得到。这些消费品生产企业的管理者受过良好的专业训练，他们掌握的品类专业知识和消费者信息可能对品类界定及其分类体系的确定起重要作用。很多供应商都在消费者研究方面大量投入，目的就是了解消费者的使用习惯、需求和愿望。他们在了解消费者选购商品时所在意的产品外形、口味、价格、规格等方面拥有独特的视角。要求供应商提供相关信息协助品类界定工作顺利完成，是零售企业推进品类管理的一个有效途径。

品类界定的结论，对整个公司的业务流程都有影响。因此，该结论需要在各业务部门之间充分沟通、达成共识，还必须经过部门经理，商品总监，或者更高级别的领导者审批后才能得出。

宽窄界限

对任何一个品类而言，都不存在唯一标准的、对所有零售企业都适用的品类界定结论。一个品类涵盖的商品范围受很多因素影响，可能很窄，也可能很宽。图 5-3 是关于宠物养护品类的宽窄界限的，有很多种可能性，最窄的选择可以只包括宠物干粮，而最宽的可能包括宠物房屋、书籍杂志、旅行配件等。

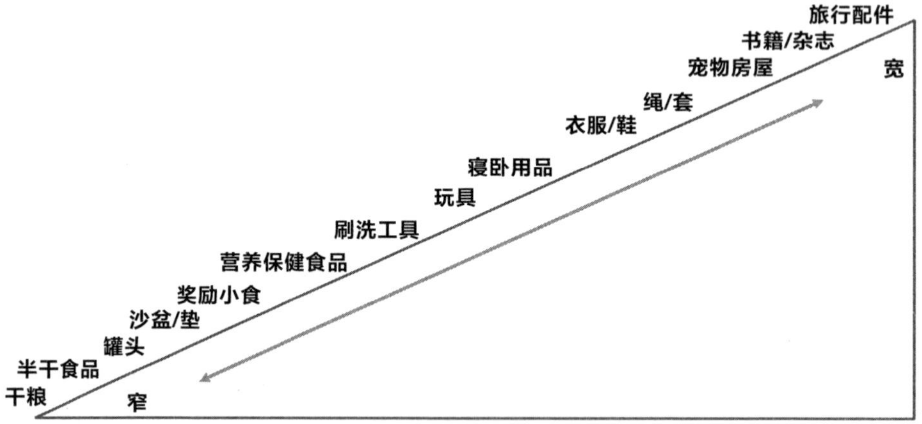

图 5-3　宠物养护品的宽窄界限

重要的是，这个宽窄界限的确定，要保证入选品类的商品之间有一定的连贯性，避免不合理的“断档”。比如有了宠物干粮，没有宠物罐头和营养保健食品，但却有几款宠物旅行的专用笼子。这不符合顾客的一般购物习惯。

品类界定的结果是决定哪些商品需要包含在该品类里，哪些不包含。这个决定的依据，关键在于消费者是怎样考虑的：当她做购买决策的时候，会有哪些选项？

品类界定是从顾客需要出发进行商品分组的一种理想化方法。在实际推行过程中，有时零售企业需要做出很大的改变，必须照顾到这种改变的可行性。对目前品类界定存在的不足有了足够的认识后，零售企业还要保证修改和调整带来的收益要大于成本。如果改变的成本过大，就会失去品类管理应有的意义。

在品类管理推行的早期，包含宠物干粮和宠物配件等的宠物养护品类，以及包含婴儿食品、纸尿裤、婴儿奶粉和婴儿配件的婴儿护理品类，都是引起欧美零售行业改变品类界定方法的实例，两个品类已经在世界范围内被顾客和零售企业广泛接受。

近年来，经过中国零售企业的实践，陆续出现了一些具备中国市场特征的、以消费者需求为基础的品类界定优秀案例，例如，调味品分为烹饪用和佐餐用两个大类，而烹饪用调味品又分为基础调味品和复合调味品两个子品类。休闲零食分为解馋的小食品与充饥的独立小包装面包和糕点两个品类。牛奶和酸奶被分为两个品类，在两个品类中还细分了低温和常温两个子品类。

消费者决策树

图 5-4 展示的是一个品类内部商品结构的示意图，包含子品类、商品组和细分组。确定品类内部商品结构的实用方法有很多种，所得出的品类的内部结构也各不相同。例如，按产品的形式划分，洗衣产品可分为洗衣粉、洗衣液和洗衣凝珠；按最终的使用者划分，宠物用品可分为猫、狗、鱼、鸟等各自专

用的宠物用品；按原料划分，食用油可分为花生油、大豆油、山茶籽油、菜籽油、粟米油等；按产地划分，大米可分为五常大米、盘锦大米、天津小站大米、越南大米、泰国大米等。同样，更深层次的子品类、商品组和细分组等也是因品类而异，正确的答案需要分析消费者调研结果得到。

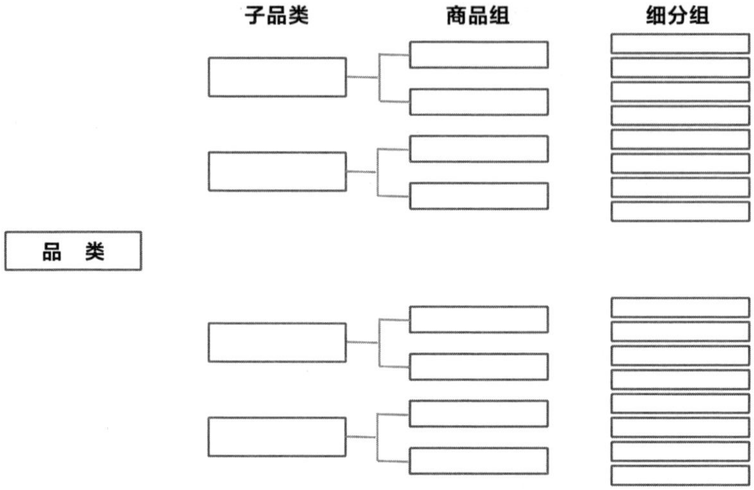

图 5-4　品类内部商品结构图

有些积极的供应商针对自己的品类做了详细的品类结构图，帮助其发现消费者选择商品的规律。确定品类结构的要点在于，品类结构需要尽可能真实地反映消费者在购买该品类商品时的决策逻辑。品类结构是消费者决策树的映射，体现了顾客在购买某个品类的商品时的选择规律。

图 5-5 展示的是品类管理如何将一个品类的“传统”结构改变为以消费者为导向的结构。品类管理方法提出之前，大多数美国零售企业认为宠物养护品中的宠物食品和宠物用品是分开的。在他们的零售门店里，顾客通常会发现所有的宠物食品都在食品杂货区，而宠物用品都在非食品区，这两个类别是完全分开管理的。但顾客的需求其实不是这样的，消费者决策树当然也不是这样的。以这种方式做出的品类界定，会让零售企业忽略一些子品类或商品组。零售企业也无法从品类内部相关联的销售机会中受益，从而失去增加品类整体毛利率和平均客单价的好机会。

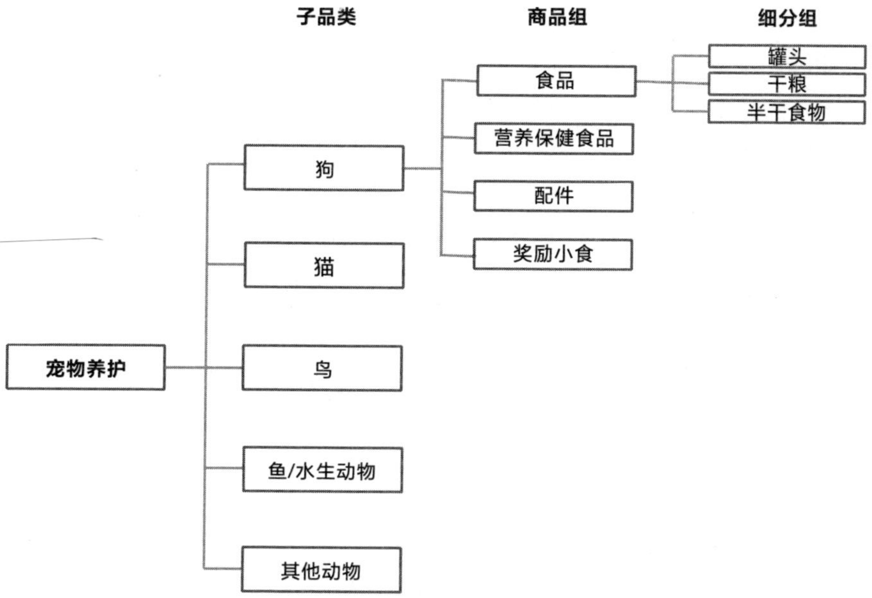

图 5-5　宠物养护品类的消费者决策树（部分）

而推行品类管理的零售企业，会用不同的方式界定宠物养护品的品类及其结构。图 5-5 是宠物养护品类的消费者决策树的一部分。现在，宠物食品、宠物用品被作为宠物养护品类的组成部分来管理，因为在消费者看来，宠物用品和宠物食品是相互关联的，可以满足他们照顾宠物的需要。

明确宠物养护品类的构成后，制作消费者决策树的第一步是什么呢？那就是要考虑影响消费者购买决策的首要因素。实际市场调查结果表明，消费者选择商品时，动物种类是第一个也是最主要的影响购买决策的因素。

接下来需要考虑的影响因素是消费者想给他的宠物提供什么样的照顾。如果消费者的宠物是狗，那么他们可以选择提供食品、营养保健食品、配件或奖励小食。在购买宠物食品时，消费者还可以进一步选择是购买罐头、宠物粮，还是购买半干食物。“宠物养护”品类的传统界定和结构中常常会忽略鸟类、鱼类和其他一些小众的小动物。但这些需求往往来自高端小众消费者，如果对子品类有所忽略，那么零售企业很可能会因此失去拥有这些宠物的消费者，因为他们没有能够满足消费者的需求。

图 5-5 所示的宠物养护品类的结构，更多是以消费者需要为导向。将宠物养护作为一个品类来管理，可以创造诸如食品和用品关联销售这样新的机会，从而增加高毛利产品的销售机会。

消费者调研是制作消费者决策树不可或缺的重要依据。很多时候，顾客选择商品的要点和先后顺序并不明显，而且因人而异。比如在休闲零食品类中，有人认为选择麻辣味牛肉干的要点是牛肉这种原料，有人认为要点是麻辣口味。前者找不到麻辣味牛肉干时可能会接受五香味牛肉干，而后者在同样情况下会更愿意接受麻辣味猪肉干。在不同的市场、不同的年龄段，甚至不同的性别间，两种人群的分布情况都会有差别。零售企业的消费者决策树，一定要体现所在地市场中自己的目标顾客选择商品的逻辑。

确定了品类和子品类以后，就需要通过进一步的消费者调研和相应的数据分析，确定消费者决策树的“转身层”和“替换层”，以便优化品类的商品构成、货架分配方案和促销活动的规划。消费者决策树的转身层是指，在消费者决策树中，如果消费者的需求得不到满足，她就不会购买任何商品，然后转身离开零售门店。替换层是指，在消费者决策树中，消费者会在货架上的不同产品之间来回切换，而不会离开零售门店。图 5-6 是以宠物狗养护品类的消费者决策树为例所做的示范，可以体现该决策树的转身层和替换层。

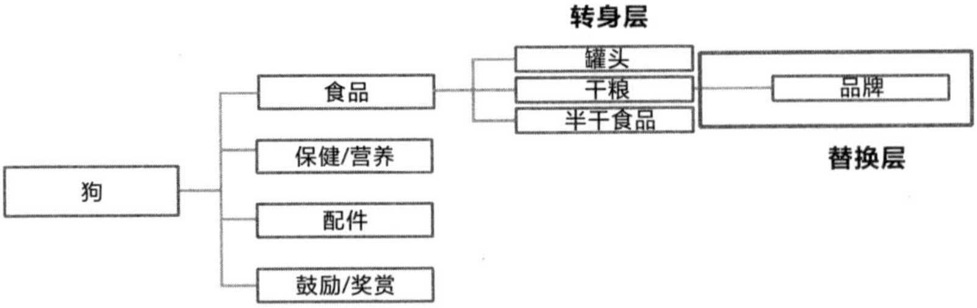

图 5-6　宠物狗养护品类的消费者决策树

品类界定的成果

品类经营计划的第一步品类界定的成果包括：

- 一个具体的品类名称，以及对该品类满足消费者的具体需求或提供的解决方案的具体描述。
- 明确构成该品类的产品的宽窄范围。
- 制作消费者决策树，确定该品类的细分结构（如子品类、商品组等），该结构要能反映消费者购买该品类商品的决策规律。

图 5-7 和图 5-8 分别是对宠物养护品类和新鲜短保面包品类消费者决策树的举例。它们有效地在商品与消费者需要之间建立起了连接，同时为企业内部沟通和与供应商对话奠定了很好的交流基础。

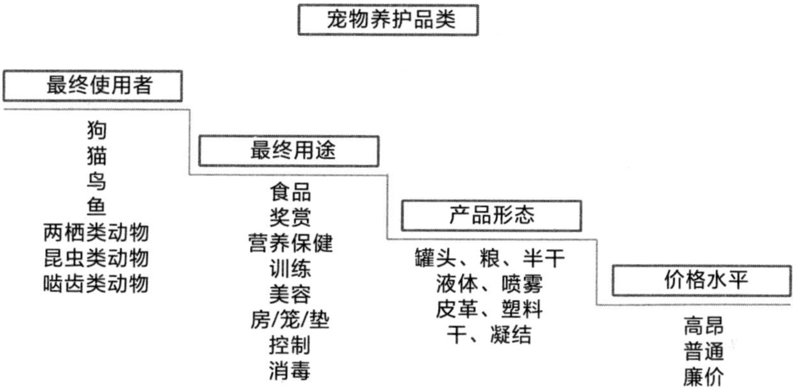

图 5-7　宠物养护品类消费者决策树

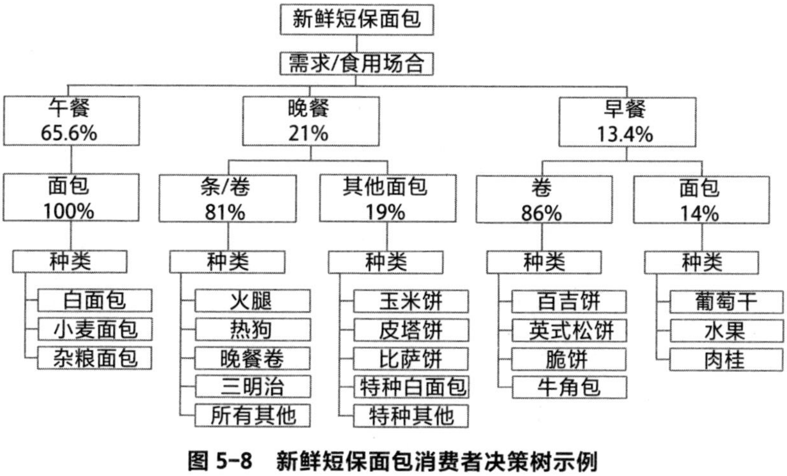

图 5-8　新鲜短保面包消费者决策树示例

步骤二：品类角色，明确品类的战略意图

品类经营计划的第二步是划分品类角色，就是确定各品类在零售商整体业务中重要性排序，以及在品类之间分配资源的优先次序。分配品类角色需要完成以下任务：

- 确定企业范围内要售卖的全部品类。
- 为每个品类划分一个角色。
- 按品类角色分配经营资源。

给品类划分角色是零售商最重要的决策之一。这项工作是零售商形成差异化竞争战略的基础，并为他们分配经营资源提供了依据。为品类划分角色要求零售企业的管理者具备高超的专业技能，这是品类管理工作要取得的最重要的成就之一。

整个企业的角色分布

不同的业态品类数量有所不同：零售企业的门店可能有150～400个品类；在普通超市中，通常可以有150～200个以上的品类；大卖场可能有多达400个品类。为实现零售企业的使命、目标和战略，每个品类都要扮演不可或缺而又彼此不同的角色，企业的最高管理层需要制定一个适用于全公司的、总的品类角色清单。零售企业划分品类角色时，应该遵循以下指导原则：

- **品类角色应该描述期望的状态。**这意味着品类角色代表了零售商希望通过每个品类完成的任务。以此为基础，品类角色为品类经理制定每一个品类的经营目标和方法提供了框架。

- **品类角色应该以消费者需求为导向。**品类角色应能帮助零售企业向外看，专注于更好地满足消费者需求。

- **品类角色应该是协调一致的。**普通超市经营着150～200个以上的品类，范围从生鲜食品到室内清洁剂，再到手机充电线，种类繁

多。均衡地划分品类角色能为零售商提供竞争优势。划分品类角色的过程同样需要零售企业内部和外部的协调。首先，角色的划分要确保企业在品类层面做出的决定与企业更大的内部战略目标相一致。其次，角色的设计和协调应使企业实现消费者、竞争市场和供应商等外部机会的最大化。具体来说，品类角色应该使零售商能够更好地利用消费者总的购物任务的需求；品类角色应该协调一致，以便零售商更好地管理品类组合，从而使消费者的整体体验更有价值。零售企业划分品类角色也需要考虑竞争市场的实际情况，比如竞争对手在他们的品类中是如何划分角色的。

- **品类角色应该是易于理解的。**零售企业内部及其供应商必须能够理解角色，并能够将品类角色与具体的品类及其战略决策联系起来。

四个最常见的品类角色是目的性品类、常规性品类、时令性 / 季节性品类和便利性品类。每种品类角色的特点描述如下。

- **目的性品类：该品类角色中包含的品类在同类产品中是市场上最好的，领先所有竞争对手。目的性品类只占所有品类总数的 5% ～ 7%，其作用是：**
  - 使零售门店成为目标顾客所需产品的主要提供者。
  - 有助于零售门店确立在目标顾客心目中的形象。
  - 为目标顾客持续提供优异、一致的价值。
  - 在零售企业实现销售额、市场份额、消费者满意度、得购率[①]和营运费用增长等方面起最重要的作用。
  - 在零售企业实现公司的使命、目标和战略，培养人员、开发系统和技术等方面起到带头作用。
- **常规性品类：该品类在同类产品中属于优秀水平，不比竞争对手差。常规性品类占所有品类总数的 55% ～ 60%，其作用是：**
  - 使零售门店成为目标消费者偏爱的产品的提供者。

① 指顾客在任何一个具体时间在门店里能够买到的商品品项数与当时根据品类规划应该在门店呈现给顾客的品项总数的比值。

- 有助于零售门店树立起在目标消费者心中的形象。
- 为目标消费者持续提供一致的、有竞争力的价值。
- 在零售企业实现利润、现金流和资产回报率增长等方面发挥主要作用。

- **时令性 / 季节性品类：零售企业可根据经营战略需要确定该品类的作用和竞争地位。时令性 / 季节性品类占所有品类总数的 15% ～ 20%，其作用是：**
  - 使零售门店成为目标消费者所需产品的重要提供者。
  - 有助于零售门店强化在目标消费者心中的印象。
  - 经常为目标消费者提供有竞争力的价值。
  - 在零售企业实现利润、现金流和资产回报率增长等方面发挥辅助性的作用。
- **便利性品类：恰当地利用零售门店的客流创造利润。便利性品类占所有品类总数的 15% ～ 20%，其作用是：**
  - 有助于零售门店强化在目标消费者心中能提供一站式购齐服务的印象。
  - 为目标消费者提供良好的日常价值。
  - 在零售企业实现利润和毛利率增长方面发挥重要作用。

划分品类角色必须以消费者为中心，反映典型的消费者购物行为，最终目的是为零售企业经营的所有品类均衡地划分好角色。这些角色为零售企业根据其使命、目标、战略和市场竞争状况分配资源提供了一个逻辑框架。但一些零售商只关注目的性品类角色，而没有认识到协调、平衡所有品类角色的必要性。每个品类在零售商实现整体企业目标的过程中都扮演着重要的角色，因此，零售企业应该将其作为整体中的一部分来管理。

确定具体品类的角色

为品类划分适当的角色是零售企业经营该品类的一项关键因素。它对品类经营计划的业绩指标、策略和战术的制定有重大影响。为品类选择适当的角色有两个好处：

- 品类角色可以帮助零售商实现更好的消费者价值。由于品类在消费者心目中的重要性大不相同，品类角色应能体现不同的优先级。
- 品类角色能让零售企业更恰当地分配经营资源，从而最大化资源的投资回报率。

划分品类角色的技巧是跨品类分析，就是将所讨论的品类与一组类似品类进行比较。进行跨品类分析时既要做定量分析，也要做定性分析，结合各种类型的消费者、零售企业和市场数据来回答下面四个关键问题：

- 该品类对零售企业的目标消费者有多重要？
- 该品类对零售企业有多重要？
- 该品类对零售企业的竞争对手有多重要？
- 该品类在零售企业所处市场的前景如何？

以下通过实例进一步说明跨品类分析的具体方法。针对上面四个关键问题进行具体分析时，会各以一个指标为例进行阐述。

该品类对目标消费者有多重要

表 5-1 展示了针对纸尿裤这一品类所做的消费者行为动态分析。结果显示，纸尿裤对有 3 个以上成员的家庭、35 岁以下的家庭买家最为重要，销售占比分别达到 92% 和 71%，而且每个家庭每年在所有渠道购买该品类 42 次，其中在超市购买的次数为 39 次。在目标消费者的行为动态分析中有这样高的排名，纸尿裤就有资格被当作目的性品类。类似的目标消费者动态分析也可以针对目标顾客的其他特征进行。这种分析所需的数据可以通过不同的方式获得。家庭小组数据是其中一个所需数据，一些零售商会探索将消费者会员卡与扫码分析数据联系起来进行这类分析的可能性。

表 5-1　纸尿裤品类消费者行为动态分析表

纸尿裤品类消费者行为分析指标	数据	全部品类排名 高 （20%）	 中	 低 （20%）
消费者年花费金额（所有渠道）	3 950 美元		√	
消费者年花费金额（超市渠道）	2 570 美元		√	
消费者家庭渗透率（所有渠道）	14%			√
消费者家庭渗透率（超市渠道）	12%		√	
每个购买者的年购买次数（所有渠道）	42 次	√		
每个购买者的年购买次数（超市渠道）	39 次	√		
品类销售占比（中等收入家庭）	50%	√		
品类销售占比（家庭人口数：1 或 2）	8%			√
品类销售占比（家庭人口数：3 或以上）	92%	√		
品类销售占比（家庭购买者年龄：35 岁以下）	71%	√		
品类销售占比（家庭购买者年龄：35 ～ 54 岁）	27%		√	
品类销售占比（家庭购买者年龄：54 岁以上）	2%			√

该品类对零售企业有多重要

表 5-2 列出了某零售企业纸尿裤品类的销售情况。根据表中数据，与零售企业的整体杂货毛利率相比，纸尿裤的毛利率相对较高，但整体毛利额较低。市场购物篮的高排名（18.4 美元）是一个很好的暗示，表明零售商可能想要高度关注纸尿裤品类，但它可能没有足够的顾客忠诚度来增加其成为目的性品类的可能性。纸尿裤品类每立方米的利润为 13.67 美元，反映出零售商必须为纸尿裤品类提供更高的立体和地板空间。较高的立体空间也会使零售商不再将纸尿裤指定为目的性品类。

表 5-2　纸尿裤品类销售情况

纸尿裤品类销售指标	数据	全部品类排名 高（20%）	中	低（20%）
本企业年销售额	4 050 万美元		√	
市场规模（所有渠道）	4 亿 1 千万美元		√	
市场规模（超市渠道）	2 亿 4 千万美元		√	
本企业购物篮规模	21.5 美元	√		
市场平均购物篮规模（超市渠道）	18.4 美元	√		
每个购买者的年购买规模（超市渠道）	5 760 美元		√	
本企业毛利额	440 万美元			√
本企业毛利率	10.9%	√		
本企业顾客忠诚度（重复购买占比）	29.0%			√
本企业购买者转化率	75.0%		√	
销售额 / 立方米	125.4 美元		√	
利润 / 立方米	13.67 美元			√
本企业平均交易规模	6.1 美元	√		
市场平均交易规模（所有渠道）	6.3 美元	√		
市场平均交易规模（超市渠道）	5.8 美元	√		

该品类的市场前景如何？

表 5-3 是某零售企业在 2021 年所做的针对纸尿裤品类从 2022 年到 2027 年的市场增长预测。该分析表明，纸尿裤品类在 2022—2027 年将面临 7% ～ 8% 的中等规模的增长。这一增长规模并不足以使其成为一个目的性品类，但对零售商而言，纸尿裤品类可以提升消费者忠诚度，相对重要，因此纸尿裤可以确定为优先常规性品类。

表 5-3 纸尿裤品类的市场增长预测表

纸尿裤品类与市场增长相关的指标	数据	全部品类排行 高 (20%)	 中	 低 (20%)
份额指数（品类份额 / 企业份额 - 超市渠道）	92%		√	
份额指数（品类份额 / 企业份额 - 所有渠道）	104%		√	
预计增长率（2022—2027）	7% ～ 8%		√	
空间指数（本企业延长米 / 竞争店延长米）	94%		√	
品项指数（本企业 SKU/ 竞争店 SKU）	107%		√	

图 5-9 是对纸尿裤品类的定性分析总结，包括一组关于该品类对消费者、零售商、市场和供应商的重要性的定性问题。在纸尿裤的例子中，市场销售分析和重要性定性分析的结果都支持纸尿裤成为常规性品类。

消费者评估	**是**	**否**
消费者生活方式的变化对该品类的销售额有影响吗？	√	
该品类对消费者的个人生活重要吗？	√	
该品类的重要性在未来几年会提高吗？		√
未使用该品类会对消费者造成很大影响吗？消费者是否会未经认真考虑就冲动购买该品类？	√	
零售商自身评估		
有明确角色的该品类对本企业实现差异化竞争战略的作用大吗？	√	
有明确角色的该品类对创造或维持顾客忠诚度有用吗？	√	
该品类的基础需求很容易扩大吗？		√
有明确角色的该品类需要利用本企业的影响力扩大销售吗？		√
有明确角色的该品类与本企业战略方向一致吗？	√	
市场评估		
竞争对手低估了该品类吗？		√
有明确角色的该品类可能导致敌对竞争行为吗？	√	
本企业有机会抓住被忽视的市场潜力吗？		√
供应商评估		
该品类的供应商有能力支持品类的某个角色吗？	√	
该品类的供应商愿意支持品类的某个角色吗？	√	

图 5-9 纸尿裤品类的定性分析

图 5-10 是对纸尿裤品类的一个跨品类分析总结，它显示了一个品类（如

纸尿裤）与其他品类在一系列相关指标上的比较。结果显示，整体纸尿裤的重要性排在中等，适合做常规性品类。这种定量分析与基于经验和直觉的定性分析相结合，有助于零售商为其品类划分适当的角色。

品类：	纸尿裤	
角色：	常规性品类	
定量分析	品类排序（全部）	
消费者评估	高	
零售企业评估	中	
市场评估	中	
定性分析	答 案	
	是	否
消费者——受消费者生活方式变化的影响大	√	
消费者——对个人生活的重要性高	√	
消费者——重要性会在未来几年提高		√
消费者——曾不小心冲动购买或使用	√	
零售企业——有助于实现差异化竞争战略	√	
零售企业——对树立和维持消费者忠诚度的贡献大	√	
零售企业——扩大基础需求		√
零售企业——能利用企业影响力扩大销售		√
零售企业——与本企业战略方向一致	√	
市场——有被竞争对手忽视的潜力		√
市场——会激发敌对竞争	√	
市场——有显著的市场机会		√
供应商——有能力支持品类角色	√	
供应商——愿意支持品类角色	√	

图 5-10　纸尿裤品类的跨品类分析

虽然品类角色是由零售商决定的，但供应商可以为零售企业提供重要的数据和观点，以确保零售企业为品类划分正确的角色。首先，为了做出贡献，供应商首先应尝试向消费者提供必要的知识，使消费者更加了解品类，从而为跨品类分析提供助力。其次，供应商要对品类的未来市场前景足够了解，这是至关重要的。最后，供应商需要向零售商表达支持该品类角色的意愿并展现出能力。如果供应商不能或不愿支持某一特定品类角色，那么他们要么试图说服零售商选择一个双方都适合的替代角色，要么接受零售商的角色选择，并根据划分的角色与零售商开展业务。

表 5-4 展示了一个大型连锁超市企业的品类角色分配方案。该企业将自己经营的品类按四种角色做了矩阵式的均衡划分。在这个分配方案中，意面餐被划分为目的性品类，主要是因为它们非常符合该企业的目标消费者（有小孩的家庭），而且它们的购买频率明显高于常规性品类，返校季商品被划分为时令性 / 季节性品类，而花卉则被划分为便利性品类。均衡的品类角色划分能够使零售企业实现企业目标，并为目标消费者提供最大价值。根据企业目标的不同，这些相同的品类可能被其他零售企业赋予全然不同的角色。

表 5-4　某大型连锁超市企业的品类角色分配方案表

目的性品类	常规性品类	时令 / 季节性品类	便利性品类
意面餐	软饮料	返校季商品 [b]	汽车机油
现烤面包	咸口零食	园艺工具	家用试衣镜
新鲜沙拉	洗衣用品	防晒用品	花卉
新鲜牛肉	预制食品 [a]	季节性糖果	服装
婴儿养护	宠物养护	冰雪季商品	录像设备
照片	纸巾	流感季防护品	工具箱
葡萄酒	糖果	圣诞节商品	玩具

注：a. 预制食品被视为优先常规性品类。
b. 在适合返校季商品售卖的时间段，零售企业会将其视作目的性品类来对待，因此它被划分为季节目的性品类。

按角色和贡献分配资源

零售企业要想从经营战略的角度经营好品类，不仅限于划分品类角色，而是由此为资源的有效分配提供指导性原则并制定优先次序。这些资源包括库存、货架空间，促销、广告的投资和营运管理的支出，以及核心管理层的时间和精力。

当零售企业制订旨在实现各种品类角色的品类经营计划时，负责经营业务的管理者就能认识到需要一个正式的资源重新分配方法。调整资源分配方法通常发生在为品类划分角色时，目的是纠正和调整资源分配级别不合理的问题。例如，某个品类经理负责的品类被分配为目的性品类，他需要更多的货架空间，还需要更多的促销活动资源。而另一个品类经理可能希望通过增加某个特定品类的存储仓位、货架空间和展示活动，来使该品类成为优先的常规性品类。

对于一个零售商来说，资源分配过程需要品类经理和他们的部门领导者共同参与。如果没有这个过程，零售商将很难从战略上管理品类并提高自己的资产回报率。

此外，将品类管理方法应用于不同品类的尝试，也可以根据品类角色的不同来调整。例如，在品类管理的框架内，相较于便利性品类，零售企业会对目的性品类做更多详细的分析，更先进的高效补货技术也将被应用于目的性品类而不是便利性品类，等等。

综上所述，品类管理是一种方法，不仅可以帮助零售企业更好地回应消费者的需求，也能为经营提供指导，使其将资源重新集中在能够为自身带来最高回报的投资上。

步骤三：品类评估，全方位选择改进空间

在制订品类经营计划的过程中，品类评估这一步的目的是获取、整理和分析必要信息，以清楚地了解品类的当前表现，并确定在品类的销售、利润和资产回报率等方面存在哪些改进机会。

品类经理是品类评估工作的主要负责人，负责评估整个品类及其组成部分（如子品类、细分组、品牌等）在被指定承担的角色上的表现。评估工作能够确定现状和目标之间的差距，同时发现存在于该品类的重要生意机会。因此，品类评估对后续制订品类经营计划的品类策略和品类战术至关重要。

全面、完整的品类评估，需要以数据分析为基础，从消费者、市场、零售商自身和供应商四个角度做出。品类评估的结论，应该做成一套正式的文档，并附上说明性的图表。品类评估应将结论重点放在确定该品类目前在销售、利润和资产回报方面存在的最大机会上。这些机会是品类经营计划其余步骤的重点，所有的策略和战术都将由品类评估的结论驱动。

品类评估的特点

品类评估需要以大量的数据分析为基础。品类经理不应该在没有足够数据支持的情况下做任何重要结论。同时，标准、结构良好的模板对于规范评估工作、保证评估的逻辑性和有效性至关重要。如果评估模板的结构有问题，评估将失去重点，也会让分析工作中的大量投入无法产生预期的结果。

在品类评估过程中，品类经理常常需要信息技术部门、营销或市场研究部门，甚至企业外部专业的数据和信息服务商提供帮助。完整、深入的品类评估，也需要供应商在消费者数据、市场信息、品类趋势等方面提供相应支持。优秀的消费品供应商对消费者和品类的看法一般都会很有价值。品类经理要从供应商那里获取完整的品类数据，而不仅是与供应商自己品牌相关的数据，并从他们对该品类消费者所做的相关研究中得到启发。

销售数据、利润率和当前货架的分配情况，是品类评估所需的基础数据。此外，如果有顾客会员卡系统，零售企业还有机会获得特别有价值的顾客购物数据。图 5-11 展示的是做品类评估时的数据结构，涉及四个方面的数据，包括消费者数据、市场数据、零售企业内部的经营数据和外部的供应商数据。该数据结构可以支持品类层面的分析，也可以支持更深层次（子品类、细分组等）的分析。

必要时，零售企业还应做更具针对性、更细致的研究和分析。评估的目的不是要把一个品类能够改进的地方全都找出来，而是通过一套逻辑性强的、标准的方法，找到最重要、最有价值的可改进之处。这种将注意力聚焦到最重要的项目上的方法，能够避免把时间和精力浪费在毫无目标的摸索和试探上，从而把力量更多地用在针对性的分析上，更好地为进一步制定品类的策略和战术服务。不同的品类需要不同层次的分析，目的性品类比便利性品类更需要深层次研究和分析。

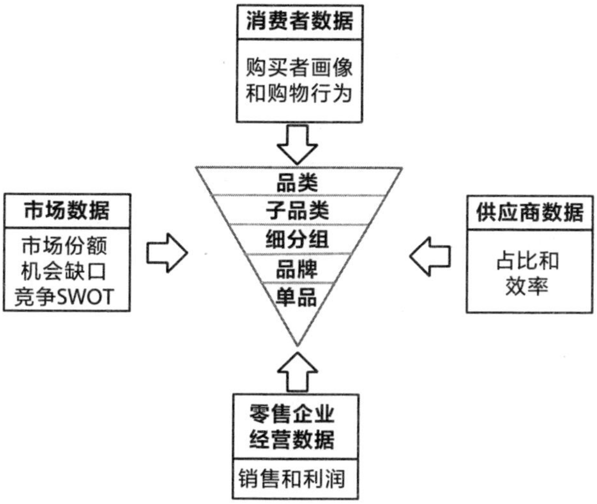

图 5-11　品类评估所需的数据结构

综上所述，富有成效的品类评估的关键因素包括：

- 明确的目标和清晰的职责分工。
- 对评估工作的方法、任务和目标进行文件性的说明，可以是印制的或电子版的表格或模板。
- 利用能够客观、有效地支持评估的信息与技术工具。
- 以适当的方式与供应商分享必要的信息和数据。

评估的方法和过程

如果方法不当，品类评估的过程很可能变成一种需要消耗大量时间的工作。若要保证该工作的效率，关键在于保证各项评估工作顺序的合理性。第一步要做的是消费者评估，接下来是市场、零售商自身和供应商的评估，这些评估提供了机会缺口[①]分析所需的信息。最终的结论聚焦对品类的关键部分（商品构成、定价、促销、货架展示和产品供应）的分析上，为找到的机会缺口提供极具说服力的依据。

在对评估的每个部分进行分析时，不要陷入为了分析而分析的误区，使用分析模板是为了回答关于消费者、市场、零售商和供应商的一些关键问题。以下是评估工作中需要回答的关键问题的概述，并用实例展示了针对每个部分的关键问题的评估模板。

消费者评估

下面是消费者评估的关键问题清单：

- **消费者为什么购买这个品类？**
  - 最重要的原因是什么？第二大和第三大原因是？
  - 这个品类对消费者有多重要？
- **谁购买这个品类？**
  - 消费者具有什么样的人口学特征？他们住在哪里？
  - 消费者具有什么样的心理变量特征？他们的生活方式是什么？
  - 该品类的家庭渗透率是多少？
  - 消费者是否忠诚？
  - 消费者的忠诚度呈现何种细分特点？
  - 该品类的购买者和使用者有什么不同？
- **消费者何时购买该品类？**
  - 消费者的购买行为是否具备季节性特点？或是按年份、按月、按星期购买？（如图 5-12 所示，消费者购买软饮料品类的时间就具备季节性的特点）
  - 消费者的购买频率是多少？

① 当现有产品所能满足的与用户的新缺口之间出现空缺时，就会出现产品的机会缺口。——编者注

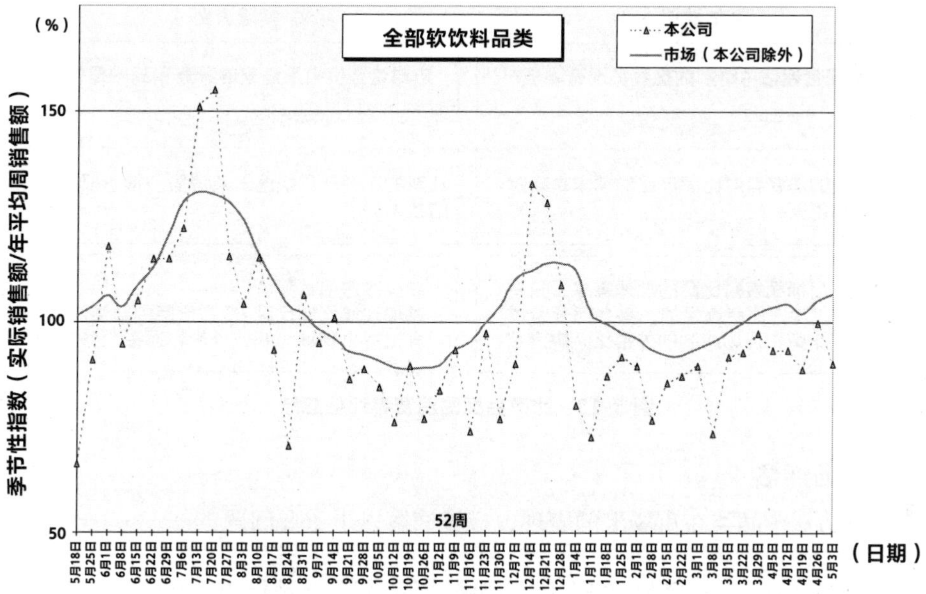

图 5-12　消费者购买软饮料品类的时间图（季节性）

- **消费者如何购买该品类？**
  - 购买规模有多大？
  - 是否有关联性的购买行为？
  - 该品类在市场上通常的购物篮内容是什么？
  - 顾客购买该品类时的购物行程是什么？
  - 购买行为是有计划的还是无计划的？
  - 当该品类做促销时，消费者的购买量是多少？
  - 是否有零售门店或品牌的转换模式？
- **消费者在哪里购买该品类？**
  - 是否通常在超市购买该品类？
  - 是否会在其他零售业态购买？
  - 在各种零售业态或渠道中，该品类有什么样的购买趋势？

当消费者评估完成、把重要的发现筛选出来后，就要对结果做出总结，图 5-13 展示了比萨品类的消费者评估总结案例。

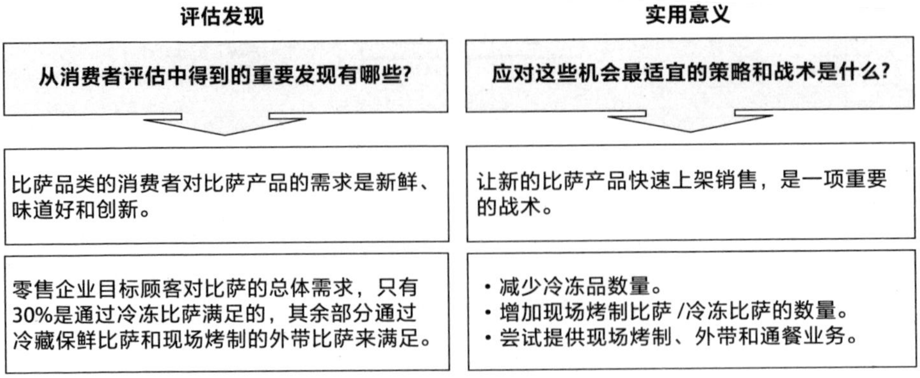

图 5-13　比萨品类的消费者评估总结

市场评估

评估一个品类在市场上的表现，应该回答以下重要问题：

- 该品类及其子品类、细分组、品牌等在市场上的销售和消费趋势是什么？
- 零售商在该品类及其子品类、细分组、品牌等方面的市场份额是多少？
- 零售商在该品类中最大的市场份额机会缺口在哪里？
- 零售商的商品构成与主要竞争对手相比如何？
- 零售商的定价与主要竞争对手相比如何？
- 零售商的货架展示与主要竞争对手相比如何？
- 零售商的促销活动与主要竞争对手相比如何？

然后对上述问题的相关数据进行总结。表 5–5 和表 5–6 分别展示了对薯片和墨西哥玉米片市场以及冷藏果汁市场的竞争对手分析和 SWOT 分析情况。图 5–14 展示了对冷藏果汁 SWOT 分析的进一步评估总结，你可以尝试以此为示例对自己所在的市场做一下分析评估。

表 5–5　竞争对手分析薯片和墨西哥玉米片市场

子品类	品项数（个）		
最大机会缺口	本企业	竞争对手 A	竞争对手 B
薯片	34	38	33
墨西哥玉米片	26	35	35

表 5-6　竞争店 SWOT 分析：冷藏果汁品类的商品构成和定价

子品类	品项数（个）			重要品项价格（美元）		
冷藏果汁	A	B	C	A	B	C
MMC 橙汁（64 盎司[①]）	12	10	10	2.89	3.35	1.99
简橙	3	3	3	2.99	3.49	2.59
Trop（64 盎司）	15	15	12	2.99	3.69	2.29
FN（64 盎司）	5	5	4	2.59	2.95	2.04
MMC 橙计（96 盎司）	5	3	1	3.99	4.19	4.19
Trop（96 盎司）	6	4	4	3.99	3.69	3.69
FN（96 盎司）	0	3	0	—	3.99	—
MMC 橙汁（128 盎司）	3	3	3	4.99	5.69	3.99
Trop（128 盎司）	3	3	0	4.99	5.79	—

注：a. A、B 是竞争店，C 是自家店铺。
　　b. Trop（128 盎司）为自有品牌。

评估发现	策略	战术	实用意义
在Trop（64盎司）的销售上，本店比竞争店的品项少、价格更低，用端架促销，竞争店与此不同	吸引客流	商品构成与定价	无明显意义。可能有机会获取更多毛利额
实行增加交易策略的低端商品价格更低，利用该类商品提高品类销售额	增加交易	商品构成与定价	无明显意义
本店低端橙汁品项数占比比竞争店高，包括区域小品牌，竞争店没有FC和自有品牌	生成利润	商品构成	可能通过不同的SKU规避竞争，区域小品牌可能与自有品牌产生内耗
本店是唯一的一个在果汁和饮料商品段中没有自有品牌的零售企业	增加交易	商品构成	有机会增加商品构成，尤其是自有品牌商品

图 5-14　冷藏果汁品类 SWOT 分析的总结

表 5-7 提供了市场评估的模板。该模板以咸口味零食品类的市场评估分析为例，以确定品类市场份额机会缺口为目标，将销售数据做了整理。从表中我

① 1 盎司≈ 29.57 毫升。——编者注

们可以清楚地看到不同品类现存的市场份额及年增长率，从中选择相对而言易于打开市场、获得增长的品类。

表 5-7 咸口味零食品类的最大销售机会分析表

子品类	销售额（百万美元）	销售占比（%）	市场份额（%）	市场年增长率（%）
薯片	8.72	24.5	17.3	+4.5
墨西哥玉米片	6.09	18.2	18.5	+8.0
坚果	4.51	13.5	21.2	+2.8
BFY 零食	3.45	10.3	22.4	+7.0
椒盐面包圈	3.13	9.4	19.4	-6.5
玉米条	2.30	6.9	22.6	-3.2
芝士零食	1.72	5.1	21.8	-5.8
爆米花	1.40	4.2	18.4	-4.0
零食酱	1.35	4.0	21.0	-2.0
其他咸口味零食	1.30	1.5	17.8	+4.5
总计	33.47	100	（平均值）20.0	（平均值）+2.5

零售企业自身的评估

以下是零售企业评估自身的关键问题清单。针对品类及其组成部分（即子品类、细分组、品牌和库存机会单位），零售企业要明确：

- 自身的销售趋势如何？
- 利润趋势如何？
- 产品采购成本的趋势如何？
- 该品类的营运费用是多少？
- 商品服务率是多少？
- 该品类的库存回报率和空间资产回报率是多少？
- 库存周转率和供应天数是多少？

- 产品供应（采购和分销）策略的成效如何？
- 当前品类的商品构成效率如何？
- 品类的货架展示效果如何？
- 目前的定价方案是否有效？
- 针对该品类的促销活动是否有效？

图 5-15 是针对零食品类的市场和零售企业做出评估的总结示例。

评估发现	实用意义
从市场/零售企业评估中得到了哪些重要发现？	应对这些机会最适宜的策略和战术是什么？
薯片和墨西哥玉米片在本企业生意中的占比最高，成长速度高于平均水平，存在巨大的机会缺口。	提高墨西哥玉米片的交易规模，分析品类商品构成，找到缺失品项。 提高消费者购买薯片的频率。
芝士零食占比超过平均水平，但芝士零食的市场总体份额正持续下降。	芝士零食的品类策略是生成利润。

图 5-15　零食品类的市场和零售企业评估总结示例

供应商评估

以下是对供应商做出评估的关键问题清单。

- **该供应商所提供的品类的销售情况和市场份额呈现何种趋势？**
- **该供应商的供货效率如何？**
  - 供应商的信息流是否有效，获取效率如何？
  - 供应商的物流是否高效？
  - 供应商的资金流动效率如何？
- **哪些供应商的产品或品牌对零售商来说利润最高或最低？**
- **供应商有哪些改善补货（产品供应）情况的工作项目或计划？**
- **零售商是否很好地利用了上述改善项目或计划？**
- **各类供应商的可靠性如何？**
- **供应商在零售商这里销售的产品市场反响怎样，销售趋势如何？**

- 供应商明年是否会有重要的新产品？
- 供应商明年是否会有重大的价格变化？
- 供应商即将进行哪些促销活动，有哪些营销资金可用？

机会缺口和四象限分析

回答上述关键问题的基本目的，是为了确定在一个品类中，改善销售情况、提高利润率和资产回报率的最大机会是什么。也就是说，该品类在被指定的品类角色和目前的业绩水平之间是否存在差距？例如，如果目的性品类的标准是占据 36% 的市场份额，但该品类目前所占的市场份额只有 28%，那么就存在 8% 的机会缺口。发现机会缺口的一个特别有用的工具是四象限分析法。

图 5-16 是利用四象限分析法分析咸味零食这一品类的例子。我们用两个重要指标——市场份额和市场增长率对咸口味零食的子品类做进一步分析。

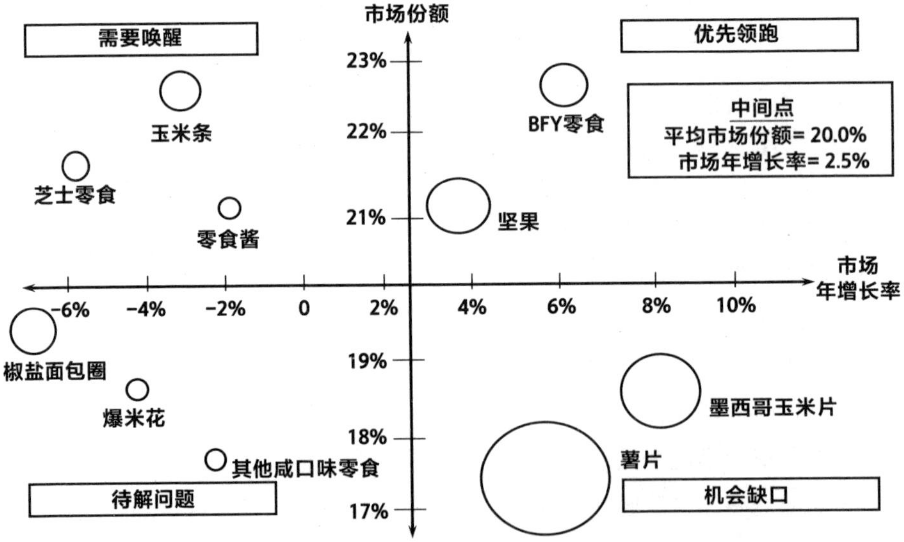

图 5-16　咸口味零食品类的四象限分析图

这个四象限图解答了针对这些子品类当前业务表现的几个重要问题：

- 哪些子品类在市场上增长较快或较慢？
- 品类目前的市场表现是否体现了其担当的角色？
- 该品类的表现与它的角色之间是否存在差距？
- 零售商是否获得了它在品类市场中应得的“公平的份额”？
- 每个子品类对整个品类的重要程度如何？

图 5-16 显示，薯片子品类位于四象限图的机会缺口象限。这个子品类对零售商来说是很大的（圆圈大小），并且正在经历高于平均水平的增长，但零售商并没有获得它在薯片品类中应得的“公平份额”。

结合为这个品类选择的角色，零售商的目标是将这个品类移到优先领跑象限，他们应该采取什么样的行动？图 5-17 描述了根据一个品类在特定象限内的位置可能采取的一些适当行动。

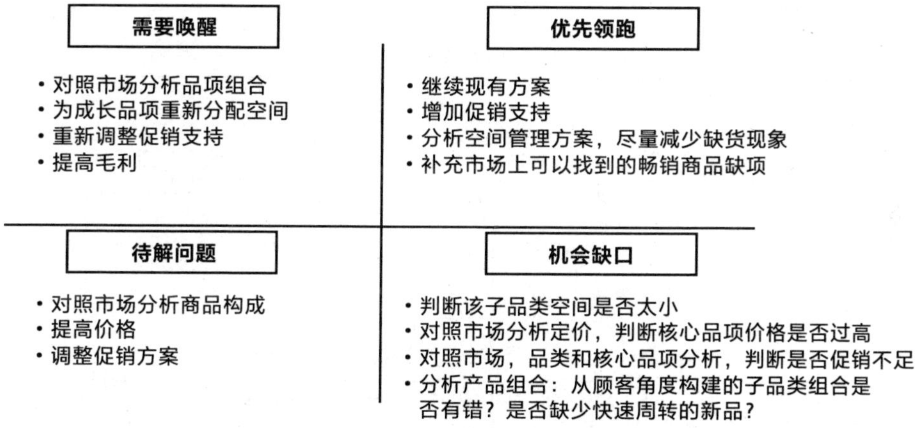

图 5-17　依据四象限分析所做的决策矩阵

四象限分析法也可用于寻找存在于各品类中的利润和资产回报机会。其他的应用还包括对比销售情况与毛利率，库存周转与毛利率，单位体积的销售额与毛利率等。表 5-8 和图 5-18 是关于咸口味零食品类的盈利水平和毛利贡献情况的分析示例。

表 5-8 咸味零食品类的盈利水平评估

子品类	销售额（百万美元）	销售占比（%）	市场份额（%）	市场年增长率（%）	毛利率（%）	毛利贡献（%）
薯片	8.72	24.5	17.3	+4.5	15.0	3.68
墨西哥玉米片	6.09	18.2	18.5	+8.0	14.1	2.57
坚果	4.51	13.5	21.2	+1.8	18.0	2.43
BFY 零食	3.45	10.3	22.4	+7.0	18.5	1.91
椒盐面包圈	3.13	9.4	19.4	-6.5	12.2	1.15
玉米条	2.30	6.9	22.6	-3.2	13.5	0.93
芝士零食	1.72	5.1	21.8	-5.8	17.2	0.88
爆米花	1.40	4.2	18.4	-4.0	7.3	0.31
零食酱	1.35	4.0	21.0	+1.0	18.3	0.73
其他咸口味零食	1.30	1.5	17.8	+4.5	21.3	0.85
总结	33.47	100	（平均值）20.0	（平均值）+2.5	（平均值）15.44	15.44

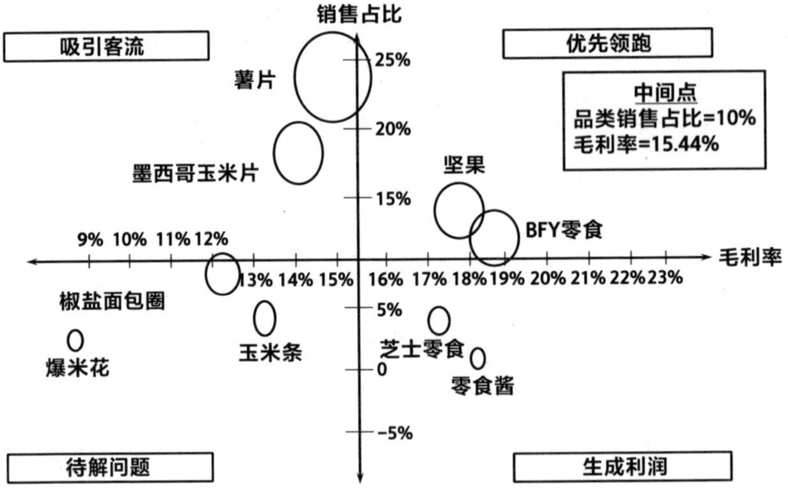

图 5-18 毛利贡献分析四象限分析

根据上述分析，可以归纳总结出咸口味零食品类的利润决策矩阵，如图 5-19 所示。

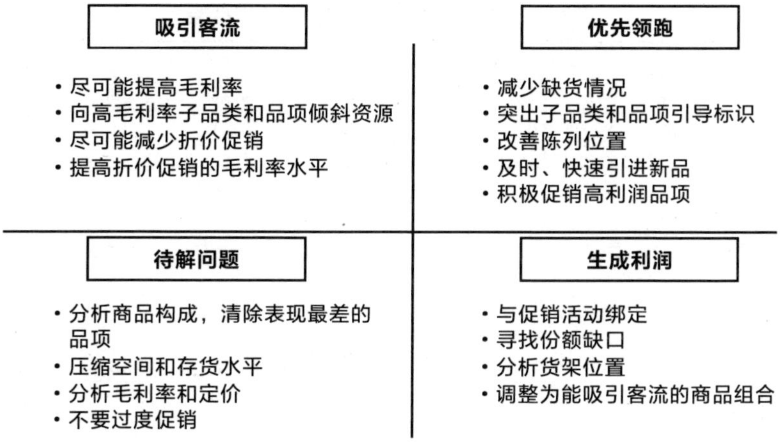

图 5-19　咸口味零食品类的利润决策矩阵

我们使用了“毛利存货回报率”（GMROI）作为了解一个品类的库存商品投资回报率的最后一项指标，它是国际上比较通用的衡量商品经营能力的指标，基本计算方法是用加价率乘以库存周转率，表示的是在商品库存上的资金投入赚取利润的能力。

在中国和日本的零售行业，都有一个普遍流行的错误指标，称为“交叉比率”，为误读毛利存货回报率这一指标所致。交叉比率的计算方法是用毛利率乘以库存周转率，但它是一个缺乏实用意义的指标。正确的毛利存货回报率计算公式如下：

$$\text{毛利存货回报率} = \frac{\text{毛利率}}{100\% - \text{毛利率}} \times \text{周转次数}$$

为了更好地理解该公式，我们依然以咸口味零食品类为例计算该品类中的子品类的毛利存货回报率。表 5-9 是咸口味零食品类的资产回报评估表，根据表中数据，计算墨西哥玉米片和坚果两个子品类的毛利存货回报率。结果如下：

表 5-9　咸口味零食品类资产回报评估表

子品类	销售额（百万美元）	销售占比（%）	市场份额（%）	年增长率（%）	毛利率（%）	毛利贡献（%）	年周转次数（次）	毛利存货回报率（%）
薯片	8.72	24.5	17.3	+4.5	15.0	3.68	33.8	5.96
墨西哥玉米片	6.09	18.2	18.5	+8.0	14.1	2.57	36.2	5.94
坚果	4.51	13.5	21.2	+1.8	18.0	2.43	16.0	3.51
BFY零食	3.45	10.3	22.4	+7.0	18.5	1.91	21.9	7.24
椒盐面包圈	3.13	9.4	19.4	−6.5	12.2	1.15	15.8	2.20
玉米条	2.30	6.9	22.6	−3.2	13.5	0.93	39.2	6.11
芝士零食	1.72	5.1	21.8	−5.8	17.2	0.88	31.4	6.52
爆米花	1.40	4.2	18.4	−4.0	7.3	0.31	19.4	1.53
零食酱	1.35	4.0	21.0	+1.0	18.3	0.73	13.1	2.93
其他咸口味零食	1.30	1.5	17.8	+4.5	21.3	0.85	22.1	6.20
总计	33.47	100	（平均值）20.0	（平均值）2.5	（平均值）15.44	（平均值）15.44	（平均值）31.3	（平均值）5.72

$$墨西哥玉米片\ GMROI = \frac{14.1\%}{100\% - 14.1\%} \times 36.2 = 5.94\%$$

$$坚果\ GMROI = \frac{18\%}{100\% - 18\%} \times 16 = 3.51\%$$

计算完成后，我们把结果进行同样的四象限分析，如图 5-20 所示。

由此得出的重要发现，用“毛利存货回报率决策矩阵”做总结，如图 5-21 所示。

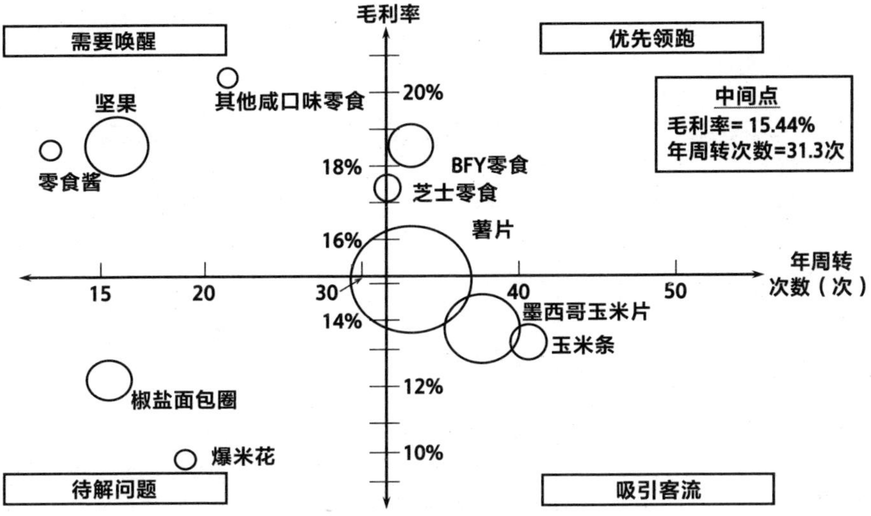

图 5-20　毛利存货回报率四象限分析图

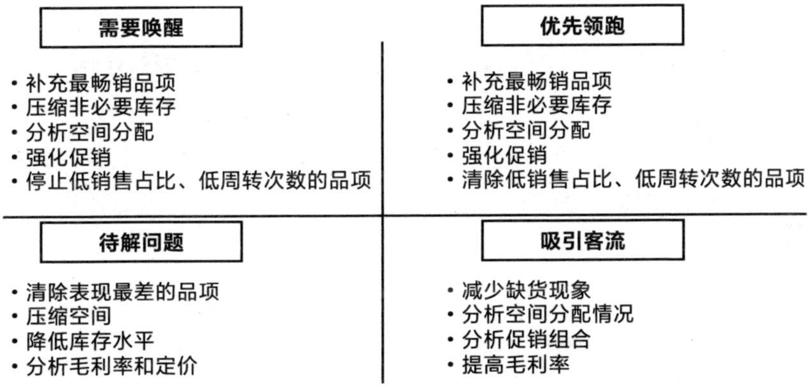

图 5-21　毛利存货回报率决策矩阵

最后，如图 5-22 所示，要把以上所有评估归纳汇总，按表格的方式做成文件，以供第五步“品类策略”和第六步“品类战术”所用。

表格分成三列：左侧第一列要把从消费者、市场 / 竞争对手、零售企业自身和供应商四个角度评估中发现的可以改进的不足之处逐项列出来。中间一列，是把发现的不足之处一项一项地“转化”成关键机会，也就是改进之后能够在效益上得到提升的地方，包括销售、利润、资产回报或者其他效益；最右侧一列，是把利用每一项机会需要在品类策略上所做的努力，以及具体的战术行动一一列明。

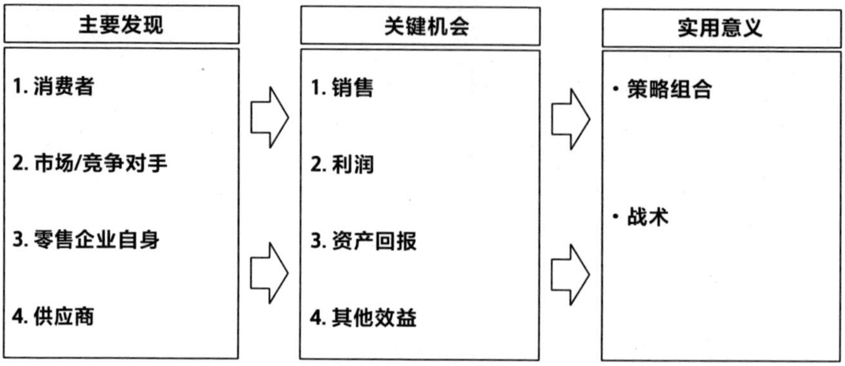

图 5-22　品类机会总结图

步骤四：品类指标，标注目标，管控过程

品类指标用于确定零售企业为实施品类经营计划而设定的目标。这些目标基本上是品类经理期望实现的“预期回报率”。一般来说，品类业绩指标包含以下内容（见图 5-23）。

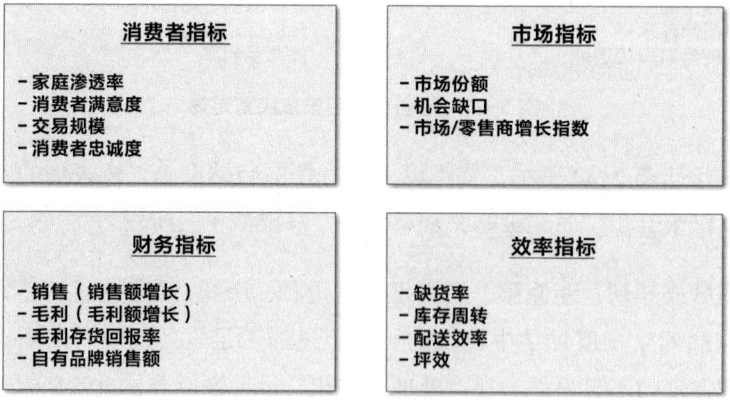

图 5-23　品类业绩指标的构成

目标必须与指定品类的角色相对应。例如，一个目的性品类的目标可能强调销售额和市场份额的增长，而一个便利性品类的目标则可能更强调利润业绩指标。制定适当的目标和业绩指标是必不可少的一步，因为它是零售企业监督品类经营计划的手段。零售企业通常会以年为周期制定目标，同时每个季度都有阶段性目标，以便对业务计划进行监督和修改。

在制定品类业绩指标时，要根据品类角色和评估步骤的结果设定品类目标。

有效品类指标的特点

为了有效地衡量品类经营计划的执行情况，品类指标应具备以下特点：

- **均衡的架构**：业绩指标应该是内、外部兼顾，短期指标和长期指标相结合的。
- **覆盖所有阶段**：业绩指标应允许对品类管理的所有阶段（生产、采购、分销和销售）的结果进行衡量。
- **可对照比较**：业绩指标应该能够跟踪实际结果，并能够对比预测结果和以前各期的结果。
- **及时、准确、易解**：品类业绩指标可以帮助管理者做出正确的决策，并且在符合公司整体目标和战略的情况下对他们的行为产生影响。品类业绩指标应该能够经过汇总得出更高层次的财务指标。

在制订品类经营计划时，品类经理需评估该目标是否可以实现。在一定程度上，评估的结论以及所实行的策略和战术的预期结果可以反映最初的目标是否合理。品类经理有责任向上级管理层建议设定与指定的品类角色相匹配的目标。品类经理应向供应商传达目标，使他们能够提供与这些目标相匹配的方案、想法等。

评估目标的目的是为品类经营计划确定一套衡量业绩的量化指标，以及每项指标的具体目标值。图 5-24 是一套均衡的品类业绩指标实例。

	当前	目标
消费者指标		
商品服务率	87%	95%
交易规模	¥12.3	¥13.8
家庭渗透率	11.5%	15%
市场指标		
市场份额	12.8%	15%
机会缺口	-2.2%	0
财务指标		
销售额	¥536 000	¥568 000
销售增长率	3.58%	6.57%
综合毛利率	21.3%	22.5%
自有品牌销售额	¥98 000	¥112 000
毛利存货回报率	4.71%	6.62%
效率/产能指标		
存货	¥23 000	¥19 500
库存周转次数	17.4次	24.3次
订单满足率	87.5%	95%
坪效	¥12 900	¥15 200

图 5-24　均衡的品类业绩指标实例

品类经营计划中的业绩指标为监测计划进度和在实施阶段对计划进行调整提供了依据。大多数品类经营计划在这些指标上设定了年度目标，并按季度设定里程碑。业绩指标还为零售商提供了执行“自下而上”预算的能力，将品类经营计划指标“上升 / 汇总”到部门和公司层面的财务预算中。

步骤五：品类策略，为品类角色注入活力

根据品类角色和品类业绩指标制定品类策略组合，为品类角色赋予性格、注入相应的活力，即是品类经营计划这一步的任务。

品类营销的 7 种策略

零售企业的品类营销策略，是对品类及其组成部分（子品类、细分组等）做策略定位，以实现品类角色和业绩目标。7 种最典型的品类营销策略是：

- **吸引客流**：这一策略在应用于品类的某个组成部分时，侧重于将客流吸引到零售门店和商品通道，让他们发现品类。

- **增加交易**：这个策略的重点是在该品类所在的商品通道增加它的交易量，或是扩大零售门店整体（购物篮）的平均交易规模。

- **保护地盘**：这个策略积极地定位于品类的特定组成部分，以保护零售门店在该品类的业务不受目标竞争对手的影响。

- **生成利润**：这个策略的重点是利用品类的某些部分来创造利润。

- **生成现金**：这个策略的重点是利用品类的某些部分为零售商生成现金流。

- **创造兴奋**：这个策略用于向消费者传达一种紧迫感或机遇感。

- **提升形象**：这个策略用于帮助零售商在一个或多个形象领域（价格、服务、质量和品种的丰富程度）向消费者展现其期望的形象。

选择品类策略，按角色做有效组合

在品类管理过程中，为一个品类制定正确的策略组合是品类经理最重要的工作之一。将各种品类策略分配给品类的相应组成部分（子品类、细分组、品牌、SKU 等），为以后采用何种商品构成方式、定价策略、促销手段、货架展示方法提供了基本指引。选择合适的品类策略制定出有效的策略组合，应遵循以下几点：

- 策略必须是从品类角色中引申出来的。
- 品类中某些部分的特征代表了具体的品类策略。

从品类角色引申出品类策略

品类角色是通过品类中的正确策略组合来实现的。某些策略是由品类角色引申出来的。图 5-25 说明了为实现各类品类角色最常采用的营销策略类型，这些策略是要优先考虑的。

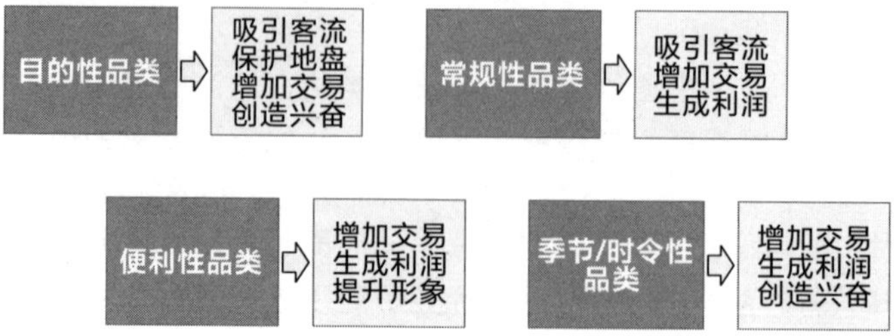

图 5-25　通过品类策略实现品类角色

品类策略与商品的特征相匹配

图 5-26 突出标明了商品的一些特征。对于某些商品，这些特征可以帮助其匹配正确的营销策略。

吸引客流	市场份额高、家庭渗透率高、顾客频繁购买、对促销敏感的商品
增加交易	单品价值高的高端商品
生成利润	毛利率高、顾客忠诚度高、价格敏感度低的商品
保护地盘	价格为顾客熟知、竞争对手经常促销的商品
创造兴奋	新产品，季节性商品，快速成长的商品
提升形象	能够强化零售店的战略和主题形象的商品（比如商品内容丰富多样、品质好、服务到位等）

图 5-26　相匹配的品类策略与商品特征

结论和成果

品类策略这一步骤的最终成果，是选择适当策略，做出有效组合，并针对品类的具体组成部分调配这些策略。这些成果为接下来执行策略的具体战术铺平了道路。

最有效、形象地展示品类策略组合关联性的方式是搭建“策略图谱”。图 5-27 是策略图谱的一个示例，它展示了一个品类经理针对软饮料品类的各个组成部分采用的不同策略。被选中的是四个营销策略，这些策略组合起来，要能够保证实现优先常规性品类这一角色。

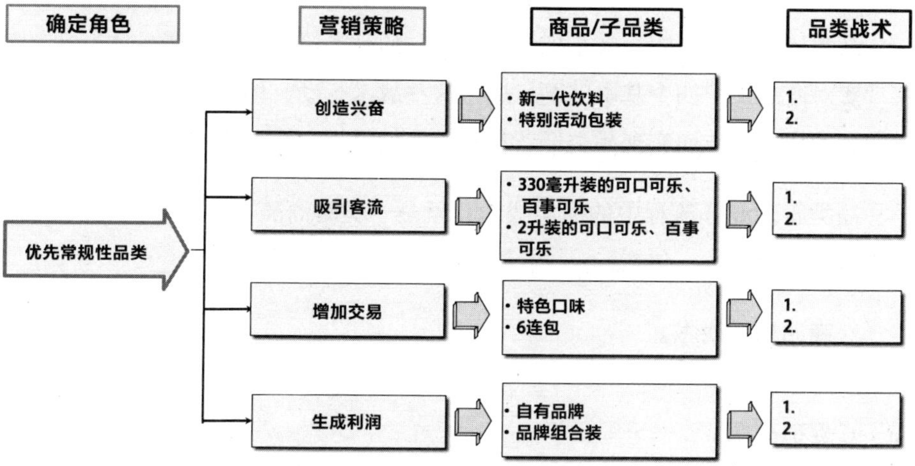

图 5-27　品类策略的策略图谱

制定品类策略组合的最后一步，是验证所提出的策略是否能达到品类业绩指标所要求的预期财务结果，这种验证包括评估每个策略的财务影响。对每项策略可能产生的影响进行评估和验证，是最终批准品类策略的一个重要前提。没有经过分析证明或验证的策略不应该成为品类经营计划的一部分。验证步骤可以确保这些策略能够为消费者、零售商和供应商带来更多的好处。

综上所述，制定品类策略组合的过程包括以下行动步骤：

- 确定可行的商品营销策略。
- 检查品类评估结果。
- 选择适当的策略组合，以实现品类角色和业绩目标。
- 将策略分配给适当的子类别、细分组、品牌或 SKU。
- 验证与分析品类策略。

这一步骤的最终成果，应该是一组文档化的“策略图谱”，以及经过验证的可以实现品类角色的品类策略组合，为下一步制定具体的品类战术提供方向指引。

步骤六：品类战术，卖对商品的行动方案

品类战术这一步骤，就是把上一步制定的品类策略组合付诸具体行动，回答“卖对商品”的四个基本问题。通过这些战术行动，体现品类策略，发挥品类角色的作用，从而实现品类经营计划的业绩目标。

品类管理业务流程中的品类战术，就是“卖对商品”的四个问题的答案，具体分为四个战术，包括：

- 商品构成战术。
- 定价战术。
- 促销战术。
- 陈列与展示战术。

这些战术的应用是为了实现为品类指定的角色，因此必须与品类策略相关联。品类战术也需要体现零售企业的经营目标。

制定战术的具体步骤

为确保战术与品类角色、业绩目标和策略相互关联，战术的制定应按照以下步骤完成：

- 确定可选的战术方案。
- 选择能够实现品类策略的战术选项。
- 验证每个战术对关键品类业绩目标的影响。
- 完成一个“战术图谱”，汇总每个战术如何帮助执行选定的品类策略，以及每个战术对品类业绩的影响。
- 与品类经营计划设定的初步业绩目标进行比较，评估可能的影响，并适当调整目标或战术。

接下来将详细阐述这一过程是如何制定这四大战术的，并且通过案例分析来说明战术制定的结果。

商品构成战术

如何能让商品构成既高效，又能在消费者对产品丰富性的需求和零售企业的经营目标之间取得平衡，是品类管理最重要的问题之一。鉴于商品构成格外重要，有些零售企业的品类管理工作实际上是从分析其品类的商品构成的有效性开始的。虽然评估商品构成的有效性仅仅是整个品类管理过程的一个组成部分，但作为第一步，它可以产生极好的效益。

商品构成战术可以使零售企业确定提供给消费者哪些不同类型的商品，以及保留和删除品类中具体品项的标准。零售商可以借由不同的商品构成实现差异化，为此，商品构成的决策必须与品类角色和品类策略相关。正因如此，虽然不同的零售商会经营同一品类，但同一个商品构成战术并不一定适用于所有零售商。选择、使用最适合的商品构成战术不仅能够平衡消费者的需求，也能让零售企业避免不必要的重复成本及相关成本。

对商品构成战术可做的选择

商品构成战术具体包括：减少、增加、替换商品，全部统一或按门店类型个性化商品构成，以及以自有品牌为主或商品构成保持不变。

决策要点

零售商必须在充分考虑下列因素后才能制定出商品构成战术：

- **目标消费者对品种丰富多样性的需求**
  - 消费者决策树表明了什么？
  - 满足消费者需求的最低品种覆盖标准是什么？
- **当前的品种丰富程度**
  - 当前的品种丰富程度与竞争对手相比如何？
  - 顾客认为哪家零售企业目前在品种丰富程度上处于领先地位？为什么？
- **营销战略**
  - 什么样的品种丰富程度符合零售商的整体营销战略？

- **品类角色和策略**
  - 什么样的品种丰富程度符合品类的角色定位及策略组合？
- **不同丰富程度的品类的成本或收益**
  - 机会缺口在哪里？
  - 尾巴有多“长”？（例如，最后 2% 的销售来自最后 20% 的 SKU）。
  - 保留一个商品所能接受的最低收益是多少？
  - 抵消库存、空间和管理成本所需的收益是多少？
  - 如何界定品类的品种是丰富还是同质化？
- **商品接受和拒绝的标准**
  - 针对不同的品类角色和各种品类策略，需要制定什么样的商品接受和拒绝标准？
- **供应商的能力**
  - 品类供应商能否支持相应的战术决策？

由于品类策略依靠品类战术来执行，因此策略和战术之间需要有逻辑上的关联。图 5-28、图 5-29 和图 5-30 是对上述决策要点所做的阐述，并为解决上述问题提供了两种关键工具。你可以根据这两件工具具体分析自己企业的商品构成。

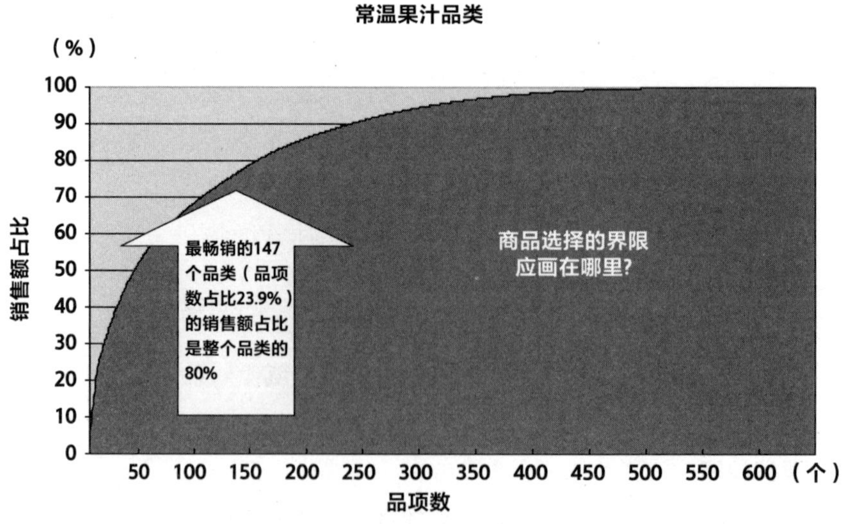

图 5-28 商品构成的挑战：多样化 vs 无效重复

这张图是对常温果汁的品项数与累计销售额占比的分析：在全部615个品项中，最畅销的147个品项（品项数占比23.9%）的销售额占了整个品类的80%，而其余468个品项（品项数占比76.1%）的销售额只占整个品类的20%。常识告诉我们，过多的品项数大多会增加成本和管理难度，常温果汁的品项数量应该压缩。但到底压缩到哪里？如何确定这个取舍的界限和规则，对零售经营而言影响重大。

商品构成战术是第一个品类战术，也是定价战术、陈列与展示战术和促销战术三个战术的基础。商品取舍的规则需要从两个角度考虑，一是消费者决策树，二是商品的覆盖水平。

应用消费者决策树时，要在转身层设定核心商品构成，保障核心商品，在替换层尽量减少重复。图5-29是以宠物狗用品为例，应用消费者决策的示例。

考虑市场覆盖水平的时候，首先要根据品类策略的需要，让该品类所需要的重点策略都有代表性商品；其次要结合品类角色，确定品项数的投入尺度；最后，要结合公司总的商品构成战略和商品多样化战略。

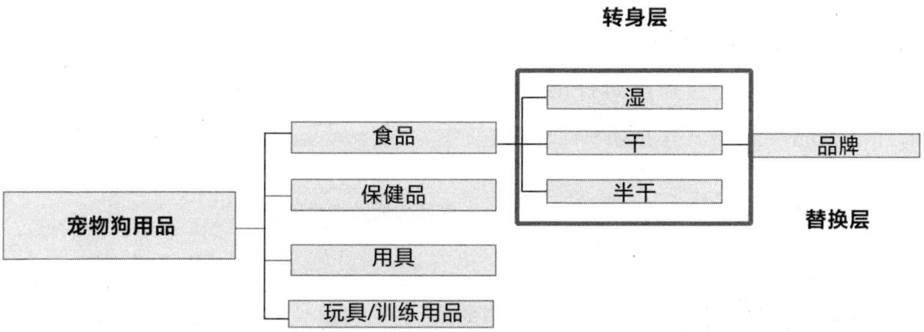

图5-29　商品构成的关键工具：转身层和替换层

从整个市场来看，越畅销的单品，经营的渠道越多，而任何一个零售店该单品的销售占比就会越低。比如330毫升的经典可口可乐，不仅在你自己的超市是畅销品，在你周围其他门店出现的概率也要高于360毫升的美汁源。这就导致任何一个零售店的单品累计销售曲线都比市场上的累计销售曲线低。其结果就是，在整个市场上累计销售额占比为 80% 的最畅销商品数量（图 5-30 所示为 38 个）比任何一个单一门店的畅销品数量（图 5-30 所示为 56 个）更集中。所以，零售门店如果希望覆盖市场上尽可能多的顾客消费，就不能仅仅依靠市场上最畅销的商品，必须让选品范围更宽一些。

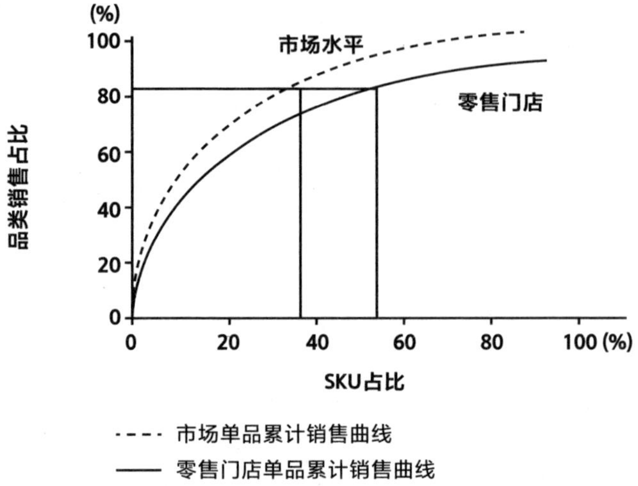

图 5-30　商品构成战术关键决策要点和工具

对战术效果的核定

最后，对每一个可能选择的战术行动的影响做出充分评估，选出那些能够最好落实品类策略并达成业绩目标的战术，制作成正式方案（见图 5-31）。

品类策略	商品构成的指导原则
增加交易	- 突出大包装商品 - 高品质（提升消费层级）的产品 - 适合鼓励多件购买的产品（比如“买二赠一”） - 可延展性消费的产品
生成利润	- 聚焦自有品牌商品，扩大品类利润占比 - 扩大高利润产出的子品类（商品组），压缩低利润产出的子品类（商品组） - 增加市场成长率较高且利润率较高的子品类（商品组）

图 5-31　品类策略与商品构成的指导原则（示例）

定价战术

定价战术决定了零售商向消费者提供该品类商品的价格。与所有战术领域的决策一样，这些决策必须基于品类角色、品类业绩指标和品类策略组合，以及对消费者和竞争行为的理解。定价方面存在的关键战术选择，将在下述内容中介绍。

决策要点

定价战术体现了零售商在对自己的经营活动做出判断时的诸多考虑，包括以下内容：

- **提供给目标消费者的价值**
  - 在该品类中，定价给消费者带来的价值有多重要？
  - 目标消费者对价格的敏感度如何？
  - 哪些产品的价格是该品类中最敏感的？
- **当前的价格形象**
  - 从品类评估中发现了“哪些与价格有关的问题”？
  - 与竞争对手的定价相比，自己的价格形象如何？
  - 谁被认为是掌握该品类价格定价权的“领导者”，为什么？
  - 该品类最能体现价格形象的商品是什么？
- **营销战略**
  - 怎样定价更符合公司整体的定价和营销策略（如：高定价或低定价策略，每日定价策略等）？
- **品类角色和策略组合**
  - 如何定价更符合品类的角色和策略组合？
- **各种定价方案的成本或收益**
  - 价格变动是否会对品类的销售情况和利润率产生重大影响？
  - 相较供应商品牌商品的定价而言，自有品牌商品的定价是否正确？
  - 新商品应该如何定价？
  - 竞争对手对价格变化的可能反应是什么？

图 5-32 是将定价战术与具体品类营销策略相结合的一般原则的一个实例。

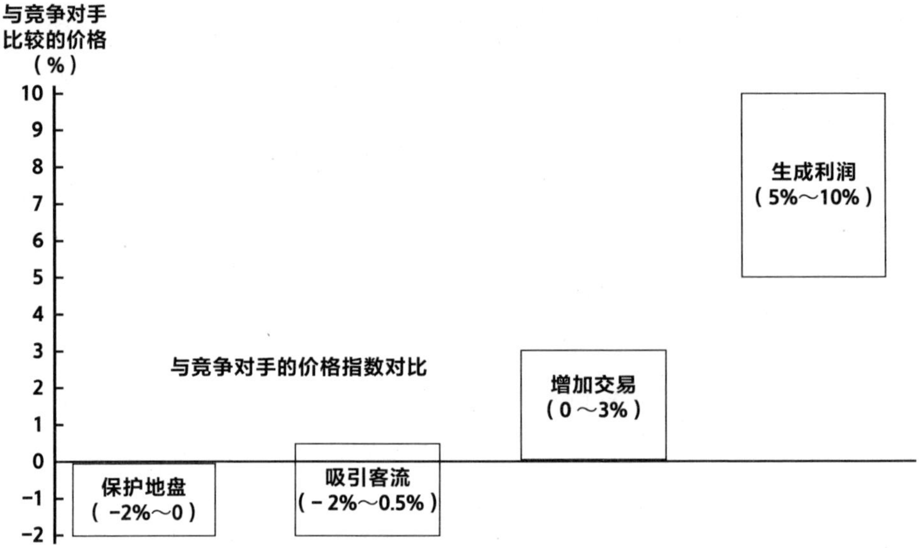

图 5-32　根据品类营销策略的定价举例

横线代表竞争对手的价格水平，纵线是与竞争对手比较的价格指数：

- 实行保护地盘策略的商品，常常被竞争对手用来做价格促销，靠比我们更低的价格争夺顾客。对于这部分商品，我们的价格绝对不能比竞争对手高，这是反击竞争对手、阻止顾客离开的手段，与此同时，我们也要控制比对手价格低的幅度，不应超过 2%，以免引起对方更激进的降价，使双方陷入两败俱伤的价格战。
- 实行吸引客流策略的商品是用来塑造品类和门店吸引力的，由于顾客对价格比较敏感，因此在价格层面与竞争对手保持在一定差异区间很有必要。对这些商品，要保持价格比竞争对手高的幅度不超过 0.5%，低的幅度不超过 2%。这样做的意义在于，一方面，当价格只比竞争对手高 0.5% 的时候，顾客的感知并不明显，不需要锱铢必较频繁改价，这样可以减少不必要的复杂化流程，从而减轻员工负担；另一方面价格不低于对手 2% 也不会引起对方的激烈反应，避免价格战。
- 实行增加交易策略的商品，意在诱导那些为了实行吸引客流策略的商品而来的顾客多买或者买其他贵的商品，因为顾客在现场会因为冲动购买这类商品，这时他们对略高的价格感知度不高，然而这类商品对保障商家的利润却很重要。但需要注意的是，这类商品的价格比竞争对手高的幅度不应超过 3%，也不应低于竞争对手的价格。

- 实行生成利润策略的商品，最主要的作用就是提升整个品类的利润水平。这类商品应将价格控制在比竞争对手高 5% ～ 10%，这样既对顾客购买决策的影响不大，又能贡献可观的利润。

战术效果的核定

像其他所有战术决策过程一样，在确定最终选择前，需要充分评估所有可能的行动方案的影响，将这种影响的结果与品类策略对照（比如价格如此调整对实行吸引客流策略的品类在库存周转和利润方面会产生什么影响？），选出那些能够最好地落实品类策略并达成业绩指标的战术作为正式方案（见图 5-33），这些方案为定价的“战术图谱”提供了依据。

品类策略	定价的指导原则
树立形象	- 通常情况下，这些SKU的价格敏感度较低，卖点应该在于强调选品范围之广和独特商品的价值 - 定价水平应能鼓励顾客购买品质和价格更高的产品，或者比平时多买一件
保护地盘	- 明确指定竞争对手，确定需要保护的是什么“地盘” - 针对竞争对手的产品，确定“保护地盘”商品的价格指数范围(比如-5%到0) - 必要时需延长“保护地盘”商品的竞争性定价时间
吸引客流	- 根据预定的价格指数范围(比如 ± 2%) 确定“吸引客流”商品的价格，指数范围的依据是竞争历史和企业的总体价格战略 - 确认品类中价格敏感度最高的品项为“吸引客流”商品 - 在消费者决策树的各支脉找到“吸引客流”商品

图 5-33　品类策略与定价的指导原则（示例）

促销战术

促销战术决定了零售商在该品类中向消费者提供哪些促销活动。为了执行品类策略，促销战术定义了使用各种方式（重点广告、特殊展示、试吃试用、竞赛赢奖等）来推广品类的某个组成部分（细分组、品牌、SKU 等）的标准。明确战术后，就要形成一个与实现品类策略相关的促销活动的详细日程表。促销策略在品类经营计划中扮演着特别重要的角色，因为它们是销售创意的主要来源。

对促销战术可做的选择

与其他战术领域相比，促销领域的战术选择更多。下面列出了一些最常见的促销战术。

决策要点

与其他战术决策一样，促销战术必须与零售商在品类管理过程中做出的其他决策相互关联，包括以下因素：

- **营销战略**
  - 哪些促销活动符合企业的整体营销战略？
  - 目标消费者对各种促销活动会有什么反应？
  - 某品类的竞争对手所做的促销活动是什么？
  - 竞争对手将如何应对各种促销活动？
  - 促销对商品、品类和零售商的形象有什么影响？
- **品类角色和策略**
  - 哪些促销活动能使品类最好地完成角色任务并执行品类策略？
  - 哪些要点对选择正确的促销活动最为重要？
- **各种促销活动的成本或收益**
  - 促销活动在该品类中的效果如何？它们能促进销售、提高市场份额、增加该品类的利润吗？它们对现有成果的冲击有多大？
  - 促销活动是否吸引了新的消费者，他们是否在购买其他产品的同时也购买了促销商品？
  - 哪些促销活动能建立消费者的忠诚度？
  - 哪些促销活动会引发不利的购买行为，并侵蚀品牌和商店权益？
  - 各种促销方案的成本是多少？一个促销活动能产生怎样的回报？

图 5-34、图 5-35、图 5-36、图 5-37 提供了一套决策指南，使用该决策指南有助于确保促销策略与一些关键的品类策略有效地联系在一起。

下面 4 张图是将促销战术的指导性原则与关键的品类策略有效联系起来的具体示例。

促销传单是最常见的一种促销方式，我们把宠物护理用品的消费者决策树（见图 5-34）和促销传单（见图 5-35）对照来看。

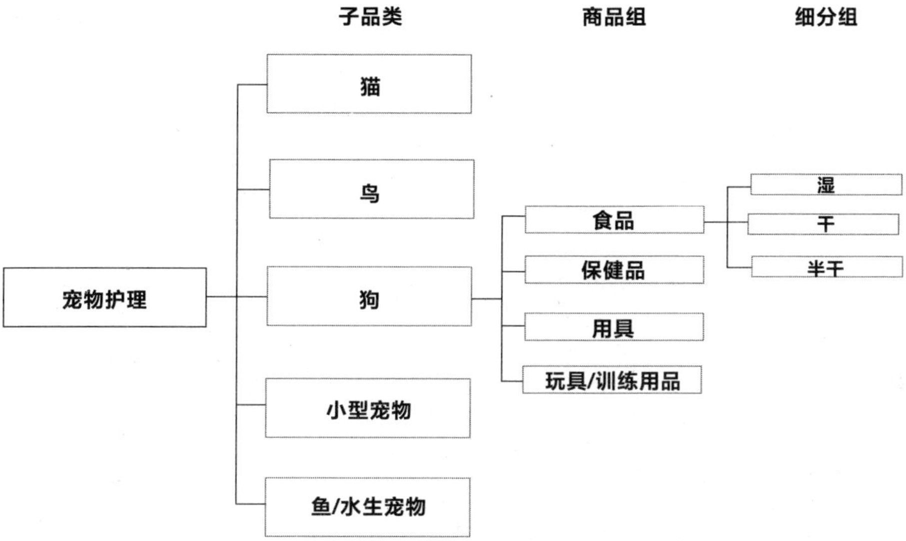

图 5-34　促销战术：宠物护理用品的消费者决策树

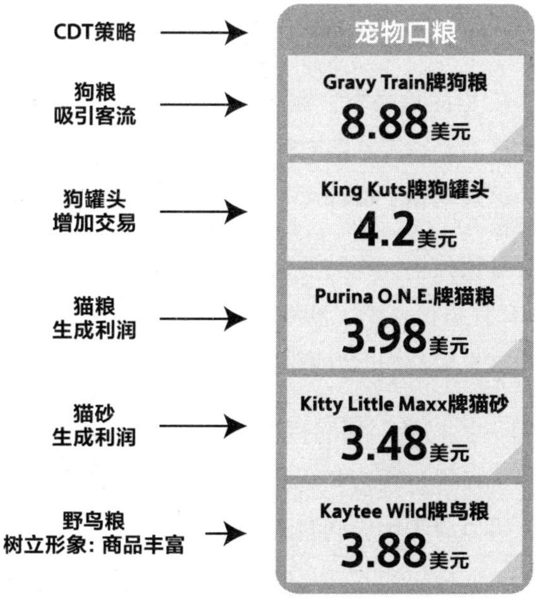

图 5-35　宠物护理用品的 CDT 策略

宠物护理用品的消费者决策树在促销传单中的体现有三个方面：

- **按消费者决策树呈现商品：** 促销品的类别正是体现了消费者决策树中按宠物种类分类的子品类，这是顾客寻找宠物用品的基本逻辑。
- **按贡献分配资源：** 在促销品数量上，狗粮和猫粮的各为两种，野鸟粮为一种，这种数量分布大致能够反映对应的宠物种类的销售占比。
- **在决策树上合理分布商品：** 狗的用品选的是最畅销的 Gravy Train 牌普通狗粮和营养丰富的 King Kuts 牌狗罐头，分别对应食品组中的干粮和半干粮。基于同样考虑，猫的用品选的是中高端的 Purina O.N.E. 牌猫粮和 Kitty Litter Maxx 牌的猫砂，分散在消费者决策树不同的枝上。而野鸟用品选的是比较通用的 Kaytee Wild 牌野鸟粮。

促销传单还体现了品类策略的运用。

第一，养狗的顾客比例最高，狗粮的销量也最大。用最畅销的 Gravy Train 牌狗粮吸引顾客到门店来购买该品类，就能很好地发挥吸引客流的作用。

第二，狗罐头的单品价格贵，购买比例比狗粮低。King Kuts 牌罐头平时是个高端商品，价格高，顾客选购时很谨慎，但这会儿的促销价很合适，这会让很多顾客动心。这就起到了增加交易的作用。

第三，猫的食量比狗小，养猫的人在买猫粮时不像养狗的人买狗粮时那么算计，Purina O.N.E 牌猫粮是个中高端品牌，利润率高，且价格适中，顾客很容易接受，这就是能生成利润的好商品。

第四，用量很大的猫砂，利润也不错，而且用量并不固定，价格便宜的时候顾客可以多买，换得也频繁些。一袋 Kitty Litter Maxx 牌猫砂卖 3.48 美元，顾客也容易接受，可以成为生成利润的商品。

第五，人人都乐意给野鸟喂食，但很少有人知道喂什么东西好。把专业的喂食野鸟的种子拿来卖，价格适中，能让很多人感觉新奇而跃跃欲试，也会让顾客们不禁感叹“原来还有这么好玩的东西”。由此，这家店商品丰富的形象就悄然树立起来了。

下图是落实不同的品类策略与所需要的促销战术行动关联的示例。

品类策略	促销的指导原则
增加交易	- 将“增加交易”商品与“吸引客流”商品关联促销，提高顾客冲动购买的可能 - 在适当的情况下，将“增加交易”商品作为一个完整解决方案的一部分进行促销（如“衣物护理用品”“宠物护理用品”等），鼓励顾客购买整个方案 - 针对大包装商品的折扣，鼓励顾客升级消费 - 应用多件定价法（如“买二赠一”），鼓励顾客多买
生成利润	- 针对“生成利润”商品的促销，要提高品类和促销组合的利润 - 突出“生成利润”商品大包装（比如“奖励装”）的促销 - 针对“生成利润”商品的非价格属性（比如品质，性价比等）进行促销，树立高毛利商品的性价比形象 - 利用比品类平均利润率高的自有品牌商品，突出价格优势与性价比

图 5-36　品类策略与促销的指导原则（举例）

促销的具体内容需要不断地更新，给顾客以新鲜感。通常的更新周期为一周或两周。每一档期的促销条件必须与供应商协商，提前制订促销计划，这是日常经营活动中的一项重要工作。同时，品类的促销计划在消费者决策树各分支上的分布和品类策略的应用应是均衡的。图 5-37 是衣物护理品类全年促销规划的示例，其重点在于按品类策略穿插安排每一档期的促销内容。

对战术效果的核定

零售企业最终选定的促销战术，需要经过充分的论证和评估，保证其落实的结果能带来足够的销售与利润的增长。

品类经营计划中这一步骤的最终分析结果，是一个促销战术图谱，它根据品类策略总结了促销活动的影响，以及用于实施促销活动的年度促销日历。

		周	周	周	周	周	周	周	周	周	周	周	周	周	周	周	周	周	周	周	周	周	周	周	周	周	周	周	周	周	周	周	周	周	周	周	周	周	周	周	周	周	周	周	周	周	周	周	周	周	周	周	周
		1	2	3	4	5	6	7	8	9	10	11	12	13	14	15	16	17	18	19	20	21	22	23	24	25	26	27	28	29	30	31	32	33	34	35	36	37	38	39	40	41	42	43	44	45	46	47	48	49	50	51	52
Fab牌雨林洗衣粉	创造兴奋	X								X								X							X									X									X										
Tide Kick Stand牌立式洗衣机	创造兴奋			X											X					X								X																										
抱枕香氛剂	创造兴奋					X							X										X						X																								
Downey牌增白剂	创造兴奋							X			X															X																											X
Savemore自有品牌洗衣粉	生成利润	X							X							X							X												X								X				X				X		
Savemore自有品牌漂白剂	生成利润									X							X							X									X				X					X				X				X			
Febreze牌洗衣液	生成利润			X							X							X							X												X				X					X				X			
Dryel散装洗涤剂	生成利润				X							X							X							X															X			X									
Woolite牌柔顺剂	生成利润					X							X							X							X											X	X									X				X		
Scotch Gard干洗养护剂	生成利润						X							X							X							X																									
White King牌水质软化剂	生成利润							X							X							X							X	X			X												X								X
Purex牌清洁液	增加交易			X								X										X					X																										
Downey牌清洁液	增加交易		X									X						X						X																													
Sun Classic牌5号洗涤剂	增加交易			X						X									X								X																										
汰渍牌普通洗涤剂	吸引客流	X			X			X			X			X			X			X			X			X			X								X		X							X				X			
Clorox牌洗涤剂	吸引客流		X				X		X				X			X		X			X		X		X			X				X						X				X											
Summit牌茶精华洗衣剂	树立形象－丰富	X								X								X								X										X																	
Summit牌茶精华洗涤/漂白剂	树立形象－丰富					X								X								X										X												X									
Planet Ultra牌洗涤剂	树立形象－丰富			X								X								X								X											X														
Lysol Fabric牌膨松剂	树立形象－丰富							X								X								X																									X				

图 5-37　商品促销：衣物护理类的半年促销计划

陈列与展示战术

陈列与展示战术决定了如何在门店将品类展示给消费者的方法。在这一战术中做出的一些关键决策是具体的标准，用于管控与调整货架空间（在品类、子品类、细分组和 SKU 之间），确定品类布局方案（比如在零售门店、商品通道中的具体位置）和商品的上架服务水平（比如最低供应天数、整箱最低保有数等），以及明确具体的子品类、细分组、SKU 的空间分配情况。虽然市面上有很多货架空间管理系统可以为这些决策提供支持，但具体的决策还是必须反映重要的战略因素，如该品类在零售门店中的最佳位置，以及货架上商品总的最佳关联走向。此类战术决策极其重要，因为消费者主要就是从货架上看到品类管理的结果。

对陈列与展示战术可做的选择

这一领域的关键战术选择在后面的图表中有所展现。

决策要点

陈列与展示的战术决策也必须反映出在品类管理过程中的诸多考虑要点，这些要点包括：

- **目标消费者**
  - 根据目标消费者的需求或愿望，以及他们在该品类中做出购买决定（消费者决策树）的方法，判断该品类的陈列与展示是否符合逻辑并且“方便购物”？
- **竞争定位**
  - 品类陈列与展示的方式是否有助于突出零售商所寻求的竞争差异化的关键要点？
- **营销策略**
  - 品类陈列与展示的方式是否向顾客展现并强化了企业所需的多样化的形象？
- **品类角色和策略**
  - 什么样的陈列与展示方式更符合品类的角色和策略？
- **各种陈列与展示方式的成本或效益**

- 如何考虑营运问题（如补货的成本）?
- 在商店的特定位置展示品类对其销售情况有什么影响?
- 一个特定的品类布局对品类的销售情况会有什么影响?
- 陈列与展示方式是否有助于零售商在商店层面实施其顾客服务战略?

下面提供了一些通用准则，用来选择陈列与展示战术，从而为各种品类策略提供支持。图 5-38 展示的是制订货架空间分配方案（Planogram）的三个基本步骤。

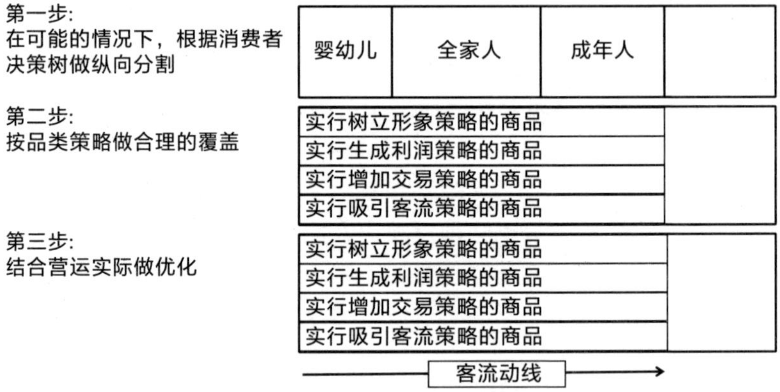

图 5-38　货架分配方案示例

图 5-39 是把品类策略与陈列战术的指导原则相关联的示例。

品类策略	陈列的指导原则
提升形象：商品丰富	- 把提升丰富形象的商品集中陈列，使效果最大化 - 陈列于客流开始处，吸引顾客进入通道或品类陈列区
保护地盘	- 降低“保护地盘”商品的显眼程度，不要给最好的位置 - 把“保护地盘”商品陈列于客流尾部，与“吸引客流”商品相邻，强化总体的价格水平而非仅仅是“保护地盘”商品的价格 - 将“保护地盘”商品与高利润的可替代品相邻，鼓励顾客购买替代品
吸引客流	- “吸引客流”商品的位置能使补充的商品销售机会最大化 - 对较小的区域，“吸引客流”商品置于客流末端；对较大的区域，在客流开始处（或者中间）和客流末端做多点陈列 - 不要给“吸引客流”商品最好的位置（视线位置），该位置虽方便顾客拿取商品，但不是顾客最容易看见的区域

图 5-39　品类策略与陈列的指导原则（示例）

这一步的产出是该品类的陈列与展示方案，它以一种具有“消费者逻辑”的方式向消费者展示该品类，也就是说，它以某种方式反映了消费者决策树的结构，同时也反映了零售商希望在该品类中实施的策略组合。图 5-40 和图 5-41 是一个零售企业调整口腔护理品类的陈列与展示方案的实例，对上述要点做了更好的处理。这一改变的结果是，该品类的销售情况、毛利和空间资产的投资回报率都有了明显的提高。

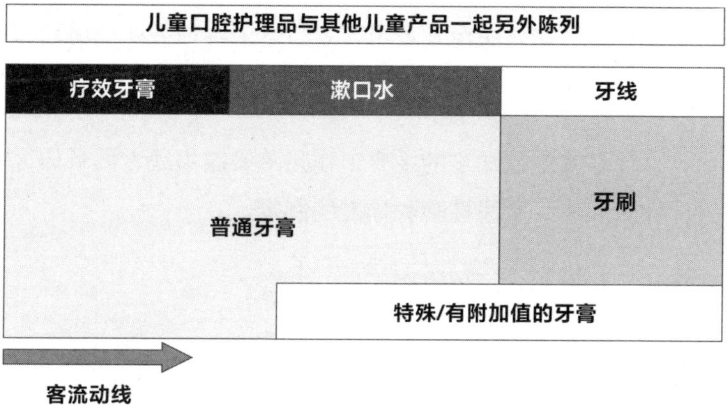

图 5-40　口腔护理品类的货架陈列（调整前）

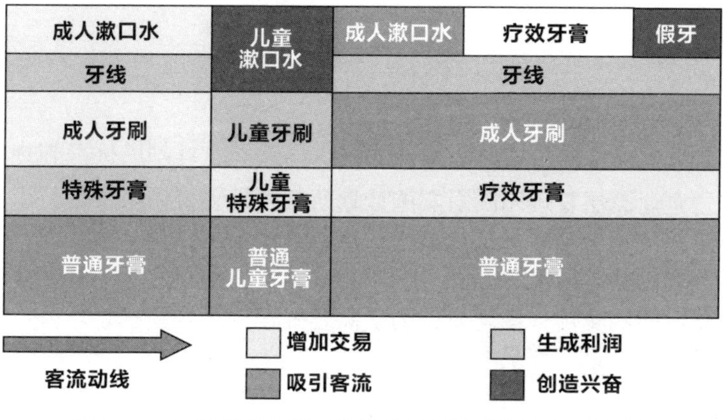

图 5-41　口腔护理品类的货架陈列及品类策略（调整后）

汇总战术图谱

最后一步是做出一个总的“战术图谱”。这个汇总图需要显示所有四个战术领域建议的举措及其总体影响。然后，将总体影响与之前确定的初步目标中的品类业绩指标进行比较，以检查初步目标是否可以实现。如果不能，则必须调整目标或修改战术方案。

步骤七：计划实施，在门店推行与落实

计划只有在实施后才能体现其真正意义。品类管理方法的效益，只有在品类经营计划落实时才能显现出来。

具体而言，计划实施这一步的主要工作是落实四项战术的具体方案，包括完成任务分配和时间表、阶段性验收标准的制定。

计划实施这一步骤包含三项重要工作：

- 计划审批；
- 任务分配；
- 进度安排。

计划审批

零售企业的高层管理团队需要建立审批品类经营计划的标准和程序。审批意味着零售企业高层管理团队对实施计划所需要的支持做出保证，承诺为计划的实施提供相应的资源。品类经营计划的审批标准应包括：

- **战略方向的契合**：高层管理团队需要确定品类经营计划与公司的整体战略方向是一致的。

- **业绩目标的合理性**：审批时需重点考量的是该品类经营计划对品类业绩目标的预期是否合适。

- **资源分配**：考虑是否批准品类经营计划对经营资源的要求，特别

是当该计划要求的额外资源超出已经分配的资源时（这些额外资源可能是新的冷柜、更多的货架空间、更多的促销活动等）。

- **对其他部门的影响**：如果品类经营计划影响到企业其他职能部门的工作，负责审批的高层管理团队必须对这类工作做出识别和处理。例如，门店的工程部门是否会受到店内品类落位变化的影响？这类问题的答案应该在制订品类经营计划时就已经准备好，但重要的是管理层在计划审批过程中同意这些处理方法。

任务分配

任务分配工作涉及将品类经营计划中要求的每项战术行动分配给具体的个人去执行。通常，这些战术行动需要分配给品类经理、高层管理者和企业内部其他职能部门（比如门店运营、物流、信息系统和财务部门）的人员。例如，为了实施商品构成战术，可能需要授权引进新产品，停止经营某些商品，修改货架陈列方案，重新调整门店货架方案。实施计划需要把这些任务明确地分配给企业内部相关部门的个人。

进度安排

进度安排工作包括为已经分配的任务制定时间表和阶段性验收标准。若要保证计划能够高质量地实施，详细的时间表将会很有用。该时间表包括完成所有战术行动的日期，以及在过程中监督、检查进度的日期。

步骤八：品类回顾，监测、修正、止于至善

当品类经营计划付诸实施时，为了保证结果积极有效，经常的监控和定期的总结是必要的。这也有助于零售企业高层管理团队在外部条件变化时及时做出调整。

监控的主要内容是品类角色和目标业绩指标的完成情况。作为品类经理，应该对其负责的每一个品类做经常性的评估，跟踪与品类角色相关的重点业绩指标，一旦发现异常，及时与零售门店的相关人员沟通店面的具体情况，必要时与供应商协商做出相应调整。

从整个公司的角度，对大多数品类每年做一次全面的回顾是可行的，对重点指标至少需要每个季度做一次回顾。目的性品类的回顾频率应该较为频繁。

为品类回顾的报告制定标准模板，有助于减少工作的复杂性，同时可以避免企业各部门之间及与供应商分享结果时发生混乱。模板至少应包括实际业绩与目标业绩指标的比较，对两者之间所有差异的解释，以及由于这些差异所采取的修改计划的行动方案。

对计划的修正与调整

零售企业管理者要基于对内、外经营条件的预期和假设制订与批准品类经营计划。如果这些条件发生变化，计划所需的基础条件就不成立了，就应对计划进行修改。

让很多零售企业感到困扰的是，如果内、外条件变化，导致某个预期指标明显下降，企业是否应该及时调低目标，以保证目标的合理性，避免打击相关人员的积极性。道理其实很简单，好比在战场上，将领因为判断失误导致对困难的估计不足时，除了加强攻击力量，及时撤退以保存有生力量，避免更大损失，也可能是一个明智的选择。

为应对突发情况，针对性地修改和调整品类经营计划，制定一个规范化、标准化的流程也是必要的。有效的衡量和监控流程可以防止零售企业管理者对计划结果的差异或业务状况的变化做出过度反应或反应不足。然而，修改品类经营计划的过程必须是经过精心管理的，由谁来批准修改必须是一项明确界定的责任。

突破第一次的困境

按标准流程推进品类经营计划，是品类管理的一项核心工作。这些计划的制订、实施和对结果的监控，是检验零售企业是否真的在用品类管理方法经营零售业务的最明显的标志。如果没有这样一个系统、规范的方法，品类管理可能仅仅是一个愿望清单。

对于大多数零售企业来说，制订品类经营计划是一项全新的工作。它要求管理层承担责任，付出精力，在企业的经营体系和人力资源建设方面投入足够的资源。当然，如果实施顺利，它所产生的结果也是令人欣喜的，能让企业以一种更具智慧的方式经营零售业务。

有了第一次的突破，在修订同一个品类的经营计划时就会轻松很多。经过两三年的反复训练，整个品类经营计划的制订和实施就会自然地融入到日常经营工作中，其繁复程度显著降低的同时，带来的效率提升也将鼓舞所有参与者。

品类经理的专业技能

当品类经营计划的制订、落实与维护成为品类经理的日常工作时，品类经理将可能从这种专业的工作方法中锻炼出一种优秀的素质，养成“以顾客为中心，以事实为依据”的决策风格，扎实地掌握品类管理的专业技能。

持续改进

品类管理是一个持续改进的过程，虽有起点，但却没有实质意义上的终点，它是以一种更具有战略意义的方式经营着按消费者需求界定的业务单元。消费者在变，市场在变，品类的界定、角色和改进机会都可能会变。因此，品类管理没有最好，只有更好。

Category Management

第6章

四大保障要素，打造零售企业核心竞争力

没有十全十美的企业，但有十全十美的标准。与标准的差距最小的，就是最好的。

导语

研究欧洲近代军事史的人大都有个共识：拿破仑当年在军事上的成功得益于他对火炮的灵活使用。他把以固定炮台为基础的防御性武器，变为用马匹拖拉可以随时进入战场的攻击性武器。

毫无疑问，拿破仑对火炮的认识和运用，远远领先于与他同时代的诸多对手。对于武器本身，他把火炮小型化，并专门设计了用马拖拽的车辆和在松软的战场快速稳固炮身的支撑架。

在组织上，拿破仑把炮兵从步兵阵列中独立出来，将炮兵变为与步兵、骑兵并列的独立兵种和战斗单元，便于他灵活调动、快速布置。他对战场地形的选择和进攻方向的谋划不遗毫发，目的是充分发挥步兵、骑兵与炮兵配合的效果。在战斗打响前，他会隐藏真正的进攻意图，优先派出步兵和骑兵，把敌人驱赶围堵到火炮射程之内的一个密集的小范围，再突然用炮火集中射击，歼灭敌人。这种方法不仅能给敌人造成巨大的肉体伤害，更重要的是能从心理上极大地瓦解敌人的斗志。

与拿破仑同时代的那些对手，每一次与他过招应该都能学到一些关于火炮的技巧，却始终不如他用得那么纯熟。学习把火炮体型做小、用马车拉炮、用炮架做支撑等表面的东西容易，但要学到如何组织、训练、指挥等内在、体系化的内涵却难得多，甚至根本看不明白。

今天的品类管理就如同两个多世纪前的火炮，虽然直接推行相应的经营战略和业务流程能够产生一些即时效果，但要想最大程度地发挥其效用，还必须对整个企业的运行机制做全面的修正，包括调整绩效指标、考核机制和激励机制，培训个人技能并优化组织结构，升级信息系统，为新的决策模式提供支持，并积极地与供应商携手，挖掘更大的潜力。

本章探讨的主题是实施品类管理的四方面的保障工作：绩效指标、团队能力、信息技术和协作关系。

阅读这一章前，应该对每一个保障要素提出 what（什么）、why（为什么）、how（如何）等基本问题，比如：

- 绩效指标应包含哪些数据?
- 怎样应用绩效指标?
- 团队能力是怎样形成的?
- 个人技能与团队能力是什么关系?
- 如何提高团队能力?
- 信息系统能实现品类管理吗?
- 如何强化与供应商的关系?

企业经营是团队行为，尤其是在素以劳动密集型为主要特征的零售企业更是如此。沃尔玛在全世界的员工总数是230万人，特易购是35万人。在中国各地，员工总数过千的超市企业比比皆是，数万员工的大型零售企业近年来也不断涌现。让一个人数庞大的企业做到人尽其用、高效运转已属不易，而实现基本工作方法的转变，其难度更是不可低估。

企业的行动能力是一种无形的战略资产，能够保障企业落实既定的战略，通过实现顾客价值获得经济效益，从而实现企业的健康发展。

行动能力的养成不是一蹴而就的，也不存在适用所有超市企业的标准模板。它需要紧密结合企业的经营实际，是在实践中反复锻炼，从内部逐渐形成的。

在第3章我们讲过，“品类管理六要素”中的四项保障要素就是着眼于企业行动能力的四方面工作（见图3-2），它们促使与推动两个核心要素的实现，体现了一个零售企业实施品类管理的行动能力。

概括来说，这四方面工作的要点如下：

- **绩效指标：**构建综合的、系统化的绩效指标体系，用品类管理的原则和逻辑评判企业的经营状况，为品类优化设定目标，支持以品类为战略性经营单元的经营计划的制订和落实。

- **团队能力：** 通过调整组织结构重新划分岗位职责，为团队成员提供专业知识和实操技能培训，辅以积极的激励方案，从而开发并提高整个团队的品类管理专业能力。

- **信息技术：** 升级现有系统的数据处理能力，支持“以事实为基础”的品类管理决策，为提高经营效益提供有效工具。

- **协作关系：** 以品类管理的原则和方法为基础，以更好地满足顾客需要为出发点，强化与供应商交流的质量及合作的紧密度，在充分发挥各自优势为顾客创造卓越价值的同时提高企业的盈利能力。

落实品类管理所要求的这四方面工作，既是一个零售企业必须完成的任务，也是企业核心领导层和团队提高经营能力的必要手段，他们需要在实践过程中反复锻炼，循序渐进地不断提高，逐渐形成企业的核心能力。

以下的讨论是以全面实施品类管理的企业为背景，这些是成熟且高标准的企业。学习与推行品类管理的企业，如果以此做对比的标杆，参考分析自身的实际情况，就可以看到哪些方面有优势，哪些方面需要改善，哪些方面需要做出重大变革。

保障要素一：绩效指标，为企业注入活力

绩效指标大概是所有品类管理保障工作中意义最深远的，是企业进步的发动机。如果一个企业团队拥有专业的品类管理知识和技能，有先进的信息系统，跟供应商的合作关系也很不错，但绩效指标体系存在较大缺陷，无法准确地评价品类管理给企业带来的价值，那么业务人员就可能找不到工作的正确方向，甚至不知道如何努力才会获得奖励。一旦出现这种情况，不管这个企业付出多少时间和精力，在品类管理方面所做的努力也将没有任何回报。

绩效指标体系是一套方法和工具，用来监控品类管理工作的进程，标示每一个具体品类的经营计划目标和企业总体目标，在实施计划的过程中及时反映目标的达成状态，帮助提升经营计划的制订水平，提高经营决策的质量，也是评价与激励方案的基础。推行品类管理，要求建立均衡的绩效指标体系，有完整的覆盖范围，因为品类管理的影响涉及所有的商品经营职能。

对任何一个企业而言，完备的绩效指标体系对经营管理有极其重要的意义。如果不能用合适的量化指标描述每一项任务，就会导致任务模糊不清，团队之间无法沟通，企业也就无从管理。

绩效指标在企业管理中有三大作用：标明方向、确定目标和控制过程。

- **标明方向：**在描述企业的经营工作或某个具体任务时，引用绩效指标可以让方向更清晰。比如，“提高综合毛利率”“加快常温奶制品的库存周转”“增加客单价”等绩效指标，就比“提高效益”更明确，更有方向感。

- **确定目标：**在方向清晰的基础上，只有用绩效指标把目标明确地标注出来，才会让具体行动有足够的针对性。比如，通过“把综合毛利率从 22.6% 提高到 22.8%”“常温奶制品的库存周期从 14 天减少到 8 天”“门店客单价从 112 元增加到 128 元”这样的指标，就可以有针对性地制订出行动计划。

- **控制过程：**在执行为实现目标所定的行动计划的过程中，需要不断地用绩效指标衡量并检验是否实现了预定目标，如果没有实现，差距是多少，需要如何调整计划、重新分配资源以实现目标。比如，“常温奶制品的库存周期从 14 天减少到 8 天”是半年的工作目标，为实现目标计划采取的行动包括：1）订货频次从每周一次变为每周 3 次；2）每次订货量控制在日均销售量的 3 倍。一个月后总结发现，常温奶制品的库存周期缩短到 12 天，但距离目标还很远，这时就要分别查看订货频次的执行和订货量的控制到底出现了什么问题，从哪些方面改进工作才能最终达成目标。

绩效指标的品类管理特征

对大多数企业而言，完整的绩效指标体系一般包括四组指标（见图 6-1），分别是财务指标、流程指标、顾客指标和学习与成长指标。这些指标是对公司使命和经营战略的具体化，可以通过一系列的经营活动实现。

零售企业的独特之处有两个方面，一是与供应商的关系，二是实体门店与所在社区的互动。在具体绩效指标上，零售企业需要在这两个方面突出并加强。零售企业用于评价供应商的绩效指标，是筛选供应商的基础，也是引导与督促供应商不断成长与进步的标尺。这些指标包括供应商的产品开发能力、订单满足率和所提供产品的综合效益等。

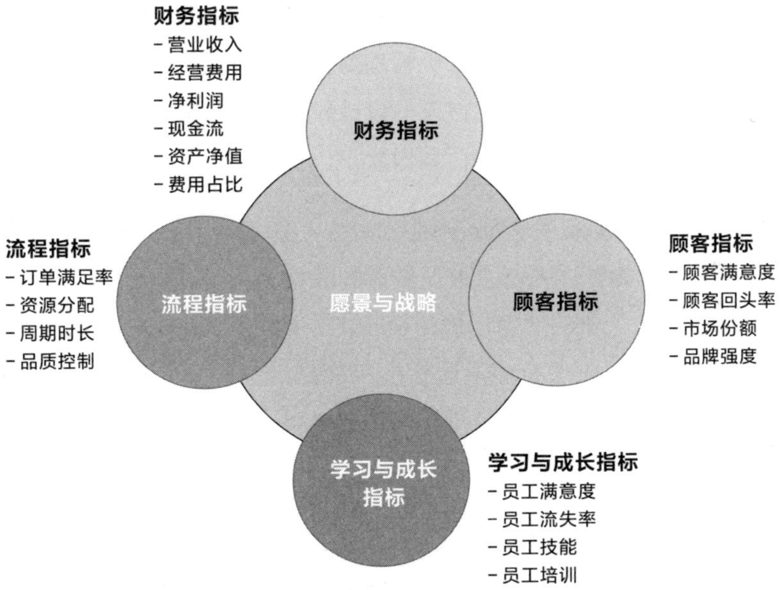

图 6-1　绩效指标体系的四组指标

实体门店与所在社区互动的指标是门店在其所处商圈中实际推行企业的顾客服务目标的具体状况，比如，门店的社区家庭渗透率、顾客投诉比例、门店服务好评率等。

推行品类管理的企业，需要把品类管理的一般原则贯彻到这些指标中，体现以品类为战略性经营单元的原则，突出品类角色之间的差异性。

以品类为基本的战略性经营单元，就是要把总的经营目标分别落实到每一个品类上，为它们明确销售、利润、资产回报率等指标。最后，将每一个品类的指标合并到一起，就形成了全公司的指标体系。不同的品类角色有不同的任务。比如：吸引客流的任务主要依靠目的性品类，这类商品的销售占比一定会大于利润占比；控制库存周转必须管好季节性 / 时令性品类，保证在销售季节结束的时候能清空该品类的所有库存商品。

绩效指标体系的构建方法

一个企业的绩效指标体系，需要与企业各方面的实际情况相结合，但构建这个体系的基本原则是一致的。品类管理所要求的绩效指标体系，可以通过四个步骤建立起来：确定绩效指标体系的设计原则；选择实用的具体指标；设计提供数据的信息系统；结合激励计划做校正。

确定绩效指标体系的设计原则

一方面，绩效指标体系与企业的使命和战略相关联。指导全公司工作方向的具体量化指标是企业的使命和战略梳理工作的有机组成部分，必须与使命、战略一同制定出来。虽然有些量化指标只能是针对整个公司的，如资产回报率、公司市值、股票价格等，但所有量化指标对品类绩效指标的确定和品类角色的分配都有指导意义。

品类的绩效指标、被分配的角色决定了这个品类在全公司的整体经营战略中起什么作用，以及如何实现企业在市场中的差异化。品类绩效指标的设计必须能够引导管理团队把主要精力放在改进那些最重要的指标上，保障公司的战略目标能够以最有效的方法实现。

另一方面，绩效指标体系要在整体上保持均衡和完整。很多零售企业过于依赖短期的内部财务指标，如销售额、利润、库存周转次数等。这些财务指标一般只反映过去，只可作为“事后诸葛亮”。**好的指标体系必须是面向前方的，**

是未来引导型的。即使是反映过去，也要能够在对结果分析的基础上，根据指标体系对造成结果的原因做出推断。关于指标体系的均衡与完整，以下是一些基本的设计原则。

- **内部与外部指标兼具：**最容易拿到的指标一般是从企业现有的系统产生的。品类管理要求关注消费者价值，因而关于消费者和市场的外部指标也就变得非常重要了。

- **结果与过程指标兼具：**零售企业过去习惯将指标主要集中在结果上。典型的反映结果的财务指标，包括销售额、利润、库存周转次数、费用占比等，这些指标对结果的形成原因没有解释说明作用。而流程指标拓宽了衡量的范围，比如，新品推广速度、相比竞争对手的价格水平、相比竞争对手的促销水平、配送中心的订单满足率、品类团队平均存续时长、实施品类经营计划的门店占比等。

- **适合的时间框架：**多数指标可以在短期内显现效果，但有些重要的指标需要相当长的时间才可以产生效果，比如，家庭渗透率、竞争市场中的地位等。

- **完整的覆盖范围：**绩效指标需要覆盖企业的整个经营系统。以品类作为战略性经营单元，就意味着任何一个品类的成功都要依赖于整个公司所有相关部门的支持和配合。在实施品类经营计划的过程中，每一个职能部门都有自己的具体任务，都会对品类管理的某个方面产生影响。如此，就需要针对这些职能部门的工作有相应的绩效指标，从全公司的范围衡量他们对品类管理的贡献。这些绩效指标包括：品类是否在门店最终呈现，跟供应商的货款结算是否顺畅，门店人员配备是否合理，数据反馈是否及时准确，物流中心的订单处理效率是否合格，市场营销部门的宣传推广是否具备有效性和相关性，财务、人力资源、信息技术、物流配送、市场营销等部门管理者的考核、聘任、奖励是否与他们对品类管理的影响相匹配。其中，最重要的是要用关于团队合作的评估指标来评估各部门作为一个整体对成功实施品类管理所做的贡献。

- **品类指标的一致性：**对品类层面的指标而言，对不同的品类保持一致性非常重要。只有这样，才能够把品类指标集合为部门指标，部门指标集合为企业指标；或者反过来说，企业指标要可以展开为部门指标，部门指标要可以展开为品类指标。在实际操作中，要避免品类指标过于纷繁复杂、难以操作。根据经验，一般 9 ～ 12 个指标比较合适，如果超过 12 个指标，品类管理的注意力就会被稀释和干扰。

- **及时、准确、易懂：**一套好的指标体系，要能够提供及时、准确的信息，并指导具体的行动。虽然信息技术的进步使获得数据的方法更有效，但有些指标只能粗略地估算，如货架分配的百分比。如果激励计划是依据某些特别指标来制订的，数据的准确性就更加重要。还有些数据指标对激励机制有着天然的准确性的挑战，比如，毛利率、库存周转次数、门店交易笔数等。从习惯的部门指标转变为品类指标的过程中，对数据抓取的范围究竟是全部门店还是一部分门店，在原则上要保持一致。

选择实用的具体指标

基于绩效指标的设计原则，关于品类管理具体的绩效指标，从公司绩效指标到具体品类绩效指标，应该涵盖以下四个方面。

- **消费者指标：**品类管理的基石是实现消费者价值的提升，因而对"一个品类对消费者会有什么影响、消费者将如何看待这个品类"等问题的理解是非常重要的。品类的消费者指标可能包括消费者需求的满足程度、顾客的忠诚度、实际到店购买该品类的目标顾客占比、家庭渗透率等。

- **市场指标：**零售企业采用品类管理，是着眼于从战略上增强竞争优势，所以这一工作是否成功，不能单从企业内部指标来看，还要与外部市场做比较。必须注意的是，这个"外部市场"到底由谁构成，是只关注同样业态的超市，还是顾客所去的所有其他渠道，比如大卖场、便利店，甚至包括菜市场，网上渠道等。我们要回答这样的问题："如果顾客不在我们这里买，他还可能去哪里？"所有他可能去的地方都应归为外部市场。所以，市场指标可能包括数量上的份额占比、机会缺口、品类相对于市场的成长指数，品类发展指数等。

- **商品供应 / 效率指标：** 这类指标用来衡量供应商的能力和支持力度，在流程改进方面蕴藏着巨大的机会，具体包括新品推广周期、价格准确度、产品接受率、新品推广成功率、推行品类经营计划的门店占比等。

- **财务指标：** 通常情况下，内部财务指标是最容易得到的，包括销售数量、销售金额、单品毛利额或毛利率、净利润或净利率、库存周转率或库存周转次数、毛利或净利存货回报率、每延米 / 平方米 / 立方米的销售额或利润额等。

设计提供数据的信息系统

如何利用信息系统抓取绩效指标所需要的数据，是这项工作最大的挑战。大多数零售企业的信息系统在数据格式、数据内容乃至商品分类方法上都不是根据品类分析的需要来设计的。比如，在利润指标的核算上，信息系统缺少在毛利的基础上进一步计算实际利润和供应商的利润贡献等相应功能。

绩效指标所需的数据越多，系统的复杂性就会越高，选择精准而实用的指标对所有职能部门的工作都会有影响。毫无疑问，为了支持品类经营计划的重要评估，开发数据分析与报告技术的新应用功能是必要的。

结合激励方案做校正

对相关管理者和员工的激励方案一旦与新的指标体系相结合，绩效指标的力量就会爆发出来。方案与指标体系结合得越紧密，效果就越突出，品类经营计划的目标就越容易实现。

常见问题

下列实例是零售企业实践中一些常见的错误。这些零售企业制定的指标存在一定的问题，无法积极地引导工作，需要进一步商榷。

核心领导层不用指标

如果一个零售企业的高层管理者没有看指标规划工作的习惯，那么其工作决策就不是从量化的绩效指标中得出来的，整个企业就难有足够的驱动力。管理者不是从指标出发与下属讨论工作，下属当然也就没有看指标的需要。如此一来，所有的工作都是凭感觉去做，做得好与不好，都没有了客观的判断依据。

错误的指标

有些企业会采用错误的指标。一个特别普遍的现象是，为了控制库存，企业会给采购经理或者门店下达一个叫“动销率”的指标，但这个指标并不能准确地反映库存管理情况。体现“树立形象”策略的商品很可能周转得要慢一些，周转快的商品通常用于“吸引客流”策略或者“创造兴奋”策略。用一个固定的指标对所有商品进行统一考核会失之偏颇。另一个现象是，为了让顾客对商品有新鲜感，有些企业会考核新品汰换率，但对不同品类的商品，很难有一个一致的更新换代的周期。比如，粮油食品更新换代的速度会相当慢，但是饮料更新换代的速度就要比粮油快一些，而休闲零食应该更快。确定一个客观的、适用于所有品类的汰换率是不现实的。如果企业下达汰换率指标的时候仅凭个体感觉而不是基于实质性的依据，这样的做法会给团队工作带来负面影响，挫伤基层管理者的信心和积极性，也不能起到把控的目的。

误导的指标

指标使用不当会有误导性，最常见的是通道费的单独考核。企业把通道费作为一个单独指标分配给各个采购经理，采购经理在某些情况下就会按通道费的高低去决定供应商的取舍，这会导致一些没有实际经营意义的商品进入门店，甚至把门店重要的空间出卖给付通道费的供应商。

还有一个常见的现象是，在猪肉价格波动比较大的年份，企业以销售额考核业绩。因为价格的变动导致销售额不能准确反映实际经营的水平。当价格上涨时，负责销售猪肉的员工即使不努力工作也会有很亮眼的业绩；当价格下跌时，他们无论多努力也很难提高销售额。这种考核方式无法起到有效激励的作用，与其将销售额作为考核指标，不如用重量作为考核指标，或者将重量和销售额相结合进行考核。

保障要素二：团队能力，提高集体的技能

品类管理能否发挥作用，最终取决于企业各层级从事相关工作的管理者的专业知识和实操技能，以及他们的工作意愿。**再好的业务流程和信息技术也只是外部因素，真正推动企业进步的，一定是“人”这个根本的内在因素。**想要提高团队能力，企业要在组织结构、业务分工、知识技能、岗位职责和激励体系等方面进行开发与提升，形成积极的企业文化，为实施品类管理提供强大的内部推动力量。

品类管理是一种全新的工作方法，与习惯的“买”“卖”方式有根本区别。经验证明，以传统的组织形式开展品类管理是极其困难的。实际上，从来没有过一个不曾对过去的组织结构、支持系统和工作流程做出根本调整就成功的先例。做出调整和改变，需要遵循六条重要的基本原则。

第一，品类管理的组织设计必须基于对品类管理原则和方法的完整理解和深入认识。第 4、5 章里说过，品类管理的核心工作是企业的经营战略和业务流程，而品类管理的组织设计的目的就是有效完成这两项核心工作。

第二，品类管理的组织设计要赋予品类经理足够的权力和责任，要使品类经理能够在统一的指导原则下，支配自己负责的相关品类在全部门店的相应陈列空间资源，并对经营结果承担责任。

第三，承担品类管理工作的每个团队成员都必须经过充分的专业训练，具备完成任务所需要的技能。沿用过去的经验或者仅仅是把现有的团队成员换个职位，重新规定他们的职责，成员是不可能胜任工作的。品类管理是零售企业最有价值的工作之一，需要集中整个团队中最优秀的人才，让他们接受严格的培训和充分的实践锻炼，用最高的标准去完成工作。

第四，同一个品类经理负责的多个品类所对应的消费者应该尽可能存在一些共性，以便品类经理能充分利用消费者竞争市场的深层认知，以及与供应商打交道的技巧。

第五，品类管理对团队的工作方法提出很多从未有过的新要求，搭建品类管理团队时，管理者需要充分考虑现有工作量，必须以不损害正在进行中的工作为前提，为团队提供充分的支持。

第六，必须为品类经理提供有效的支持和专业的服务，把他们从日常琐碎的杂事中解脱出来，集中精力完成品类经营计划的制订和执行工作。

此外，有效推行品类管理的零售企业，需要在四个方面发展和提升：组织结构、岗位职责、业务技能、绩效考核指标体系和激励方案。

组织结构

设计组织结构分为四个步骤：确定品类分组；评估品类管理工作量；选择最适合的组织结构；从现有组织结构向已选择的组织结构过渡。

确定品类分组

品类管理的组织变革从部门的重新分组开始。过去的部门分组有的是按结算方式（代销与经销），有的是按供应商（税率高低），还有的是按包装形式（散装与包装）等。在品类管理的方式下，部门要根据顾客需要重新分组，比如，店内主食区现场制作的馒头花卷和外购的馒头花卷需要由同一个部门统一管理，包装的休闲零食和散装的休闲零食也需要如此，等等。

评估品类管理工作量

接下来对每一个部门的品类管理工作量做评估，评估的依据可能包括SKU数量、促销活动的密度、商品季节性调整的力度、供应商数量、竞争对手的攻击强度、新品引进频率、自有品牌占比等。评估工作量的目的是确定需要参与品类管理的人数。品类管理有大量全新的工作内容，需要有足够的人手和充足的支持力量才能确保工作按时保质保量完成。

选择最适合的组织结构

用旧有的组织分工结构完成品类管理的工作会产生很多障碍，品类管理的组织结构需要以品类经营计划为中心，辅以将采购和销售工作一体化的支持部门。

从现有组织结构向已选择的组织结构过渡

基于一线管理者这个根本的内在因素，品类管理基本的组织设计原则是明确把品类的业绩和表现归责于品类经理。一般零售企业可能有两种选择：其一是创建一体化的品类管理团队，其二是将采购或物流部门与品类管理团队分离，但相互协作。一体化的组织方式是指把负责采购、商品构成、定价、促销、货架陈列与商品供应等业务的人员集中在一个团队小组，另有担任支持类岗位的人员提供门店陈列和物流等方面的支持，这是落实品类经营计划所需要的。典型的组织结构如图 6-3 所示：

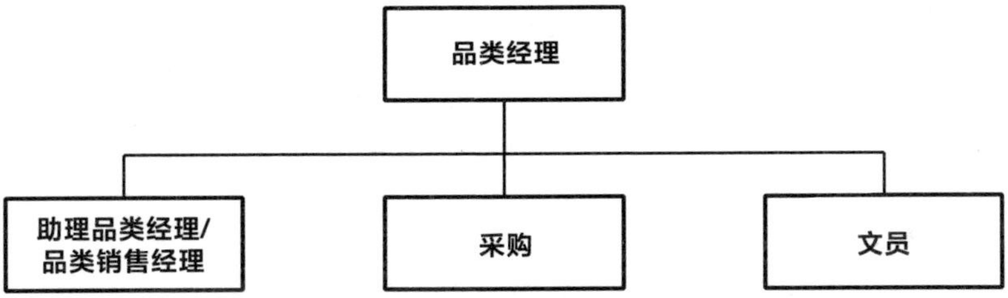

图 6-3　品类管理典型的组织结构

在一些零售企业中，负责续订职责的人员不属于品类管理团队。在这样的组织结构中，需要保证续订与品类管理的分工是独立的，交叉会导致工作效率的降低。支持部门的作用在于减轻品类经理的工作负担。这些部门提供的主要支持包括品类分析、制定定价和货架空间分配方案，在门店层面协调落实品类经营计划和商品供应需求。

岗位职责

品类经理的主要职责包括：

- 制订所负责品类的品类经营计划；

- 保证这些具体的经营计划与公司的整体目标和战略相符；
- 通过在门店层面落实品类经营计划，从而实现品类的经营目标。

这些职责涉及以下三个方面的工作：营销、商品供应及与供应商的关系。

- **营销：** 以消费者为中心制定营销策略和战术，战术具体包括品类的商品构成战术（如种类规格、选择标准与方法、品质标准等）、定价战术、促销战术和陈列与展示战术。

- **商品供应：** 落实以系统和成本为导向的策略和战术，以最优的成本效益落实需求侧的品类策略，包括采购、物流、存储和支付。在供给侧的工作重点包括对持续补货、越库配送、门店直送与电子数据交换标准的评估与协调。

- **与供应商的关系：** 认同零售商与供应商之间相互依赖的关系，以及为实现卓越的消费者价值需要携手合作的责任与分工。

业务技能

品类管理方法显著提高了对品类经理的要求。合格的品类经理需要经过严格的培训和扎实的实际工作训练来掌握业务。品类经理有以下七个最需要掌握的业务技能。

- **制订品类经营计划的技能：** 品类经理应能够从战略的角度制订品类经营计划。品类经营计划应从公司总体战略目标出发，对满足目标顾客的需求、与竞争对手相比的优势和劣势有清晰的认识。

- **消费者 / 零售营销技能：** 品类经理应能够理解和应用营销原则，制订能够满足顾客需要的品类经营计划。要对品类的消费者和竞争趋势有清晰的认识，对细分市场有深入的了解，掌握通过营销策略指导商品构成、定价、促销以及陈列与展示等战术的实施，从而实现经营目标的技巧。

- **财务管理技能：**品类经理应能够读懂基本的财务报表和主要财务指标，理解资产管理的概念并计算企业经营中的各种资产及其回报率，对供应链的成本构成有一定了解。
- **商品展示 / 销售技能：**品类经理应能够理解门店销售的重要性，有能力把采购职能和销售活动做有效关联，包括清楚门店的哪些活动会强化或分散顾客的注意力，拥有在门店创造顾客兴奋点以提升销售量的能力。了解门店商品销售方式的变化对销售的影响，并能对具体的变化做量化评估。
- **信息管理与分析技能：**品类经理应拥有在制订品类经营计划的过程中搜集与分析所需的数据的能力，能够通过对数据的快速分析准确找到解决问题的机会。
- **商品供应（物流）技能：**品类经理应具备正确评估关键竞争要素对物流所产生的影响的能力，熟悉产品和服务的质量、运输成本和价格之间的关系。掌握这类知识和技能的品类经理在制订品类经营计划时能考虑得更加周全，能把供给侧的活动一并考虑在内。
- **处理内外关系的技能：**品类经理需要处理外部合作以及内部跨部门协同的工作，能使所有参与工作的各方认识并坚持提升消费者价值的共同目标，改变从前单纯的买卖关系。

绩效考核指标体系和激励方案

由于实施品类管理，员工的职责会发生变化，因此绩效考核指标体系与激励方案需要随之而变。新的绩效考核指标体系涵盖了库存周转、利润、物流成本、资产周转率等指标。在考核量化指标的基础上，对品类经理的考核还包括其在公司内部协调跨职能部门工作，以及与外部供应商合作的效果。

团队能力是品类管理成败的关键所在。实现品类管理需要全面、务实、完整的人员能力提升计划，包括全面、具体的培训方案，这是成功实施品类管理的重要保障。无数的实践经验都证明，以下工作不可或缺。

- 对现有人员的品类管理技能掌握情况做完整的客观评估。
- 制订针对个人和企业组织的培训计划。
- 制定清晰的岗位职责标准和绩效指标。
- 为品类管理的工作人员制定专业、明确的职业发展路线。
- 保证品类管理的组织设计是按照消费者需求分组的，确保相关工作人员充分发挥专业技术，以满足消费者需求。
- 确保品类管理团队的组织结构和人员配置是在充分考虑工作量的实际情况后搭建的。

错误做法

零售企业推行品类管理应着眼于提升管理团队的整体经营能力，企业管理者不仅要投入时间和精力，还要具备一定的经营智慧，急于求成或者固守旧有的习惯往往是行不通的。以下是比较常见的一些错误做法。

成立品类管理部

在接触品类管理方法的初期，有相当多的零售企业误认为品类管理的主要目标就是压缩商品品项的数量。因为门店总是抱怨采购部安排的商品超出了货架空间的容量，所以企业领导者倾向于认为采购经理不能客观、有效地完成压缩商品品项的任务。基于此，许多零售企业会成立一个独立于采购部门的品类管理部，负责分析商品，制定一份限制性的商品采购清单，要求采购部门不得超出清单范围采购商品。

这种做法的弊端在于，负责谈判的业务经理失去了与供应商讨价还价的余地，难以取得好的采购条件。

供应商希望自己的商品在门店能获得好的销售机会，为了换取好的陈列位置、有利的零售价格、积极的促销配合等，他们愿意用各种有吸引力的条件与零售企业进行利益交换，包括进货价格这样的直接条件，以及促销支持、物流服务、新品铺货量、实物补差、赠品等丰富多样的间接条件。在双方交流的过程中，零售企业的采购经理或品类经理要能够提供不同的方案换取最有利的条件组合。

然而，品类管理部的决定常常局限在是否选择某个商品上，而非全面考量影响顾客体验和实际经营结果的价格、陈列位置以及具体的促销活动等要素，但品类管理工作恰恰要求对后者做出整体行动规划。显而易见，这是品类管理部是做不到的。

设立新品管理委员会

有些企业从提高新品的可靠性出发设立新品管理委员会，由公司高层领导者和部分门店的业务骨干组成。采购经理发现优质的新品，要向委员会提报，由委员们集体讨论后进行表决。

一个新品能否取得成功取决于很多条件，包括供应商的研发水平、制造工艺和市场营销能力，零售企业判断其前景时需要一定的专业知识，需要平衡供应商给的条件，还要有一定的运气。从专业的品类管理方法来说，消费者决策树是做新品机会分析的有效工具之一，此外还须搭配一定的市场调研和分析。

但新品管理委员会的委员们常常缺乏相关的专业知识和能力，他们的意见很可能是基于个人的喜好给出的。况且，委员们的年龄、性别、收入水平和生活方式若与目标顾客有很大的差距，以他们的个人意见作为商品取舍的依据，不符合“以顾客为中心”的品类管理的要求。

增加分类级别

在学习品类管理的过程中，很多零售企业都从消费者决策树得到启发，认识到详细拆解影响消费者购物决策的因素，能够帮助其更好地发现顾客需要。有些企业受困于现有商品结构图中的层次太少，无法做深入分析，因而希望通过增加分类级别，比如从 5 级分类变为 7 级分类，并基于更细致的商品结构图形成消费者决策树，从而简化品类管理的过程。但这种做法忽视了不同品类的消费者决策树存在巨大差别这一现实。

首先，在众多品类中，影响消费者购物决策的因素差别很大，难以统一做到商品结构图中。比如“产地”对农副产品有显著的影响，对工业制成品的影响却不大；“原料”对休闲零食的影响很大，但对饮料的影响却无足轻重；“香型”对个人护理用品的影响很大，对食品的影响却微乎其微。

其次，商品结构图的层次不仅对品类管理有意义，还对物流、财务核算等有影响。在一个结构图中解决如此复杂的多重问题是不现实的。

最后，在做品类经营计划的时候，需要对一个品类的商品构成做多维度的分析，需要在统一的结构图之外，从多种可能的角度灵活地排列组合商品，这需要专门的系统性工具来完成。

保障要素三：信息技术，提升决策与沟通的效率

信息技术在管理中的应用分为三种类型：事务处理、自动控制和决策支持。在品类管理工作中，信息技术主要起到的是决策支持作用。

品类管理的工作方法为信息技术的应用提供丰富的机会。既能够充分利用现有资源，也对未来的发展提供指导。上游供应商已在信息技术方面取得发展并普及标准化的解决方案，这要求零售企业在设计系统时必须充分兼顾行业相关的通用规则和数据标准，保障与供应商沟通交流和信息交换的顺利高效。

零售企业的信息技术包括企业在系统算力和数据通信等基础条件，以及数据架构和应用软件等方面的开发，为品类管理业务流程所需要的分析和决策提供支持。

从事品类管理的企业管理者必须通过专业的培训和实操训练，掌握一定的数据分析能力，才能让信息技术发挥出有效的作用。管理团队拥有的内在数据分析能力是基础，信息技术是工具。

数据分析能力

零售企业能得到的数据不计其数，如果利用得当，可以有效支持经营决策，影响战略构建，改善组织绩效。数据分析的过程，就是从数据中寻找答案，判断趋势，发现规律。

数据分析方法有四种基本类型，在实际工作中，这些方法有时可以单独使用，有时则需要两种或两种以上组合使用。

描述性分析（descriptive analytics）

描述性分析是最简单的分析类型，也是应用其他分析类型的基础，具体做法是从原始数据中找到趋势和规律，并简单地描述过去已经发生的或目前正在发生的事情。描述性分析用于回答“发生了什么”，图形化的表述方式能让描述性分析更生动易懂。

在品类管理中，描述性分析的简单应用案例是：在销售额没有明显变化的时候，描述性分析能够指出零售门店客单价的上升跟客流量的下降在同时发生，从表面的风平浪静中揭示暗藏的深层危机。

诊断性分析（diagnostic analytics）

诊断性分析是在描述性分析的基础上，进一步回答事情发生的“原因是什么”，目的是找到问题的症结所在。

比如上面提到的客流量下降的问题，诊断性分析需要进一步找出流失的顾客有多少，流失的原因是什么，降低购物频率的顾客有多少，频率的变化幅度有多大，购物频率降低的原因是什么等问题的答案。

预测性分析（predictive analytics）

预测性分析是根据总结出的规律和发展趋势，对即将发生的事件做出预判，回答“将发生什么”的问题。预测性分析的结果是制订和调整工作计划的主要依据。

比如，经过诊断性分析发现，顾客流失的原因是附近新开了一家社区生鲜超市，那么在新的社区生鲜超市开业前，利用预测性分析就能预判其对客流量的影响幅度。

指导性分析（prescriptive analytics）

指导性分析是回答“我们该做什么”的问题。指导性分析是把所有因素考虑周全后提出一个行动方案，该方案要对经营决策有突出的价值，其结论是确定品类策略和品类战术的重要基础。

比如，经过前面的分析后得出结论，附近的社区生鲜超市吸引顾客的主要原因是鲜猪肉的优惠价格，那么零售门店应尝试用多种方式加强鲜猪肉的促销力度，并对实际效果进行对比，观察哪些促销方式效果最好，确定正式应对方案并做出进一步规划。

对从事品类管理的企业管理者而言，恰当分析经营数据，并将结论用于指导经营实践，是一种特别重要的能力。品类管理为商品经营过程中的数据分析提供了完整一致的逻辑和一系列实用的方法，零售企业需要结合自身实际状况，在品类经营计划的制订和实施过程中不断地尝试、修正和总结，形成具有自己企业特点的核心竞争力。

品类管理的信息系统

品类管理的信息系统有三大模块。

第一个模块用于制订品类经营计划。这种系统的分析功能重在品类界定的灵活性，为品类角色提供建议，对品类绩效做评估，选择品类策略组合，制定品类战术，并在实施品类经营计划的过程中实时跟踪监控。

第二个模块是基于多维服务器的品类管理系统，或称为“在线分析处理服务器”。这种系统的作用是汇总所有用于制订品类经营计划的各种内部数据和外部数据。

第三个模块是从品项和门店层面集合了各种细节数字的数据仓库，为品类经营计划的实施和监控提供支持，并与商品的供应和营销等应用系统做集成。

提供这些功能的信息系统应分三个阶段实施。

阶段一：先用客户端软件和分析模板制订品类经营计划，一次只做一个计划方案。相应的模板可以用客户端软件和数据库实现。这种手动方法在开始推行品类管理的时候是必须的，团队成员需要通过手动工作认识工作流程每一步的意义，但由于工作量巨大而不适合长久使用。

阶段二：基于多维服务器的品类管理系统。一般而言，这样的系统可以利用综合数据供应商产品的实施。不过，这类系统的局限在于其提供的数据仅限于综合性的结论，而且只针对市场、客户和每周数据的层面，缺乏适用于根据消费者需要所做的品类界定的灵活性。

阶段三：集成的品类管理系统，能够把所有的数据汇集到一起，在设计上必须能够准确地反映企业真实的业务流程。所需数据有以下三方面来源。

- 门店的 POS 数据，关于价格、占比和销售，有企业内部与外部市场数据，可做对比分析；
- 顾客调研数据，包括消费特征和购物习惯；
- 零售企业的成本和存货周转数据。

这些数据需要尽可能详细，数据要按天、品项、门店来统计，有时甚至需要按一天之内的不同时间段进行统计。这样的系统是企业内部用来监控品类经营计划的实施过程，并与商品构成、定价、促销、陈列和物流等应用软件以及品类经营计划软件有所连接。

品类管理的成功实施需要多方面的努力，但应用信息技术可能是难度最大的。一方面，信息技术的发展很快，本身又存在一定的不确定性；另一方面，零售企业因为过往的经历，面临缺乏对信息技术的充分认识、信息技术领域专业人才数量不足等困难。

以品类经营计划的分析、计划和实施为骨架的品类管理，是一个依靠信息和数据驱动的经营过程，该过程非常需要发挥信息技术的巨大潜力。

经验与教训

零售企业的进步得益于信息技术的迭代升级，但企业管理者因判断失误和期待过高导致的问题常常大于认识不足带来的落后。过去 30 多年里，世界各地的零售企业在推行品类管理信息系统的过程中获得的经验教训值得借鉴。

第一，品类管理是一套思考和行动的逻辑，运用该方法需要企业的经营团队在实践中掌握并养成处理问题的习惯。经营团队在熟练掌握基本方法之前，期待能用一套品类管理信息系统推动品类管理实施是不现实的。这就像在学习骑马时认为让马拖着跑一段路就能学会骑马一样，既不现实，又极其危险。

第二，形成高质量的品类管理信息系统需要时间，数据的质量和系统的整合永远都是一个大问题。所以，必须用分步实施的方法控制风险，并始终聚焦于数据。

第三，必须用业务流程带动技术实施，这是避免返工的法宝。在尚未完全厘清品类经营计划的过程，清楚数据的来源、准确性和解读方法，适应和熟练应用技术之前，让未来的使用者对系统提需求是极不现实的。只要让业务流程先行，所有这些问题都能迎刃而解。但要注意不要让信息系统的实施落后业务流程的推广太久。

第四，品类管理应着眼于提升整个供应链的效率。在品类管理的基础上，就有机会对提升供应链效率下功夫。兼顾与主流供应商的系统对话的可能性是明智的。

第五，更多地使用可以修正和改进的成品，比完全定制化开发系统的风险低很多。

第六，一把手的支持显然是关键。这不仅因为信息系统的升级需要巨大的投资，更是因为这种投资跟经营方式的变革密切相关。

第七，虽然品类管理方法和品类管理信息系统有适用于所有企业的共同原则和标准，但每一个企业都有自己的特殊情况，所以针对本企业实际情况实施特定的项目计划、运用特殊的管理技巧比使用信息系统本身更重要。

常见问题

在信息技术的应用方面，中国零售行业走过的路与美、欧零售企业有很大的不同，其中有些特殊之处需要用特定方法去应对。

我们在第 1 章讨论过国际上通用的基于库存管理系统衍生出来的 ERP 系统跟国内零售行业基于“进销存管理系统”发展起来的同样被称为 ERP 系统之间的差别。这种差别导致的一个突出问题是与其他国际上通用系统接入时的难度大，比如自动补货系统。

自动补货系统的基本原理，是基于对历史销售数据的分析，判断未来数天可能的销售数据，对比门店和物流中心现有的库存数量、在途商品数量，决定向供应商发出相应数量的补货订单。

在门店端，因为被盗、损坏等各种原因，常常会发生货架上能卖的商品数量跟计算机系统中所记录的数据不一致的情况。可靠的自动补货系统都会预设一个数据修正机制，用人工检查得到的门店商品数量替代系统自动记录的数量，如此，向供应商发出的订单才是有真实意义的。

在欧美企业所用的 ERP 系统中，这种日常的修正系统库存数量的动作都不需要改变会计的库存账，而是另外记录下来，年终统一调整库存账。但在中国的进销存管理系统中，每一次更改库存数量都要调整库存账，导致相关工作特别烦琐且难以保证质量。

保障要素四：协作关系，创造独特的竞争优势

品类管理给零售商和供应商之间的合作关系带来巨大的改变。以前，双方的合作主要集中在零售商的采购经理和供应商的销售经理就交易条件所做的讨价还价，品类管理把这种关系升级为需要双方多个对应的职能部门进行直接沟通的协作关系。比如，对消费者需求和购物行为的分析与判断，需要零售企业的营销部门与供应商的市场部门共同参与和沟通；提高零售门店和物流中心的订单服务率，需要双方的信息技术部门和物流部门直接对话。

品类管理的起点是对顾客需要的深度认知。有供应商支持的消费者分析和市场分析会更完整、更客观；供应商认可的品类角色、品类策略和品类战术将更容易落实；双方达成一致的业绩目标及其指标才更具可行性。

买卖双方的协作式关系指的是，以通过为顾客创造卓越价值实现效益的提升为共同目标，零售企业和供应商充分发挥各自的独特资源优势和专业特长所形成的协同效应。协作关系能够创造新的机会，把整个品类管理系统的最优成本效益和卓越的消费者需求管理相结合，形成独特而持久的竞争优势。在所有涉及零售商与供应商合作的领域，品类管理的影响最为深远，这要求双方着眼于长远的未来战略规划。

双方最高领导者的亲自接触和相互支持，有助于项目的顺利进行，从而让合作双方共同受益。品类管理需要从上至下的承诺与支持，双方团队之间建立起相互信任的关系，充分利用彼此独特的专业技术优势，才能在为顾客提供更大价值的同时实现共赢。零售企业在与其供应商建立协作关系，创造彼此尊重和相互信赖的工作氛围的过程中，有五项基本原则。

- **迎接改变，传播理念：**品类管理将从根本上改变零售企业的工作方法，让供应商及时、充分、正确地知晓将要发生的变化，这对赢得优秀供应商的积极支持是非常必要的。供应商需要时间和充分的实践来验证这种改变，最后接受并给予支持。大多数国际品牌供应商和一部分国内品牌供应商对品类管理的概念和方法了解比较充分，

拥有在欧美市场获得的丰富的品类管理经验。在与这些企业合作时，零售企业需要快速提升自己的品类管理能力，争取在尽可能短的时间内能够在业务上与他们高效、平等的对话。与不熟悉品类管理的供应商合作时，零售企业需要发挥领导力，带领、引导他们认识品类管理的原则和方法，了解零售企业选择、销售商品的基本逻辑，提高合作效率。

- **跨职能沟通：** 品类管理以“卖对商品”为阶段性任务，并为提升从工厂到门店货架的整个供应链的效率打下基础。从制订品类经营计划开始，零售商与供应商的合作过程中就会涉及跨部门的沟通。为了促成和鼓励双方对应的职能部门间能有效沟通，需要制定相应的工作规则。

- **成功需要协作：** 品类管理需要零售商和供应商充分发挥各自的专业优势，彼此互补，仅靠任何一方的能力不足以完美发挥品类管理的最佳效果。零售企业的优势在于了解消费者在门店的购物行为，供应商的优势是了解消费者使用商品的消费行为。只有双方协作，才能为消费者创造更大价值。

- **信息共享是基础：** 零售企业与供应商从不同角度掌握的重要信息包括：顾客需要、消费者购物行为、竞争环境、有创新意义的营销手段和方法、降低成本和提高效率的基本方法。如果零售企业与供应商能够相互信任，在保证商业机密不被侵犯的前提下，以开放的姿态分享这些信息，就能大大提升品类管理工作的效率。

- **领导力是关键：** 任何成功的改变都需要领导力。协作关系的建立，一方面需要零售企业和供应商的高层管理者的推动，授权给相应职能部门的团队成员。另一方面，项目负责人应以发挥合力效应为目的，充分发挥各自优势，在系统、数据分析和专业知识技能上探索合作的方向和途径，从而实现零售企业、供应商和消费者的“三赢”。

典型错误

品类管理在欧美零售市场推行的 30 多年中，零售和消费品制造两个行业的竞争格局发生了显著变化。优秀的零售企业和供应商都是品类管理最坚定的信仰者和实践者，他们之间的积极合作能提升整个供应链的效率，在各自的领域内把那些反应迟钝的竞争对手远远地甩在后面，最终淘汰出局。但他们在推行过程中也犯过一些典型的错误，值得国内零售企业引以为戒。

由供应商主导

20 世纪 90 年代初，美国一部分优秀的消费品品牌供应商对品类管理的反应非常迅速，成为品类管理最积极的推动者。品类管理的基本逻辑让消费品供应商对消费者在零售门店的购物行为有了更深层的认识，他们从品类管理的原则和方法中看到巨大的潜力和机会。在提升自己企业的品类管理能力的同时，他们努力把这一有效方法推广给自己的零售企业客户。

那时盛行的一种方法是，供应商的品类管理团队到零售企业带领其新组建的团队制订品类经营计划，供应商团队的负责人被称为“品类舰长”（category captain）。这种做法对品类管理的推广起到一定的推动作用。但同时也有一部分零售企业由于人力资源不足或者认识不足，把品类管理中的商品选择、门店空间分配等工作完全交给外来的品类舰长。这种做法既没有使自己团队的能力得到应有的提升，也没有使自身效益得到显著改善，从而失去了学习和掌握品类管理方法的机会。零售企业与供应商合作时，如果自己团队和供应商团队在专业知识和实操能力方面的差距太大，双方就无法平等地对话与沟通，也就不可能真正获得合作的好处，使效益得到提升。

关于供应商主导的品类管理项目，有一个流行却有误导性的说法叫“货架公平原则”。有人把它解释为“越畅销的品牌应该占据越好的位置，销量越大的产品应该占据越大的空间”，这显然不符合品类管理的基本原则，而是对品类管理的陈列与展示战术的严重曲解。品类管理的空间分配是根据品类角色、品类策略等逐步推导出来的结果，是让顾客满意的同时实现效益最大化的方法。但这种由供应商主导的品类管理是无法实现差异化的，同一个供应商给所有的零售客户制订的品类经营计划很可能是一样的，不能充分体现零售企业的个性化特点和差异化的战略需求。

品类管理倡导零售企业与供应商建立积极的协作关系，但归根结底，品类管理是零售企业需要切实掌握的经营方式，要根据自己的经营原则创造出比竞争对手更有吸引力的零售门店。

通道费

零售行业对通道费存在一个普遍的误解，认为品类管理不支持零售企业向供应商收取通道费。这是完全错误的。必须了解的是，通道费不是零售企业发明的，它是消费品供应商在行业发展的某个阶段，为了比竞争对手更好地获得在零售门店的展示机会而主动提出的。后来，通道费逐渐演变成了零售企业弥补经营利润不足的主要手段，并发展成零售企业跟供应商交易的一个必要条件，甚至在筛选供应商或者商品时，有些零售企业会把通道费作为一个重要标准。

品类管理倡导不能将通道费作为选择供应商或商品的独立条件，更不能将其视为主要依据，但并没有要求零售企业不能收取通道费。影响零售企业最终毛利的各种条件，在供应商内部常归属不同部门管理。比如，通道费可能由市场营销部门负责，有单独的核算方式和特定的标准，而商品的供货价格和损耗的实物补偿由销售部门把握。零售企业希望以完全不收通道费的条件换取供应商绝对低的供货价格的想法，在实际操作过程中存在许多困难。

品类管理要求零售企业理性对待通道费，把通道费和前台的价差、毛利等因素考虑在内计算综合毛利，并将综合毛利当作决定商品取舍与评估供应商的一项指标，而不是单独把通道费拿出来作为一个标准。在与供应商的销售经理或客户代表沟通时，应以综合毛利为总体目标，并将其分解为前台毛利、通道费和实物补偿三部分来计算，具体公式如下：

$$前台毛利 = 毛利率 \times 销售额$$

$$综合毛利贡献 = 前台毛利 + 通道费 + 实物补偿$$

第三部分

品类管理创造的新机会

Category
Management

Category Management

第7章 供应商的角色

零售经营的最高境界，是打造一个健康的生态，上游是积极合作的供应商，下游是店内流连忘返的顾客。

导语

史料记载，美国人雷·克洛克（Ray Kroc）是在1954年的某一天发现麦当劳的秘密的，那一年他已经52岁了，经营着奶昔搅拌器生意。在那时的美国，一家餐厅一般有一台奶昔搅拌器就足够了。忽然有一天，他接到一个客户的订货电话，说要8台机器，这实在令他大喜过望。克洛克琢磨，这家餐厅的生意一定非常好。他抑制不住好奇心，决定亲自去看个究竟。

订了8台奶昔搅拌器的是一家快餐厅，生意的确很红火。餐厅只卖三样东西：汉堡包，炸薯条，还有奶昔。老板是麦克·麦克唐纳（Mac McDonald）和迪克·麦克唐纳（Dick McDonald）两兄弟。克洛克把餐厅里里外外看了个遍，不禁心潮起伏，自语道："我这辈子的转折点终于来了，我知道怎么发财了！"他找到麦克唐纳兄弟俩，提议："咱们合伙搞个连锁经营怎么样？您二位教给我开这种餐厅的技术，我来复制技术开设新餐厅，每复制一个，我交给你们一个百分比的营业额，复制出的餐厅名字就用您二位的姓，叫麦克唐纳氏餐厅（McDonald's）。"兄弟二人听后，想想没觉得有什么不妥，就答应了。于是，克洛克不断地复制麦克唐纳氏餐厅。当他开设到中国香港时，香港人民给它取了个中文名字："麦当劳"。

很多涉及麦当劳历史的书上，或多或少都记载着上述故事，但故事的另一半却鲜为人知。

据说，当时有一位非常聪明的荷兰商人，与雷·克洛克几乎同时发现了这一秘密。他同样激动不已地说："我这辈子的转折点终于来了！"他也说服了麦克唐纳兄弟教给他开这种餐厅的秘诀。不同的是，这位荷兰商人要比克洛克"聪明"一些。

餐厅经营了一段时间以后，这位荷兰商人发现制作汉堡包所需牛肉饼量很大，而他一直从一个专做牛肉饼的商人那里买成品牛肉饼。经过调查，他发现牛肉饼的毛利率比较可观，于是他想："如果我买牛肉自己加工肉饼，餐厅的整体毛利就会提高。"说干就干，他尝试直接采购牛肉，自己加工牛肉饼。果然，他的毛利率提高了10%。

又过了一段时间，荷兰商人发现批发牛肉的毛利也不小。于是，他又尝试买整头牛，然后分割加工，如此一来，他餐厅的毛利率又提高了10%。这位聪明人经常利用发现的类似机会，不断提高经营效益。

时间一晃到了20世纪90年代，人们惊奇地发现，麦当劳餐厅在全球范围创造了神话般的成就。用连锁经营的方式，克洛克先生复制了近两万家餐厅。他自己由此成了亿万富翁，登上福布斯全球富豪榜。全世界的生意人都在研究学习他了不起的连锁加盟快餐事业，称他为"麦当劳之父"。

但有位荷兰的历史教授很不服气，他坚信有位荷兰商人跟雷·克洛克同时开始复制麦当劳，他理应与雷·克洛克分享这份荣耀，可奇怪的是，他不知道自己的那位同胞到哪里去了。于是，这位历史教授发挥他的专业特长，查户籍、翻档案，利用各种蛛丝马迹，终于找到当年那位聪明人的踪迹。当历史教授亲自前往拜访时发现，这位老兄在乡下自家的牧场兢兢业业地饲养着200头牛，并计划着引进饲料加工设备。

这是一个流传颇广的故事，并曾以"刊首语"的形式出现在《读者文摘》杂志上。其实，这个故事是我1999年在超市发工作时杜撰的，目的是说服同事们聚焦于品类管理，不要被农产品加工的高利润分散注意力，后来又作为"管理寓言"系列文章中的一篇发表在《连锁》杂志上。

零售企业的价值，在于通过实体门店或者线上网店的形式向顾客提供经过筛选并组合起来的商品。零售企业的优势是可以基于对顾客需要的认识，以及对消费者购物行为的解析，在线下或者线上店铺向顾客提供有吸引力的商品，让顾客愿意到店购物。

评估并选择优质的供应商，与供应商展开高效合作，是零售企业必须具备的核心能力之一。但一些试图取代工厂或者种植者的零售商，直接到工厂和田间地头采购，把“没有中间商赚差价”当作获取更高利润的唯一途径，这反而是舍本逐末的错误行为。

这一章通过揭示供应商对品类管理的推动价值，帮助零售企业认识到供应商既有推动品类管理的能力也有参与品类管理的意愿，进而探讨如何发挥供应商的积极作用，为通过品类管理实现三赢创造机会。

带着下列问题阅读，可以更好地理解相关内容：

- 供应商对品类管理有什么价值？
- 品类管理对供应商有什么影响？
- 零售商应该如何评估与选择供应商？
- 零供合作需要什么技术基础？
- 零售的专业服务商有哪些？
- 什么是渠道营销？

消费品创新的主要力量一直都是优秀的产品制造商和品牌经营商。零售企业的专业能力体现在：为目标顾客选对商品，确定合适的价格，在恰当的时间和地点用正确的方式向顾客呈现商品。与供应商有效合作，是零售企业最重要的核心能力之一。

供应商对品类管理的价值

没实施品类管理之前，零售企业与供应商之间的关系基本局限于简单的商品买卖；通过推行品类管理，双方就有了在“以顾客为中心”的基础上开展广泛合作的机会。

买到的不仅是商品

除了有形的商品，零售企业还能从供应商那里得到关于商品及该品类的消费者洞察报告和市场趋势调研信息、专业的营销传播方案和媒体广告支持、良好的售后服务，以及积极的物流支持。

物流支持的目标是在保证门店有货率的标准和相应的成本之间取得平衡（见图 7-1）。

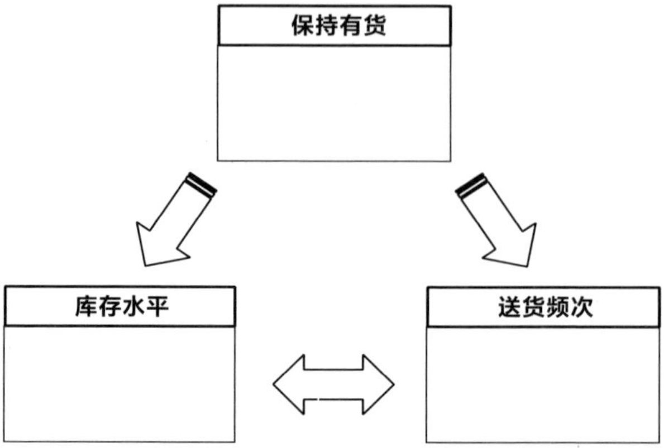

图 7-1　在门店有货率的标准和成本之间的平衡

缺货是超市经营中的正常现象。缺货会导致销售机会流失，顾客满意度降低，乃至失去顾客。减少缺货率有两种办法，每一种都有相应的代价。

- **加大安全库存量：**这样做会降低库存周转速度，代价是占压流动资金，占用仓库或门店空间。比如，把调味品的安全库存天数从 3 天提高到 7 天，当门店库存低于 7 天销售的时候就会提醒订货。如此一来，在缺货率降低的同时，调味品的库存周转多了 2 天。

- **提高订货频次：**这样加大了订单处理的复杂程度，代价是增加送货的运输成本。比如，把调味品的送货频次从一周 2 次调整为一周 5 次，缺货的情况减少，但送货更频繁，运输成本会相应增加。

从批发市场采购商品的主要问题之一是难以保证在库存有效周转基础上的商品有货率。所以，零售企业需要与供应商一起探索最有效的方式，在顾客满意度和成本代价之间找到平衡点，合理分配各自的责任。交货地点、最小起订量和订货单位，以及订单日期和送货延迟时间、收货时间的准确度等因素，都是需要计算、分析才能得出最佳答案的。

除了物流服务，供应商可以给零售商提供的专业性服务内容还包括：新品推广、广告和促销活动的支持，供货不稳定时的优先保障，市场价格波动时的稳定性保障，退换货的标准、产品质量保证、瑕疵的认定、顾客售后服务、投诉责任与处理，等等。

优秀的消费品企业始终重视对消费者的调研与分析，以及市场动态和品类发展趋势等即时性信息。这些信息和知识是零售企业“卖对商品”的重要线索和可靠依据，应当及时地去获取。

零售企业可以为供应商提供的有利条件

能够作为零售企业的合作条件与供应商交换的条件包括：对门店营销计划的落实与支持，及时可靠的货款结算，在门店捕捉、收集到的关于消费者需求及其购物行为的深度认知，也就是消费者洞察。

落实门店营销计划

商品在门店的陈列位置、陈列方式，商品定价，相关促销活动的落实和及时总结，都是供应商特别关心的事项。在没有实施品类管理的零售企业中，一方面，采购经理很难就这些事项向供应商做出保证；另一方面，供应商的销售代表也需要来到门店，向店里的管理人员询问详情，同步信息，这样大大浪费人力和物力。而在实施了品类管理的企业中，这些具体工作是经过严格分析和推敲的，并被确定为品类经营计划的具体战略，在计划实施中落实了具体安排，有明确的负责人、完成标准和完成时间。如此，供应商关心的事项能够得到更有效的落实，而这又可以换来供应商更大的支持。

商品再好也不可能仅靠把商品摆到货架上就有很高的销量，还需要在销售的过程中主动贴近顾客。比如，新品的陈列、有吸引力的定价、广告宣传、试吃试用活动等，往往需要经过供应商无数次的调研和调整才能得出最佳方案。合格的品类经理需要跟供应商一起努力，为商品创造最佳的表现机会。

及时可靠的货款结算

根据应收货款得出现金流的可靠预期，对供应商而言特别重要，也是企业存续的生命线。对于超市里的大量商品，门店可以根据其过往历史对未来销售做出比较准确的预估，给出一个明确的结算日期，为供应商解除后顾之忧。而按时结算货款，则是获得供应商信任的最重要的基础。如果不能保证这一点，双方的合作会从根本上动摇。

推行品类管理的零售企业，应该再向前一步，那就是加强库存管理水平，在能够有效控制的范围内，把一部分代销业务转为有明确结算日期的经销业务，并进一步优化财务管理体系，把“月结＋账期天数”，改为“日结＋账期天数”。这样一来，在为供应商解决大问题的同时，也能获得更多支持。

门店的顾客洞察

零售的经营者有机会近距离观察顾客在门店的购物行为，记录并分析顾客对商品的比较和选择，以及对陈列和各种促销活动的反应。结合 POS 数据分析得出的关于消费者需求及其购物行为的结论，对改善门店的日常经营和优化供应商的营销方案都有巨大的价值。在门店端获得高质量的顾客洞察是零售企业最重要的优势之一，可以换来供应商更积极的配合。

优秀的零售企业都很重视顾客调研，经常通过问卷调查、一对一重点访谈，或者顾客圆桌会议等形式了解顾客意见，以便后续经营工作的提升和改进。

常见错误

在零售企业的经营实践中，有些错误的做法一直流行，下面举几个典型例子。

促销员现场促销

自选是超市经营方式的最基本特征，顾客自选带来的高效率和低成本是超市竞争优势的最大根源。供应商安排促销员在现场向顾客推销商品的最主要动机，是想先入为主推销自己的商品，从竞争对手那里抢生意。

但是，超市里顾客购买商品的原因是“有需求”，每一种需求都对应一个具体的品类。零售企业根据自己的目标顾客和营销目标，按照品类角色做出相应的品类策略组合，包括吸引客流、保护地盘、增加交易、创造兴奋和提高利润，等等，在一个品类里面为顾客提供多款商品，满足顾客需要的同时，也会影响并引导顾客的最终选择。而促销员的主动推销会干扰甚至破坏这种精心设计的策略，导致品类角色无法实现。

源头采购与现金采购

零售行业流传最广的错误之一就是认为商品的采购价格是影响利润的最主要的因素。基于这样的认识，很多企业的领导者认为，要有可观的利润，就要“甩掉中间商，到田间地头、到工厂去采购”，甚至用现金采购。然而，**零售企业最重要的专业价值是掌握门店数据，了解顾客在零售门店端的购物行为，并根据这种专业优势优化商品的呈现效果，帮助顾客选到心仪的商品。**

零售企业需要供应商在商品呈现方面给予支持，这些中间商可能在某些领域比零售商更熟悉、更擅长、更专业，比如，农产品的品质控制、与种植的农民打交道、同一个农产品的季节性产地转换、某产品的生产工艺、包装的趋势、某类商品所需要的最有效的物流，等等。零售企业应该做的不是“甩掉中间商”，而是“选择优秀的专业性中间商合作”，甚至引领专业供应商进步，对供应商提出更高的要求。管理供应商的能力，是零售企业最重要的能力之一。

为了获得更高的毛利而用现金采购，是另一种普遍的错误做法。整个社会的消费品流通生态，是经过长期历史发展逐渐形成的。制造商给批发商和代理商一定的账期，批发商和代理商再给零售商一定的账期。上游在给下游账期的时候承担了产品的风险，这是一种自然的生态。不仅制造企业和分销企业生存在这个生态之中，围绕它们的金融服务体系同样身处其中。用现金采购降低进货价格，进而获得更高的毛利，这种做法之所以错误，主要有以下几个原因：

第一，企业在打破正常的经济循环和消费品生态环境的同时，承担了更大的商业风险。供应商愿意用更低的价格以收取现金的方式销售产品，可能是由于生产计划的失误导致商品生产过量，也可能是正常销售无法获得相应的现金流或者金融机构的支持，在这种情况下，供应商降低价格所带来的成本，一定小于由产品即时交付带来的伴随物权转移的产品风险。而这些风险是被热衷于现金采购的零售企业所忽视的，如同被高利贷的利率诱惑的时候忽视了未来收账时的巨大风险般危险。

第二，超市经营的商品大多是基础生活用品，让顾客能够随时买到需要的商品对维持顾客忠诚度非常重要，这也解释了为什么缺货率是一个非常重要的超市管理指标。保证货架上持续有货是现金采购的天生难题，现实中现金采购往往要么导致较高的缺货率，要么出现特别低的库存周转效率。

第三，现金采购打破了正常经营逻辑，供应商的意愿被扭曲，商业欺诈发生的概率增加，商业贿赂也时有发生。

为提高利润率而进行的现金采购中，任何失误都将给零售企业带来超常规的巨大损失。

在某些特殊情况下，可以灵活运用现金采购的方式来解决企业发展的阶段性特殊问题。但这需要公司核心领导层的直接参与，充分规避其中的风险，制定完善的方案，将其作为阶段性的临时举措来处理。

管理供应商

管理供应商的能力，是零售企业最重要的核心能力之一。这种能力是在实践中逐步形成的，品类管理的原则、方法和工具能够帮助零售企业快速提高这种能力。获得供应商的有效支持并不是一件自然而然的事情，需要零售企业提高自身的相应水平，培养有效管理供应商的能力。

零售的领导力

在消费品的制造与分销领域，大型制造商和品牌经营商一直起着领导作用。随着大型零售企业的规模越来越大，经营水平越来越高，尤其是品类管理的技能不断提升，零售企业的影响力逐渐接近、赶上甚至超过制造商和品牌商，这就是力量转移。

这种力量转移为零售企业发挥更大的作用打下了基础，也要求零售企业展现更强的领导力。提高与供应商打交道时的领导力，零售企业需要从内部提升自己，具体包括以下几个方面。

内部要求与培训

在零售企业内部要完善方法与体系，向与供应商接触的管理人员提供足够的相关培训，提高与供应商沟通、对接的能力，提升企业形象，增强企业的影响力。

沟通品类管理

利用品类管理的原则和工具与供应商沟通，讲清楚自己的目标顾客等要点，以及品类角色和品类的经营目标；针对品类策略组合和品类战术，提出明确要求和商品的取舍标准，并说明本企业的供应商合作策略；最后要将最终结论与供应商同步沟通，达成一致。

管理供应商

对供应商的产品、服务和供应能力做评估，分级别采取差异化的政策，并在供应商手册、年度供应商大会及重要的商务会谈中强调这些不同级别的标准，增加供应商发展关系的积极性。

不同的供应商级别，反映的是彼此的信赖程度与合作的紧密程度，能够分享商业信息的等级等。以下这五个级别可供一般企业参考。

- **单纯的买卖关系：**就近就便，除了对指定商品的买卖合同履约，很少互动交流。

- **长期发展型关系：** 双方彼此认同的、比其他供应商优先的关系，相对稳定，分享的产品和市场信息更多。

- **合作伙伴关系：** 合约期更长，源自彼此不断强化的信任，比长期发展型关系分享更丰富的信息和商业目标。

- **战略联盟关系：** 双方建立长期的合作关系，达成一定程度上的排他性的合作内容和具体目标，可能还包括相互的激励条件，双方需要更紧密的配合，或者日常事务的互动。

- **一体整合关系：** 双方存在隶属关系，会有同样的企业文化和全面共享的信息和计划，本质上两者是一体的。

另外，及时淘汰不合格的供应商也是一项非常重要的工作。淘汰的标准要明确清晰，做出公示，并提前做好充分的沟通工作与妥善的计划安排。

发展专业供应商

当零售企业的经营水平有了显著提高，需要把主要的精力集中在门店的营销和营运等专业事务上的时候，就产生了对专业的服务型供应商的需求。

在欧美市场上，有很多为超市企业提供农产品采购服务的专业批发商。他们的专业体现在对生鲜农产品的品质、货源、物流等方面的把控上，有时也被称为包装商或装运商。

农产品种植过程中，有“良好农业规范”（GAP）[①] 标准的检验服务商，负责对指定的土地和种植者进行从选种、育种、灌溉、施肥到收割的完整过程的跟踪和检验，并提供认证。

一些为零售企业寻找上游货源或者自有品牌生产企业的货源采购服务商，有时也会提供中间的物流服务。比如，香港利丰集团曾为沃尔玛等国际零售企业提供的采购服务。

---

① Good Agricultural Practices，是一种方法和体系，通过经济、环境和社会的可持续发展措施来保障食品安全和食品质量。——编者注

与供应商共同进步

推行品类管理，零售企业首先要能够与消费品行业中更优秀的供应商、品牌经营商直接对话；其次，可以引导并带领普通供应商使用品类管理的原则思考问题、制定战略；最后，还能根据客观标准淘汰跟不上步伐的供应商。

品类管理倡导零售企业与供应商携手合作，共同进步，找到发展品类的最有效方法，通过实现消费者价值，实现零售企业，供应商和消费者之间的三赢。

供应商的类型

为了向顾客提供商品和服务，零售企业要与多种类型的供应商合作。能够为品类管理提供支持的供应商包括消费品制造商、批发商、代理商 / 分销商、专业蔬菜水果供应商，以及其他类型的专业服务商。厘清供应商的不同类型，是推行供应商管理的必要前提。

制造商

制造商是消费品供应链的起点，也是消费品营销的主要力量，其价值主要在于产品的研发、生产和营销。制造商中有一部分也是出色的品牌经营商，营销能力出类拔萃。他们关于消费者行为的研究和认识对零售企业的品类管理有着举重若轻的价值。

制造商对供应链效率的影响力，取决于制造商对消费者和零售终端需求的正确感知和及时反应，保证其提供的产品不会在向消费者传递的中间环节产生阻滞甚至逆向流动。

制造商除了与大型零售商直接打交道，也需要批发商或专业分销商作为中介与众多零售商间接合作，落实其产品在门店端的营销计划。

批发商

批发商的价值在于连锁超市企业的持续发展。零售行业快速整合，给传统意义上的综合批发商带来严峻挑战：一方面，大型连锁企业提出的采购条件越来越苛刻，通道费居高不下，付款账期越来越长；另一方面，小型客户自身的竞争压力越来越大，利润越来越薄，违约状况时有发生，与此同时，优质的制造企业或品牌经营商提出的要求也越来越高，留存的利润空间与需要承担的风险不成比。

回看欧美市场综合批发商的变化轨迹，提升专业技术水平、聚焦服务对象将成为批发商必然的选择。这要求分销过程中物流技术和物流设施的不断升级，更要求对零售客户相关决策的有效支持。当综合批发商的客户逐渐集中到中、小零售企业时，带领与引导这些分散的客户学习并应用品类管理，更高效地选择并呈现商品，不仅是加强与客户关系的必要手段，也是对这些规模不大、分散独立的小零售商生存空间的保障。

能够应用品类管理方法的综合批发商，是欧美零售市场上的自愿连锁体系的重要组成部分，比如欧洲的 SPAR 和美国的 IGA。

代理商 / 分销商

专注于某一类商品的代理、分销或者批发等业务的专业分销商，其竞争优势在于拥有与该品类相关的所有专业技术，包括经营团队的专门人才或专业设备。品类管理方法在零售行业逐渐普及的同时，也要求专业分销商对品类的专业知识和技能不断强化，能够为零售商客户和上游制造商提供有附加值的中介服务。

蔬菜水果供应商

在欧美市场，零售企业与各类专业生鲜供应商合作，在种植地附近完成分拣、包装和预处理，这样不仅能极大地减少损耗，提高产品品质，同时也便于为种植农户或农业合作社的非标准规格产品找到销路。

在中国市场，专业蔬菜水果批发商尚处于萌芽状态。随着零售企业针对生鲜商品推行品类管理，其发展空间将被拓展开来。

专业服务商

品类管理的推广，让很多新型服务商找到了自己专业能力的用武之地。香港的利丰集团和美国的达曼国际都是这方面的典型案例，他们的核心业务是帮助零售企业客户寻找生产源头，为企业客户提供品质保障和物流支持，从而提升整个供应链效率。

品类管理是专业服务商与零售客户的共同语言。对专业服务商而言，透彻理解客户企业的品类管理实践，围绕着零售客户的目标顾客、品类角色、品类策略等经营要点进行产品的开发，是达成高效合作的必要条件。

30 多年前，品类管理的原则和方法刚被提出来时，宝洁、可口可乐、联合利华等优秀的消费品供应商积极响应，是这一科学管理方法最热情的推动者。他们与零售企业积极互动，巩固自己的行业地位，成为所在品类的领导者，也是紧随其后的行业大调整的最大受益者。

品类管理对供应商的影响

推行品类管理的零售企业，在其商品的选择、陈列、定价和促销等方面主动调整，根据自己的市场定位、目标顾客、市场竞争、品类角色和品类策略等做出决策。这些零售企业的内部决策将会极大地影响产品的销售机会。供应商不仅要让零售客户接受自己的产品，还要尽量影响其决策，使之向对自己有利的方向倾斜。

由零售企业发起的自动补货和由供应商参与的协同补货，都是以零售门店明确的商品规划为前提的。**没有良好的品类管理做基础，自动补货或协同补货都难以发挥效力。**

有了完整的品类经营计划，零售企业自然会重视货架上的商品得购率，提升消费者的满意度，从而增加销量。这样一来，不仅提高了供应链需求端的可靠性，还带动了整个供应链效率的提升，供应商的物流能力和相关的信息管理能力也就有了发挥的空间。

消费品，也被称为包装消费品（consumer packaged goods，CPG），或者快速周转消费品（fast moving consumer goods，FMCG，简称“快销品”），这些商品流通量大，流转速度快，成本低，保质期短。一系列特点造就了零售门店经营中的基本方式：用有限的库存和快速的周转尽量保持商品持续有货。

早期的零售门店规模小，组织分散，对供应商的依赖性强，有时甚至是消费品制造商的“附属品”。数不清的零售门店共同构成消费品营销中的“渠道”环节。那个时候，零售商跟供应商的关系是完全不对等的，供应商的影响力占绝对主导地位。

超市自选经营方式和现代管理方法结合的模式，为门店标准化复制创造了条件，大规模连锁企业和快速成长企业对上游供应商的影响力也逐渐增大。

随着上游的产品过剩和产能过剩现象的出现，超市需要对供应商和产品进行选择，而这种选择结果对供应商的影响是关乎生死存亡的。于是，消费品供应商又衍生出了一种被称为“渠道营销”（trade marketing）的专门性业务。

渠道营销是消费品制造商为了满足供应链上包括分销商、批发商、零售商在内的合作伙伴的需求，展开的专业营销活动。渠道营销的目的是增加商品触达消费者的机会，是对消费品营销工作的补充而不是取代。

对制造商而言，供应链上的顾客包括批发商、分销商、代理商，以及零售商。零售商是直接向最终消费者提供商品的企业，有着决定性的意义。而零售门店的组织形式又分为直营连锁、特许加盟和自愿连锁等，还穿插着各种形式的采购联盟。这些不同的组织形式对渠道营销的需求有很大差别。

品类管理的原则和方法可以作为供应商和零售商的共同语言，帮助供应商强化与零售客户的协作关系，加深对消费者在零售门店的购物行为的理解，更好地发挥渠道营销的作用和效果。

各类制造商的挑战与机会

成功的制造商，其竞争优势往往在于对产品研发、生产制造、品牌营销等领域的掌控。

大型消费品综合制造商

大型消费品制造商，其产品常常覆盖多个品类，以不同的品牌呈现在消费者面前。比如，宝洁公司旗下数十个品牌的产品跨越了个人清洁、家庭清洁、护肤护发等品类；百事可乐公司的产品也包含饮料和休闲零食等。类似的制造商还有联合利华、可口可乐、雀巢、康师傅、统一等，他们是消费品制造企业的成功代表。

按品牌管理是大型消费品制造商沿用已久的方法。在企业内部，按照品牌进行从产品研发到生产制造、营销推广、客户维护和售后服务等一系列业务的分工，每一个品牌都有独立的管理团队，分别确定各自的经营目标和行动计划。

品牌管理的优势很突出：第一，有利于各种经营资源的分配，且以品牌为中心也便于实施和考核；第二，众多品牌自由竞争，优胜劣汰，避免了不必要的矛盾，如果个别品牌有弱点，暴露给企业内部的兄弟品牌比直接暴露给外部竞争对手要好得多；第三，可以形成一定程度的内部竞赛，这是发现、培养和锻炼人才的好方法。

品牌管理当然也存在劣势，同一个品类中的不同品牌常常会彼此消耗，致使营销费用从广告宣传向渠道促销转移，这会导致更多的顾客只买促销品。

零售企业推行品类管理，会以品类为战略性经营单元来确定经营目标和行动方案，这将推动制造商认识到：在自己的企业内部按品类重新分工并结合品牌管理的经验，可以极大地提高、改善经营效率。

一方面，按品类分工可以使制造商企业内部经营资源的分配更协调，避免同一个品类中不同品牌产品的相互侵蚀。比如，若按品牌管理宝洁的洗发护发产品，其旗下的海飞丝、飘柔、潘婷等品牌之间的矛盾和冲突是难以协调的，但若按照品类管理重新分工，在同一个品类内部按照不同的目标顾客定位和品类策略，三个强势品牌之间的矛盾就会减少，协同作战的效果也就增强了。

另一方面，按品类分工可以提高渠道营销工作的效率，如果制造商的品类团队代表和零售商的品类经理之间建立了稳定而持久的接触与沟通关系，信息不对等情况减少、沟通障碍降低，双方的工作效率就将得到明显提高。

单一产品制造商

除了大型综合制造商，在消费品领域还有相当数量的只做单一产品的制造商。这些制造商企业在某一种产品上有突出优势，在市场上以单一品牌流通。其原因可能是产品配方或者制造工艺的独特性，历史形成的稳定的高顾客忠诚度，或者在产品研发和技术方面的领先性。

在零售品类管理过程中，单一产品制造商需要了解自己的产品所在的品类在零售门店中扮演什么角色，以及自己的产品由哪种品类策略管理，以便有针对性地获得更多优质的展示机会。比如，为同一产品开发多个衍生的规格、口味、包装等。在零售企业的品类管理中，针对不同的品类角色实施相应的品类策略是非常必要的。

批发商的挑战与机会

消费品流通领域的变化给批发商带来了巨大的挑战。快速发展的连锁零售企业曾经是综合批发商的优质客户，但随着他们的体量不断增长和行业竞争的加剧，这些大型零售客户的要求越来越难以应对，毛利润不断降低，结算账期也渐渐拉长。再加上大型零售企业物流能力的快速提升，他们对综合批发企业的依赖程度越来越低。在这样的背景下，双方最终分道扬镳也是必然趋势。因此，综合批发商的经营重心向中小规模的连锁零售企业和个体零售商转移，是顺应竞争市场变化的自然选择，而且在国际市场上已有很多成功的先例。

为超市提供商品的供应商，在学习、实践品类管理的方法及参与零售企业品类管理工作的过程中，需要结合自身的能力和需求，做出适合自己的最佳方案。

最基础的就是提升整个企业的经营团队对品类管理的理解。团队中的营销、销售、物流、信息技术、财务等部门的管理人员，必须经过系统扎实的品类管理培训，以便在与零售客户沟通时，能更清晰、迅速地理解对方的意思。

更积极的方式是能够对零售客户的品类管理工作提供支持。针对相关品类的消费者需求和市场竞争格局等，提供相应的信息和数据，帮助零售企业做出正确的决策，加强与零售客户的联系。

最高级的参与形式是带领甚至主导零售企业制订品类经营计划。直接帮助零售企业找到关于商品构成、定价、陈列和促销的最佳答案，为零售客户提供完整的品类解决方案。最终通过改善顾客在自己零售客户门店的体验，提升零售企业和供应商自己的经营效益，实现消费者、零售商和供应商的三赢。

综合批发商通过积极帮助和支持零售客户企业实施品类管理，不仅能收获自身成长，还能得到客户的信赖，有利于双方的可持续发展。

零售企业与供应商携手推行品类管理

零售企业与供应商一起推行品类管理，需要做充分的准备，按照品类管理的原则和方法提高自己团队的经营水平与沟通技能，在更高层面上与供应商展开沟通。沟通对象的范围也要从客户经理扩大到营销、物流、财务等部门管理者，必要的时候，甚至要与对方的高层领导对话。

准备工作

在与供应商做翔实、具体的品类管理沟通之前，零售企业的管理团队和业务负责人要先做好准备。只有足够充分的准备、清晰专业的语言和缜密的逻辑沟通，才能赢得供应商的尊重和信任。

完整的培训

零售企业的高层领导者和所有与业务相关的管理者都需要接受完整的品类管理培训，熟知品类管理的原理和方法。这样才能在与供应商沟通时用专业的语言和逻辑说明自己的目标，提出合理的要求。

完成多个品类经营计划

制订并实施品类经营计划是零售企业业务经理获得直接经验的唯一途径。完成覆盖食品、非食和生鲜部门的多个品类的品类经营计划后，品类经理们才能对品类管理方法有充分的信心，不仅能加深对品类管理的一般原理和方法的印象，而且能强化对主要供应商的产品构成、定价、陈列与促销方案调整前后的准确认知。

门店层面的品类数据

针对整个品类的销售额及变化趋势的数据分析，尤其是品类内部不同品牌之间的消长及其影响因素的分析和判断，这些是供应商感兴趣的信息，也是供应商改进经营方式的重要依据。

逐步调整计划

通过推行品类管理与供应商合作，获得供应商更有力的支持，是一个循序渐进、逐步扩大的过程。零售企业可以选择从几个一直合作比较密切的供应商开始，也可以选择从某个标准化程度比较高的品类开始。

高层领导的支持

调整与供应商的沟通与协作方式，需要双方高层领导的参与和支持。零售企业需要率先迈出一步，发出邀请，提出要求，并让供应商看到达成合作可以带来的更好的前景。

品类管理六要素发挥零售企业推动作用

我们围绕“品类管理六要素”逐项展开，探讨零售企业如何推动供应商在品类管理实施过程中发挥积极作用。

核心要素一：经营战略

零售商需要明确自己的经营战略，尤其是目标顾客、核心业态和优势品类等对品类管理意义重大的战略议题，这些要点能为品类管理确定方向和总体目标。供应商也有自己的经营战略，其中就有与零售企业品类管理有交叉的相关要点，比如关于消费者营销、渠道营销和产品供应方面的战略议题（见图 7-2）。

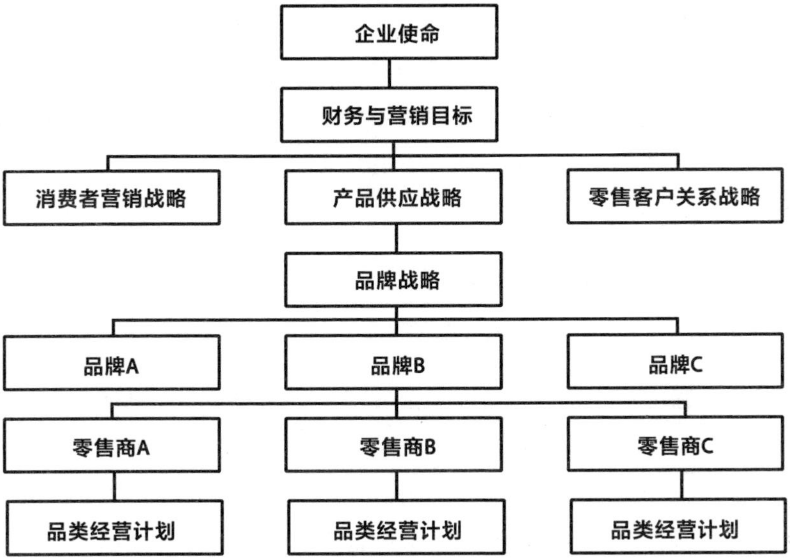

图 7-2　供应商的企业使命与零售客户的品类经营计划关联

消费者营销战略要点包括目标顾客定位、4P 营销组合（比如产品的差异化特征、零售价格和销售渠道的选择），以及针对各种销售渠道的促销方案。渠道营销战略包括渠道选择的原则和标准、不同渠道的产品组合、与零售商相衔接的产品供应方案或物流方案、对供应链合作伙伴的激励措施或促销机制等。产品供应战略包括订货方式、订货周期、最小订货量、订货单位、运输方式、货款结算条款等。

需要特别注意的是，“目标顾客”对于消费品制造商和零售企业来说意义完全不同。对于消费品制造商而言，目标顾客也称为“目标消费者”，是基于产品的使用者或消费者而言的，是产品的差异化特征和营销推广所针对的人群，目标顾客以外的人是无足轻重的。但对零售门店来说，“目标顾客”的含义却大有不同。零售门店的地理位置是固定的，其顾客就是商圈范围内的固定消费人群，零售经营不仅要让目标顾客满意，还期待目标顾客能够带动和影响其他人来店里购物。

目标顾客是零售企业针对共用一个品牌的多个零售门店所做的营销选择，但每个门店的商圈都会存在一定差异，来店里购物的顾客群体各有不同，而到一个店购物最频繁的人群被称为“主要顾客”。零售门店品牌的目标顾客都一样，但每个门店需要根据自己的主要顾客对备货量和店内促销做适当调整，迎合该店的主要顾客。

核心要素二：业务流程

品类管理的业务流程指零售企业制订品类经营计划的八个步骤。世界各地近30年的经营实践证明了，严格执行这个标准流程给企业带来的价值不可估量。

首先，清晰的流程是零售企业内部分工与协作的基础，也是企业高层领导将商品的买卖这一重要业务授权给品类经理的信心来源和管理依据。其次，有了制订商品经营计划的明确步骤，就可以一步一步地分析经营工作的潜力，有效地找到改进与提高的方法。最后，遵照这个流程，可以把品类管理的技术性工作固定为多个相对独立的专业技能，持续提高管理人员的实操水平并训练年轻后备力量。

如果供应商能深入理解这八个步骤，并在制订品类经营计划的过程中参与讨论、交换信息，既可以增强与零售企业的合作深度，在合作中发挥积极影响力，也会获得关于消费者在零售门店的购物行为的深刻认知，找到改进和创新产品的机会。以下按八个步骤分别介绍供应商在零售企业制订品类经营计划时可以参与的具体工作。

第一步：品类界定

这一步有三个任务：从消费者的角度确定一个品类所包含的全部商品及对

应的顾客需要；做出适合零售企业的关于品类宽窄的选择；制作消费者决策树。

这一步是后续工作的基础，有着决定性的影响。供应商能够给零售客户提供的是对消费者的调查研究，从整个市场范围内看到的品类发展趋势，以及客户企业可借鉴的其他零售企业的有效做法。在参与的过程中，供应商有机会深入了解主要竞争对手的产品特征和竞争优势，这一点在提供符合消费者市场需求的商品并实现差异化的工作中有着极高的价值。

第二步：品类角色

角色是决定资源分配的重要原则，角色定位为确定品类策略组合提供方向。品类角色由零售企业内部决策，但在零售商做角色划分的时候，供应商仍然有机会提供重要的信息和数据，帮助零售商做出正确的选择。比如，跨品类分析中关于市场格局、品类的发展前景等信息对零售企业具有重大意义。

在品类角色的选择上，供应商首先应该影响客户选择供应商可以提供强大支持的角色；其次，可以建议零售商选择双方都适合的角色；最后，要尊重、支持零售商自主做出的选择。

第三步：品类评估

品类评估是供应商发挥影响力的重要机会，一方面，可以为零售商提供评估所需要的大量外部信息，如消费者信息、竞争态势和供应商的支持；另一方面，可以从供应商的角度帮助零售企业找到全面客观的改进机会。

在品类评估这一步，零售企业应针对具体的品类，找出在商品构成、定价、陈列与展示以及促销等战术方面调整与改进的可能性。评估的范围包括消费者的需要及变化、市场的格局和发展趋势、零售企业自身的现状，以及为该品类供货的所有供货商情况。对供应商的评估着重于供应商的市场影响力、经营效益、为零售企业带来的利润、品牌潜力、补货方法、可靠性，以及未来一年的新品计划、价格调整和促销方案。

第四步：品类指标

品类管理倡导使用均衡的复合指标，而不是局限于销售和利润等有限的财务指标，尤其不能把通道费脱离商品的其他条件单独作为考核指标。

对供应商来说，具有参与价值的环节是关于目标设定的可行性分析，应就“是否需要调整”这一问题给出客观诚实的建议。对于双方都认可的指标，应在品类经营计划的执行过程中提供积极的支持，帮助零售企业客户达成目标。

第五步：品类策略

很多供应商都逐渐认识到，当他们学会根据不同的品类角色制定相应的品类策略组合，并做好各种被选方案后，他们协助零售商制定品类策略的附加价值就能得到极大提高。

同样的一个品类，可能在一家超市是目的性品类，而在另一家是便利性品类。在参与零售企业的业务流程之前，应该做好有关该类产品的完整的品类策略建议，包括适合销售的所有业态（大卖场，超市，便利店等）中的全部角色。这些建议包括营销策略及产品供应策略。举例来说，一个做个人护理品类的供应商，可能给超市的营销策略建议是将产品视为便利性品类，给大卖场的建议是将产品视为优先常规性品类，而给药妆店的建议则是将产品视为目的性品类。

高效的产品供应策略是提升消费者价值这个总体目标的重要组成部分，应该涵盖在零售商的每一份品类经营计划中，涉及下述四项具体工作。

- **主数据的统一：**产品、价格和促销活动等各项信息的准确交换，主数据一致的目的是减少错误，节省管理成本。
- **订货：**明确订货量和订单发送节点，以保证送货的准确性。可以由零售商手工下单，或者自动补货。
- **物流：**商品实物从供应商工厂发出一直到被陈列在零售门店的货架上的整个过程。业绩改进的方向就是提高门店的商品服务率和订单满足率，降低库存水平，减少商品运输、储存和处理的成本。
- **财务：**单据和付款操作的及时处理，并尽量减少人工干预。

产品供应策略的具体方案主要取决于零售商的情况、产品品类角色，以及体现相应品类策略的商品特点。不同的品类角色需要不同的营销策略与供应策略，因此，供应商需要针对每一个零售企业做出有针对性的品类策略。如果想要积极地参与零售企业制订品类经营计划的工作，供应商就应该做好分享市场和消费者数据的准备。

第六步：品类战术

品类战术是前面五步工作的自然结果。供应商如果积极参与了前面的工作，就已在其中发挥了自身的影响力。品类战术包括以下四种：

- **商品构成：**零售商确定商品构成的基础是消费者决策树、企业的总体营销战略和品类角色，以及供应商的支持能力这几大因素。

- **定价：**影响定价的主要因素有竞争格局、企业的总体营销战略和品类角色，以及相应的品类策略。

- **陈列与展示：**陈列资源的分配是零售商品类管理对供应商产生直接影响的重要部分，争取到更有利于自己产品的陈列位置是所有供应商的共同目标。零售企业按照顾客需要和品类策略分配空间资源这一原则，是能够被供应商接受的公平标准。

- **促销：**促销的主要影响因素是零售企业的总体营销战略和品类角色、品类策略，以及相关促销活动的成本收益的比较。

第七步：计划实施

当品类经营计划在零售企业内部通过审批后，就可以知会相关供应商的业务管理人员及公司领导，一得到他们的支持，便能着手落实商品供应策略中的相关工作。

第八步：品类回顾

与供应商一起进行品类回顾，是一种提高供应商积极性的有效方法，可以让供应商更好地了解自己的机会，以发挥潜力。但同时，邀请供应商参与制订品类经营计划也是一项充满风险的工作。在早期的品类管理实践中，有些零售企业完全依赖品类舰长的作用而忽视了自己团队成员能力的培养，最终因没有培养出真正属于自己的核心竞争力而导致整个品类管理工作失败。

品类管理小知识

品类舰长

在 ECR 早期倡导的品类管理模式下，品类经营计划是由零售商和该品类的主要供应商共同制订与开发的，而品类舰长是这种合作关系的一个标志性角色。

实施品类管理的零售企业中，品类经理负责根据消费者需求和购物行为对商品做出选择，按自己的品类角色和品类策略挑选商品。这就要求品类经理具备丰富的品类专业知识，包括对消费者的理解和对市场趋势的正确判断。一方面，对很多零售企业的业务管理者来说，这是个棘手的问题；另一方面，消费品制造企业在这方面有很多可用的资源。如果能够委托制造商选派一位深谙消费市场的管理者来负责提供必需的市场和消费者的调研信息，并在保证客观和公正的基础上，与零售商的品类经理共同组织和领导品类经营计划的制订，就可以完美地弥补零售企业中品类经理的不足。

品类舰长的构想和实践，在品类管理推广的早期曾经起到过明显的积极作用。但对这种做法的怀疑也从一开始就存在，疑虑的焦点在于其供应商的立场，是否能够公平、客观地代表同一个品类所有供应商的利益，甚至当零售商与供应商之间存在利益冲突时，供应商能否做出有利于零售商的决定。

保障要素一：绩效指标

合理均衡的业绩指标体系是正确评价品类管理效果的客观依据，业绩指标体系的结构反映了管理者对管理方向和目标的认识。和传统的零售管理有很多不恰当的指标一样，供应商一直沿用的指标也有很多弊病，比如铺货率和配比额等，这些不合适的指标严重影响零售商与供应商的合作，成为业务管理者提高工作效率的障碍。当下，这些错误的指标应被替换为能更积极地反映品类管理原则、体现消费者需求和零售客户工作需要的指标。

零售企业邀请供应商参与品类管理的时候，需要在双方各自所用的指标体系中找到共同指标，并补充相应的能够反映消费者、市场、财务和经营效益的指标，充分体现双方协作的成果（见图 7-3）。

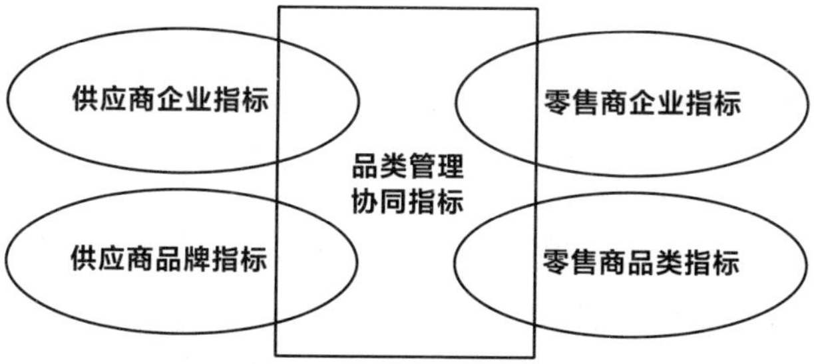

图 7-3　零售商与供应商品类管理协同指标

保障要素二：团队能力

合作双方在认知和能力上需要对等。邀请供应商参与品类管理的零售企业要对供应商的团队能力有充分了解，包括团队成员的个人技能和组织分工，以保证在业务沟通过程中信息对称。

供应商参与零售客户的品类管理工作也需要做全面的准备。首先，所有的团队成员必须对品类管理有完整、准确的认识和理解，供应商可以通过多样化的培训和研讨强化这种理解和认识。其次，供应商要能够为客户企业提供与自己相关的品类信息和数据，帮助零售企业的品类经理做出正确的分析和决策。最后，积极引领并指导客户企业制订品类经营计划，这需要投入两三年的时间，不断地在实践中锻炼团队的相关技能。

在实施品类管理的企业中，供应商与零售客户打交道的方式从单一的销售经理或客户代表与采购接触，转变成多功能的团队合作。供应商的负责人带领的跨职能团队与零售客户的品类经理带领的跨职能团队交流，共同寻找改进的方法。这个跨功能的团队成员可能来自财务、信息技术、物流、市场营销、渠道营销和客户服务等各个部门。

品类管理所要求的变化是系统性的。有个说法是，零售企业推行品类管理是“一把手工程”。这句话对供应商同样适用，高层领导必须对品类管理有深入的理解，并积极提供支持。

供应商的传统组织架构是按职能设计的，而品类管理要求的是跨职能部门的品类管理联合小组。这需要企业在组织原则、分工方式和考核规则上有一定的灵活性，鼓励并支持由品类管理负责人带领的跨部门、跨职能工作小组的工作，并以客户企业的品类业绩作为评估这个工作小组的工作成绩的依据。

保障要素三：信息技术

供应商参与零售客户品类管理的过程中，在信息技术方面的要点首先是标准的数据格式，这是为了保证互相交换的信息和数据的可读性；其次是数据交换和沟通的及时准确性，主要包括库存变化的数据和订单执行与跟踪，以及门店缺货和销售数量的追踪等。

保障要素四：协作关系

品类管理可以迅速改变零售商和供应商的协作关系，将“单一买卖”变成全方位跨职能部门的合作。品类管理追求的是整个供应链效率的提升，而供应链上的协作恰恰把不同水平的供应商和零售商分成不同的生态阵营。一流的零售商与一流的供应商紧密合作，差的供应商只能把商品卖给差的零售商，好的更好，差的不但更差，还会迅速被市场淘汰。

品类管理的目标仅靠零售商或者供应商单独一方是无法完成的，双方应一起关注并遵守几大要点，以高效协作，合力达成既定目标。

- 以消费者为中心。
- 确定互利的目标、策略、战术和量化指标。
- 激励方案兼顾顾客、市场、财务和效率等综合指标。

- 彼此坦诚，相互信任。
- 信息共享。

品类愿景与品类领导力

实施品类管理时，零售企业正确评价供应商和彼此的合作潜力至关重要。而评估供应商能为品类管理提供支持的最重要指标，就是其品类愿景和品类领导力。

品类愿景

品类愿景是针对某个品类在未来几年的市场价值和规模发展等情况所做的预测和描述，包括这种成长对消费行为变化的影响。品类愿景对未来目标的描述，包含对过去经验的总结以及影响品类未来趋势的因素的预测。对品类战略性增长的驱动力要从定性和定量两个方面进行分析。比如，门店卖场的品类愿景应该以消费者洞察和购物者研究的结论为依据，说服零售客户开展合作。高质量的品类愿景能提醒零售客户针对这一关乎企业成长的重大战略事项应该如何抓住机会，并采取相应的行动。

有说服力的品类愿景的核心是对潜在市场规模的认识，以及为获得这一成长红利应采取的战略及战术。因此，它是零售企业制订品类经营计划的重要考量因素，关系到这个品类的发展趋势和方向。

品类愿景既要脚踏实地，也要能鼓舞人心。分析针对顾客对某品类的采购规模和购物频率，并将对品类市场趋势的理解与和品类角色在未来的变化相结合，提出具体的改进方法。

一句话概括，**品类愿景的目的，是使零售客户愿意与供应商一道制订有发展前景的品类规划，给供应商更好的参与机会。**

品类领导力

一个在某品类中拥有领导地位的供应商，不仅其产品占据的市场份额高于竞争对手，而且在产品创新、媒体传播和消费者关系等诸多方面往往都遥遥领先，一举一动都会对整个品类产生不可忽视的影响。这也是宝洁公司的个人护理产品、可口可乐的软饮料和雀巢的咖啡等产品常常占据优质零售门店资源的原因，反过来，这也进一步拓宽了他们的产品和品牌的成长空间。

在品类管理的时代，供应商在其品类中的领导力比产品的领先地位更有价值。因为品类领导力可以为供应商的产品创造最大的发挥空间，找到最好的表现机会。当零售企业存在关乎消费者、品类、市场和竞争格局等问题的时候，拥有强大的品类领导力的供应商就是最权威、最专业、最准确的信息源，他们的见解和建议会对零售企业的品类经营计划颇有助益。

要培养自身的品类领导力，供应商首先要对品类管理实践有深刻的认识和准确的把握，这不仅包括对品类管理的基本原则、重要的战略议题和核心的业务流程的全面理解，还有对推行过程中主要障碍的清晰认识。

品类领导力还需要供应商掌握强大的数据解读能力，能够从纷繁复杂的内外数据中看出变化和趋势。除此之外，对消费者营销及购物者营销等现代营销实践的准确认识和把握，能够让供应商将先见性观点与实用的方法相结合，启发零售企业把微小的机会变成可观的优势。

Category Management

第8章

零售营销的新境界

品牌并没有实际功能，却有“价值”。让品牌生出价值的方法，就是营销。

导语

我在奈耶诺德商业大学（Nyenrode Business Universitieit）的 MBA 同学杰夫毕业后去了英国工作，他给我讲了一段有趣的经历，故事的时间是 1997 年。

在英国，每家门口都有一个小邮箱，这个邮箱每天都会被各种促销传单和卡片填满。邮箱里的彩色印刷品都是关于某个商家的商品促销和打折信息，被称为“DM”，即“直邮”(Direct Mail) 的缩写。因为数量太多且内容大多雷同，人们通常都是粗略地浏览一下，就随手丢到垃圾箱里，这也是杰夫的习惯。可有一天，他在一堆促销传单中看到了一个略显精美且有设计感的信封，他就多看了一眼，发现信封上竟然写着他的名字。于是他就把信封打开，抽出里面整齐折叠着的彩色信纸，信上的第一句话竟是：“亲爱的杰夫，祝贺你又要做爸爸了……”他惊讶不已：在异国他乡，妻子怀孕 3 个月的消息居然有人知道！他疑惑地读了下去，在一番温馨的祝贺致辞后，信上温暖生动的语言写道：3 个月的胎儿身长已经达到 9 厘米左右，蜷缩在母亲的体内，有爸爸的大拇指那么大，四肢已经成形……这些信息杰夫和他太太已从育儿书中读过很多遍，但在这种情况下被提到还是让他倍感亲切。信的结尾说，这个时候的妈妈可能会需要补充某种营养物质，在杰夫常去的那家特易购里某排货架的第三层，恰好有一个产品是专门为有此需要的顾客准备的。当然，杰夫在下一次去特易购购物时就顺便买了那个产品。此后的几个月里，杰夫平均每隔半个月就会收到一封类似的温馨来信，信里会告诉他，胎儿又长大了多少，孕妇当下需要注意哪些事项，并及时推荐一些有针对性的产品。

杰夫从事的是信息管理相关的工作，很容易就弄清楚了事情的来龙去脉。

首先，特易购鼓励每个到店购物的顾客都登记一张署名的会员卡，根据购物金额累计分数，累计的分数越高，奖励越大。而特易购在顾客每一次刷卡登记分数的时候，都会记录顾客的具体购物信息，据此推算顾客的购物习惯和需求。像杰夫这样的家庭，当女性卫生用品停购超过两个月时，就会被特别关注了。特易购的店里经常给顾客提供免费杂志，顾客只要扫一下杂志后面的条码就可以拿走。这些杂志大多数是关于季节性菜谱、运动、瑜伽、园艺、旅游等等，主题内容不一而足。所以，当杰夫拿了一本封面是位孕妇的以怀孕为主题的杂志时，特易购基本上就确定了他妻子怀孕这个事实。

接下来，特易购把整个英国的顾客家中女主人怀孕3个月的家庭做了统计，找到专门提供孕妇保健品的供应商，与他们一起分析原有的分销方法、广告费用、促销手段等，再提出一个更直接的方案：由特易购把设计好的DM直接寄到每个有孕妇的家庭，同时把商品摆到特易购的货架上。而对于这种显然比传统媒体广告更有效的个性化的营销方案，特易购仅收取原来广告费用的一小部分，所以几乎没有供应商能够拒绝这样一个更有效但成本更低的方案。

营销的目的是要让顾客与品牌之间建立情感联结，从而在有需要的时候选择购买自己钟爱的品牌的产品。有效的零售营销需要把顾客需要跟门店里满足其需求的品类对应起来，让顾客对该品类的商品及其价格、品质、服务或者其他特点留下深刻印象，并在下一次有了同样的需求时，愿意来店里购买。由此可见，品类管理为现代零售营销奠定了基础。

本章总结了品类管理之前的零售营销方法，完整地介绍了现代零售营销的任务、目标和方法，以及以品类管理为基础的零售营销的新发展，并给出了零售企业营销管理的实践性建议。

以下问题可以帮助理解零售营销这个专题：

- 消费品营销与零售营销有何异同？
- 零售营销的目标是什么？
- 零售营销为什么以品类管理为基础？
- 会员积分的最大潜力是什么？
- 什么是顾客洞察？
- 什么是购物者营销？
- 全渠道营销的目的是什么？

一瓶可口可乐的原材料和包装成本不到其售价的 1/4，但可口可乐品牌的价值超过 700 亿美元，是全世界最成功的消费品营销典范。苹果手机的销量约占全球智能手机市场 20% 的份额，而利润却是整个行业的 87%，苹果公司的营销能力跟其科技研发能力一样超群。

从 4P 到六要素，让顾客反复回到店里来

从这个行业诞生开始，超市的领导者一直在努力让自己的门店品牌拥有和消费品品牌同样强大的影响力，与顾客建立起牢固的情感联结。直到品类管理出现，零售经营者们才有了相应方法和工具，把在多年经营实践中积累的营销智慧全面深入地应用于零售品牌的塑造中。

零售营销的任务，从 4P 到六要素

零售营销与消费品营销的不同主要在于零售营销的焦点是门店，而消费品营销的焦点是产品。零售营销的根本任务，就是要让门店的品牌与顾客建立情感联结，让顾客反复回到店里来。

在经营实践中，消费品营销工作包括五大阶段（见图 8-1）。

第一个阶段（R）：直接开展定向的消费者调研，或者对已有的各种顾客购物行为数据进行分析，从中找出顾客的特点及其行为规律，获得对顾客的深度了解。

第二个阶段（STP）：根据对整个市场上的消费者的深度了解，将消费者细分为具有不同消费特征的群体（市场细分），选择其中某个有突出潜力的群体作为主要发力对象（确定目标市场），深入挖掘目标对象的潜力，对如何用自己独特的商品和服务赢得其支持（差异化定位）做出战略规划。

第三个阶段（4P）：进一步将目标市场和差异化定位细化，在产品、价格、渠道和促销四个方面做出行动计划。

第四个阶段（I）：落实 4P 计划。

第五个阶段（C）：在落实 4P 计划的过程中，及时检验并修正，确保经营目标的最终达成。

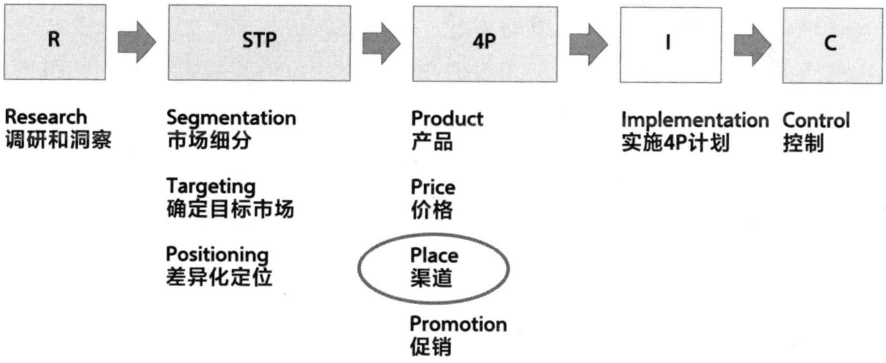

图 8-1　消费品营销流程

以消费品营销的 4P 为基础，结合零售门店的经营特点，对具体内容略作调整，再补充位置和门店服务两个因素，就是零售门店营销六要素（见图 1-2）。

立地条件

立地是英语 location 一词的直译，虽然不够准确，但也没有更贴切的词来替代。在“零售营销”的英文语境中，这个词的含义远不止“立地”，还包含消费者可以利用门店提供的商品和服务在空间和时间上的可能性。换句话说，除了“立地”的中文本义，还包括店内空间的利用方式、营业时间等。在电子商务和智能终端已经充分普及的今天，线上的各种应用和购物入口也应该归纳进来，比如，各种小程序、应用软件、第三方平台、团购社群等。

立地条件是对实体零售门店的模式影响最大的因素之一。门店租金在营运成本中所占的比重很大，所以一般来说，离顾客越近的地方，比如居住区、办公楼或商业中心，房屋的租金成本或者地价越贵，单位面积的成本也越高。所以，这些地方一般只适合开小店，只有远的地方才更有条件开大规模的店铺。近的地方主要靠便利吸引顾客，即使商品的品类少、选择面窄、价格贵，顾客也可以接受；离顾客远的地方，只能靠明显的低价、丰富的商品种类和广泛的选择范围吸引顾客，而且因为顾客多需要开车购物，免费停车场也成为必备条件。

从顾客的角度看，门店位置的远近、店面的大小、商品的丰富程度和价格的高低之间有一种平衡，满足不同需求及要付出的价值是对等的，因此也形成了不同的购物行为模式。最近几年迅速发展起来的送货到家和送货到寄存点服务，打破了一直以来的平衡，对竞争格局的稳定产生了较大的影响。但因为送货到家的成本并没有低到可以忽略的程度，在送货和到店之间也将逐渐形成新的平衡。

商品构成

在品类管理之前，商品规划缺少精准的方法，一般都是负责人大致根据经验确定商品品项总数量、覆盖功能的宽度，以及每一个功能的多样化深度。而品类管理要求把商品按顾客需要分为不同品类，按照品类角色为每一个品类分配精确的空间资源，这也为每一个品类下具体的商品构成提供了准确的依据和精准的尺度，使商品规划的有效性得到显著提升。

没有品类管理的时候，控制商品的缺货率是个难题，需要在库存周转和订货成本之间权衡。要减少缺货率，就要提高安全库存量；要控制安全库存量，就要增加送货频率。如果从整个门店的数万个品项直接入手，无论哪一个角度都很难精准管控。此时，品类的商品服务率指标就凸显出其价值，它提供了一个明确、快捷的切入点，能够迅速有效地找到提升和改善的机会。

价格

顾客喜欢低价，但经营需要利润。如何在顾客心目中树立价格不贵甚至低价形象的同时，还能维持必要的利润，是零售经营中最重大的决策之一。定价的原则和方法有相当分量的技术含量和战略意义，所以在零售企业里通常都是由总部最高层做出最后决策。

以下是在超市行业比较常见的一些定价方法。

- **折扣价：**有多种方式，比如根据购买量按折扣定价，像我们常见的“整箱 95 折”“第 2 件 8 折”“买 5 送 1”等；对忠诚老顾客的返利；季节性折扣；阶段性折扣或随机折扣等。

- **高低定价：**在一定时间内选定比正常价格低的商品价格，之后恢复原价。这一方式在中国市场最早见于荷兰的万客隆超市和法国的家乐福超市，后来在所有超市企业中流行，成为固定周期的主要促销手段。

- **天天平价：**最初在美国由沃尔玛推动实施，意在与“高低定价”形成鲜明对比，突出沃尔玛的超低价格形象。这是美国超市行业的常见方式。

- **捆绑定价：**指两件商品同时购买的价格比单件购买两个的总价格低。这一方式主要适用于彩妆和护肤产品。

- **直线定价：**有限的几个固定价格。这种方式在美国应用的历史比较久，从曾经很流行的“5 分 1 毛”店开始，这种店里所有的商品只有两个价格。直线定价适用于服饰类产品，比如，男士的领带多按

10 美元、20 美元、30 美元 3 个档次来定价。

- **促销定价：**这是一种降低商品价格的暂时性措施，按照提前制订好的促销计划，对顾客和市场发挥相应的影响。根据不同的促销目的会设计具体的方法。有时也会用来应对计划之外的突发情况，比如，销量因各种因素突然下滑、库存冗余，或者竞争对手发起某些攻击性活动。

- **心理定价：**这种方式通过定价的具体数字对顾客产生积极的心理影响，通常指末位用“9”的方式，比如，9.99 元，19.99 元，或者 199.99 元等。原理是在顾客的心理影响下把价格限定在一个级别之内。

品类管理有效地简化了商品的定价方法，它针对超市经营的特点，根据品类角色和相应的品类策略，参照竞争对手的价格指数定价，在保证顾客视角的最佳印象的同时，尽可能地提升利润水平。

零售传播

零售门店的传播，类似于消费品品牌的媒体广告。零售企业可以利用大众媒体做广告，但更重要的是利用门店本身，通过图片和文字等视觉形象向顾客传递关于门店的商品和服务等方面的积极信息，在门店和顾客之间建立更坚实的、理性和感性的联结。

传统的纸质印刷宣传单是超市行业最普遍的传播方式之一。不过，在中国的超市行业对此有些普遍的误解，比如很多人把通常用的彩页传单称为 DM，但实际上 DM 是另外一种传播形式。

彩页传单，正确的英文是“flyer”，格式比较简单，定期发放。有产品照片和优惠价格，有时也会增加产品的使用方法等信息，通常放在超市的服务台或者其他便于顾客拿取的地方，是顾客获取优惠信息的重要途径。

前文提到过，DM 是“直邮”的英文简称，因其通常会被直接投递到顾客家门口的邮箱而得名。直邮的形式多样，方法灵活，可以是一本精美的商品图册，也可以是一个漂亮的明信片，或者内容丰富的商品目录，甚至可以是一封简单的手写信。直邮在传统邮政系统发达的美国和欧洲市场依然有很广泛的应用范围，但鉴于中国民众的文字沟通方式已经完全由社交软件主导，直邮在中国的应用需要转换为更方便的社交媒体。

门店设计与商品展示

门店设计与商品展示，包括整体的物业条件、外观形象、卖场布局、店内氛围、设备和道具、商品展示方法、空间分配原则以及顾客视觉指引等。

超市最重要的特点是顾客自选，所以其一切设计和展示都是为了给顾客提供自选的协助。**“门店是舞台，商品是演员”，好的设计和展示能够恰当地突出商品，让顾客只记住商品，就像看了一出精彩的演出后，观众回忆起来只有精彩的故事情节，而不是舞台、灯光和音响。**

零售服务

零售门店的服务的目的是有效地鼓励顾客做出购买商品的决定，包括售前的无理由退货保证，选购过程中的问题解答，以及售后的支持。在经营实践中，既要避免忽视服务价值，也要避免盲目夸大服务的作用，也就是所谓的“极致化”服务。服务没有绝对的好坏，只有适合与否。

山姆·沃尔顿曾经把沃尔玛的服务原则定为“顾客永远是对的”，这一原则的最大作用是避免员工在门店与顾客产生争执，德国奥乐齐把服务内容降低到最少，不提供购物袋，顾客需要自己还购物车，以此换来超低的成本。所以，零售服务的原则和内容，需要结合企业的总体经营方针来设计。

顾客与目标顾客

关于零售门店的顾客，有三个细分概念：顾客，目标顾客，门店的主要顾客。

- **顾客：**所有到门店来购物的人都是顾客。

- **目标顾客：**零售企业从全部顾客中挑选出来的具有某种共同特征的一个群体，针对这个群体的需求和购物行为特征，集中资源，最大程度提高他们的满意度，并使他们影响更多的顾客到店购物。

- **门店的主要顾客：**对连锁超市而言，一个门店可能因为其所处的商圈不同，吸引到跟其他门店有很大差别的顾客群体。其中人数最多，或者购买力最强，或者影响力最大的那个群体，便是主要顾客。

这个分类方法适用于大部分连锁超市，在品牌形象的塑造上，同一个品牌下面的所有门店都要保持高度一致，包括门店的 logo、外观形象、店面布局、品类的覆盖水平和品类角色划分等；对商品库存的备货量，店面陈列空间的分配和一部分店内促销机制等，要结合门店的主要顾客做适当调整。

让顾客不断回到店里来

超市营销的终极目标，就是让顾客不断地回到店里来。为此，美国的超市经营者曾经做过很多努力。

吸引顾客连续不断地回到店里购物的系统化方法，被称为“顾客忠诚方案”（customer loyalty program）。在品类管理出现之前，最流行的两种顾客忠诚方案是贴花和优惠券。

贴花

这是一种通过引导顾客积攒贴花换取特定商品，以增强顾客对自己门店忠诚度的方法，曾被美国零售企业广泛采用，风行 20 多年。后来流行到英国、荷兰等欧洲国家。

贴花的外表类似于邮票，一面印有不同面值的图案，另一面涂有可用唾液润湿的胶，贴花被印在一张有齿孔的纸上，可以被很容易地撕下来。顾客在商场或超市购物付款时，根据付款金额得到对应面值的贴花，当贴花贴满标准的贴花簿后，便可换购特定商品。

当年美国流行最广的是 S&H 绿色贴花，由斯佩里和哈钦森公司（Sperry & Hutchinson，S&H）发行，从 1896 年开始一直延续到 20 世纪 80 年代末期。整个 20 世纪 60 年代，该公司发行的贴花数量甚至超过了美国国家邮政局同期发行的邮票。

接受 S&H 公司方案的包括超市、百货商店和加油站等各类零售企业。顾客在这些零售商的收银台消费付款后可得到贴花，贴花的面值以点数计，每本贴花簿有 24 页，贴满一页需要 50 分，每个贴花簿代表 1 200 分。该公司每年分发 3 500 万份可供换购的产品目录，每个商品都有一个标值，该值由贴花簿的数量表示。顾客可以用贴满了的贴花簿兑换 S&H 公司产品目录中自己心仪的产品。而零售企业需要花钱购买这些贴花，并根据一定的比例推算出自己给予顾客奖励的幅度。曾经有人统计过，在 20 世纪 60 年代，一般超市购买能粘满一本贴花册所用的贴花，需要向 S&H 公司支付 2.45 美元。

这个贴花换购计划让很多美国家庭主妇对此充满热情和期待：3 本贴花簿能换一套水晶酒具，150 本能换一台彩色电视机。每个月最后一天的晚饭后，全家坐在一起整理这个月收集到的所有贴花，孩子们帮父母在贴花簿上粘贴花，大人们盘算着可以换回的新商品，一家人其乐融融。这是那个年代一种典型的家庭生活情景。

S&H 公司的绿色贴花，是零售企业最早采用的维持顾客忠诚度的方案之一。虽然多家企业共用一套贴花体系，但起初的少数参与企业的顾客回头率显著提升了，所以这个方案不断吸引更多的零售企业加入。当加入的企业越来越多后，他们从中得到的利益呈边际效用递减趋势，但不参与的企业受到的损失更明显。

随着时间的推移，市场上出现了多个竞争对手，提出的方案比 S&H 绿色贴花更有吸引力，好几个零售企业也推出了自己的内部方案，包括小猪扭扭超市公司的绿背贴花、大联合超市公司（Grand Union）的 3S 贴花、大西洋太平洋超市公司（A&P）的格子贴花、塞弗威超市（Safeway）的顾恩兄弟贴花和五月百货公司（May Department Store）的鹰票贴花等。

进入 20 世纪 80 年代，随着互联网和移动通信的兴起，贴花不再如往日那般效果惊人。顾客嫌麻烦，商家抱怨成本高，零售企业先后放弃这一方式，转而采用更有效的营销手段。使用贴花激励顾客回购的做法虽然已远离人们的视野，但驱动这种方法的经营思路却并未消失。零售经营者、信息技术供应商和各种专业零售营销服务商在制作和使用新的技术工具或策划新的营销方案时，依然延续这一方式的精髓，结合现实情况不断翻新。

优惠券

优惠券的历史比贴花更长。人们普遍认为，优惠券是“可口可乐之父”阿萨·坎德勒（Asa Candler）于 1887 年发明的。那时，他刚从约翰·彭伯顿医师（Dr. John Pemberton）手里买下可口可乐的配方，在亚特兰大推广这种能治疗疼痛的美味饮品。为了鼓励更多人尝试，他向公众提供手写的优惠券，用一张优惠券可以免费喝一杯可口可乐。这种方法的效果超乎想象的好，于是被业内沿用了下来。曾有人估算，在 1894 年至 1913 年期间，大约 9 个美国人中就有一个能得到一份可口可乐优惠券，可口可乐公司总计向美国公众分发了 850 万份优惠券。

可以说，可口可乐的发展壮大足以证明其营销策略是成功的，或者至少没有造成任何永久性的损害；可口可乐花了几十年才逐步淘汰优惠券的事实也表明，它是一种极有价值的营销工具。

尽管可口可乐取得了成功，但营销业在认识到优惠券的潜力方面却出人意料的缓慢。直到 20 世纪 30 年代人们想尽一切办法省钱的大萧条时期，优惠券才真正流行起来。20 世纪 40 年代，连锁超市开始向购物者提供优惠券，提供大幅折扣，吸引他们离开当地的杂货店，但推行这一方式前提是，超市因此损失的利益都会通过获得更多顾客数量得到弥补。

现如今，只有个别美国超市仍在用纸质优惠券，更多的是通过邮件、社交媒体、App、小程序等发到个人手机上的电子优惠券。在中国，电子优惠券的发展更快。

贴花和优惠券是早期零售经营实践中人们普遍使用的增加回头客的辅助方法。零售经营者都知道，商品本身才是吸引顾客最重要因素。但在品类管理出现之前，零售营销的焦点比较笼统，且一般是针对整个门店的，经营者往往会通过突出个别商品的性价比以达到吸引顾客的目的，竞争门店相互比拼着看谁能把知名品牌的商品售价做得更低。**而品类管理的出现让人们豁然开朗：零售门店吸引顾客的是对应顾客需要的品类，而不是某些单品。**

通过品类强化零售品牌的价值内涵

在品类管理之前，以突出单个商品的价格为重点的促销在美国超市很普遍。经营者希望通过一些超低价的名牌商品，或者有超高性价比、特殊功能、口味或包装的个别单品吸引顾客，在店面进行重点展示和推广。但这种突出单品的做法效果很有限，在逻辑上也有瑕疵。

从我们作为消费者的生活经验中可以发现，我们喜欢某个零售门店基本上都是因为店里某一类商品的突出优点满足了我们的各种需求。我们也许会对一个品类中的某个商品特别钟情，但绝不可能在同类中的其他商品无法吸引我们的情况下，仅仅因为一个单品的魅力而选择一个店。

可能有些人会试图举出反例来证明单品的作用。比如，开市客的牛肉质量非常好，是整个开市客门店吸引顾客的主要原因。我们来设想一下，如果开市客的鲜肉区只有一款好牛肉，而其他鲜肉产品都很一般，没有什么特别的亮点，那么不光这个鲜肉区没有了吸引力，就连这款牛肉恐怕都会失去它的魅力。

顾客首先是对整个鲜肉区有了一个好印象，在需要鲜肉的时候才会经常光顾这家店。顾客虽然对某一款牛肉赞赏有加，购买频率相对较高，但很可能并不是每次来都会买牛肉。需要得到顾客认可和信任的是整个鲜肉区，而那一款牛肉只是其中的一个突出单品。

吸引顾客的是品类的整体特征，不是单品

吸引顾客连续回到门店的是与顾客需要相对应的整个品类的全部商品，而不是某个单品，这是品类管理带给超市经营者的最有价值的认知。

用品类管理的术语来表达，开市客的鲜肉是吸引顾客的目的性品类，而某款牛肉很可能是这个品类中体现“吸引客流”这个品类策略的单品。除了“吸引客流”，这个品类中还有体现“增加交易”“创造兴奋”等不同品类策略的其他单品。

零售品牌的价值：持续一致的品类特征

零售品牌的价值是通过同一个品牌的全部门店体现的。在顾客眼里，一个品牌的店与店之间有着高度一致性。在开展品类管理的时候，需要优先解决的战略性问题，包括目标顾客和零售门店品牌的价值主张，并且试图在确定了目标顾客以后，应从总体规划上使所有门店提供的商品跟零售门店品牌的内涵相对应，从而在目标顾客心中留下独特而深刻的印象。

超市企业通常都认为应该以每一个门店所处的商圈为基础，最大限度地挖掘潜力、扩大生意。但品类管理提示经营者：除了单个门店的盈利情况，最好可以设定一个更大的目标，那就是针对一个共同目标顾客群体，创造品牌价值。在品类管理推行了 30 多年后的今天，欧美市场上出现了多个品牌价值超过百亿美元的超市企业，这些企业的零售营销能力已经可以与最优秀的消费品品牌企业媲美。

零售品牌的价值，需要品质和服务保持长期的持续一致性。超市经营的商品可以多达数万个品项，而且需要经常做出调整，如何让被不断调整的众多商品在整体上呈现持续一致的特征，这是个复杂的难题。

品类管理提供的方法和工具，让这个任务得到了极大的简化，针对每一个品类所做的品类经营计划通常以一年为周期，对商品构成、陈列、定价和促销

四项工作做出完整的长期规划。通过保证品类覆盖的范围和品类角色的相对稳定性，实现整个门店在商品和服务上的持续一致性，从而强化门店品牌的价值内涵。

会员积分的真正价值是顾客消费数据

通过累计消费额来增加后续消费的优惠力度，这种鼓励回头客的方法有着悠久的历史，而超市行业是从 20 世纪 90 年代中期开始在品类管理的基础上，受到航空业的启发开始广泛使用该方法的。

累计点数吸引顾客回头

通过会员购物积分提高顾客回头率的方法被验证是有效的。20 世纪末，超市行业再次兴起会员卡热潮，有部分企业在普通的积分返利方法上增加了一个巧妙的机制：升级增加返利比例，鼓励顾客更多地把消费集中在本零售企业。

根据对会员顾客的年度购物总额进行分析，对会员分级。举例来说，分析的结果显示：30% 的顾客平均年购物总额不到 3 000 元，50% 的顾客年购物总额为 3 000 ～ 5 000 元，15% 的顾客年购物总额为 5 000 ～ 8 000 元，5% 的顾客年购物总额在 8 000 元以上。由此，超市把会员资格分成四个等级：普通卡、银卡、金卡和钻石卡，分别对应四个消费额度区间的顾客。在此基础上，有针对性地设计逐级递增的返利比例和其他优惠活动，普通卡最低，钻石卡最高。超市会经常提醒和引导顾客通过增加购物给自己的会员等级升级。这个方法的要点是对顾客购物习惯的准确分析，设计合适的升级台阶。台阶太低无法充分挖掘顾客潜力，台阶太高则会失去吸引力。

在当年的这股热潮中，欧洲的超市企业做得比较出色，如英国的特易购和荷兰的皇家阿霍德（Royal Ahold）。超市会员积分制度早期应用类似于贴花和购物券方案，但随着品类管理的提出，人们发现，从顾客累计的消费数据中可以分析出顾客的购物行为特征信息，并据此做定向营销。

购物数据中的宝藏

以特易购为代表的部分企业对通过会员卡收集到的顾客购物数据进行了深入分析，将个性化的零售营销推到了新的高度。多数来超市购物的顾客都积极参与积分返利的活动，他们每次购物都会刷一下自己手中的会员卡，超市能由此记录并收集到每一位顾客的详细的购物信息。从这些信息中可以发现很多有其独特特征的顾客群体，比如，怀孕的妇女、减肥的女士、吃素的老人等。准确识别到这些顾客后，就可以找到提供相应产品的供应商，以直邮的方式把产品的信息和优惠的促销条件一对一地寄送到顾客手上，再配以货架上相对应的商品陈列。这样的流程极大地提高了顾客购买率。

在供应商看来，这种一对一的传播方式比传统的广告宣传的效率高得多，成本又低很多，所以，供应商参与的积极性出奇地高。这项业务给特易购带来了非常可观的收入。

从超市营销的角度来看，把顾客细分不同的群体，有针对性地开发更多营销方案，相当于针对不同的人群重新设计了目的性品类。如此一来，每一类细分人群在店里都能够感受到无微不至的关怀，超市的收益随之得到了很大提升。但实际上的门店还是那一个，投入并没有增加多少。

顾客洞察

品类管理让顾客数据的价值上了一个新台阶。针对特定的顾客需要，分析能够满足该需求的一个品类中的所有商品，并找出其中的规律，即所谓顾客洞察。

顾客洞察也称为“消费者洞察”，是对消费者的行为模式的解读，通过对消费者需求和购物行为做深入分析并得出指导性结论，帮助零售企业改进商品经营方案，提高为顾客提供产品或服务的有效性。

消费者洞察是在品类管理推广之后迅速发展起来的一个专业领域。因为人们渐渐注意到，**在一个品类内顾客需要的变化趋势表现出来的特征很有意义，而对比不同品类之间的变化，往往会有更重要的发现。**洞察的信息来源不局限于定制的市场调查，也可以来自对已经搜集好的数据所做的分析。

消费者洞察得到发展，是因为在管理上产生了需求。品类管理给对顾客需要和消费者购物行为的深入认知找到了发挥价值的空间，也找到了在商品经营上的具体使用方法，在指导品类角色的分配和确定品类战略组合方面起到切实的帮助作用，从而会积极地影响四项具体战术的调整。

消费者洞察的发展，也是数据来源更丰富和数据分析工具更多样的结果。成书于 2 000 多年前的《淮南子 · 兵略训》中写道："见人所不见，谓之明；知人所不知，谓之神。神明者，先胜者也。"这是对欧美零售企业和供应商积极发掘消费者洞察现象的最好诠释。

对消费者需要和顾客购物行为的深入了解，让一部分企业迅速走在了行业的前列。因为他们对顾客和消费者有更深入的了解，所以在门店商品经营上所做的回应更精准，能够更有效地打动顾客，这些企业也就更容易在竞争激烈的市场中脱颖而出。

洞察的专业能力，除了需要成熟的市场调研技术以外，最重要的就是对大量数据的加工处理能力，要从杂乱无序的数据中找到商品跟顾客行为之间的因果关系，基于分析结果从而确定可以影响顾客购买行为的有效方案。这种数据分析的能力和对大量因果关系的发现，就是对大数据技术至关重要的"算法"的前奏，其发展的前景是与人工智能和机器学习相结合，让零售营销更及时、更精准。

造就王者的新路径

在品类管理方法不断发展的过程中，互联网和移动终端相继出现，传统大众媒体的传播方式被社交媒体和智能手机取代，零售营销的方法也随之快速迭代，成为塑造零售王者的新路径。

最初品类管理的方法主要集中在对消费者信息的分析上。伴随着电子商务和移动互联网的普及，关于购物者的数据越来越丰富，适时升级品类管理的分析内容和实施方法，便成了行业的集体目标和方向。

从消费者到购物者

零售经营者在顾客认知上的升级是一切的基础。在超市发展的早期，“消费者”和“顾客”这两个名词在含义上并没有太大差别，当“购物者”的重要性越来越显著以后，严格区分这三个名词就有了必要。

购物者的英文是shopper，源于shop这个词。“逛商场”的英文表达是shopping，“购物者”通俗来说就是“逛商场的人”，他们想买还没买，但正在比较、思量、权衡在哪家买、买哪个。在现在，这里所指的“商场”还包括各种线上的销售渠道。

对顾客的认知升级后，紧接着的是营销方法的升级。

购物者登上营销的舞台

进入21世纪以后，年轻一代的消费者开始进入主流消费市场。智能终端和移动互联网构成了他们与生俱来的成长环境，社交媒体是他们的主要交流渠道，而他们的购物行为从动心起念那一刻起，就会在移动终端和社交媒体上留下大量痕迹。分析这些海量的购物者信息和数据，能帮零售企业找到更及时、更有效地影响他们的方法。这种从购物者的信息和行为数据中得到的结论，就是“购物者洞察”，对于品类管理的分析过程和结论来说都有不可估量的价值。

由于品类管理方法在欧洲零售企业和消费品供应商中间的广泛普及，以及积极回应行业实践者的要求，欧洲ECR系统组织了一批优秀的零售企业和消费品供应商的品类管理领导者，在哈里斯博士的带领下，积极讨论，密切合作，于2011年公布了统一的“消费者与购物者历程”（consumer & shopper journey，C&S Journey）分析模型（见图 8-3），把购物者洞察纳入品类管理的实践中，作为所有实施品类管理的企业统一的工具和标准沟通语言。

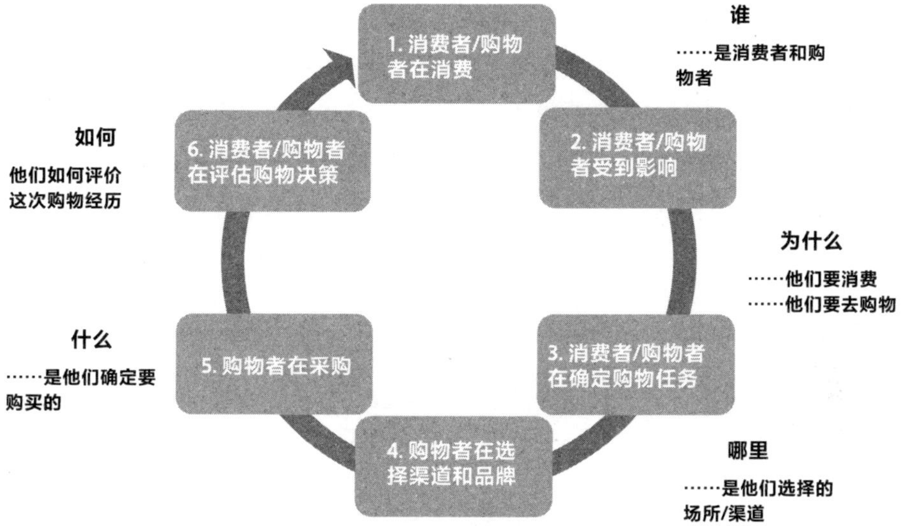

图 8-3 “消费者与购物者历程”分析模型

这个完整的消费者与购物者历程有六个节点，可以借助模型分别寻找他们的决策模式，发挥积极的影响。

“消费者与购物者历程”的起点是对某一个具体的品类的消费或使用需求，这种需求会触发一系列的购物决策，使消费者转变为购物者。这些购物决策包括在网上搜索能够满足需求的相关品类或产品的信息，比如用户评论和观点。下一个环节是确立购买这个品类或产品的购物任务，或是全家人周末一起出行休闲式购物，或是单一的为补充储备的快速购物，又或是为满足特别事件所需的单独购物。接下来是对购物渠道和购物场所的选择，是线下实体门店还是网上电商，更具体的是哪种业态、哪家门店，或者哪个网站等。最后的环节是如何使购买的产品到达消费者的消费地点，可能是消费者到店里选购，也可能是网上下单线下取货，或者是送货到指定地点。这个历程在它的开始处结束，购物者的身份又变成了消费者，对自己的购买决策做出评价，这也就是对整个购物历程是否满足了需求和期待的评价。

在这个历程的每一步上，消费者都需要做出选择，同时零售企业和供应商也都可以发挥作用，积极地影响最终的选择结果。

品类管理是发挥影响力的关键载体。零售企业和供应商通过品类策略组合和品类战术，实现顾客在线下和线上购物体验的差异化。完成这项工作需要消费者洞察和购物者洞察，对消费者和购物者历程有深入调研和分析，还需要找到并量化品类的成长机会，为品类划分角色，确定品类的业绩指标。通过有效的品类策略和品类战术，在顾客浏览和选择商品的过程中影响他的决策。

购物者营销

购物者营销是营销实践升级后的一个全新领域，影响着优秀零售商和消费品供应商的营销实践。

购物者营销的基本原理，就是在顾客从消费者转化为购物者的第一时间和场合对其开展影响，并在其购买之前持续跟踪并施加影响。消费品品牌经营者的目的是让购物者选择自己的商品，而零售商的目的是让购物者选择自己的零售门店（实体店）或者自己的线上平台。

购物者营销的重点就是在消费者与顾客购物历程中寻找到那些能够发挥影响力的节点，用最有效的方式影响顾客的选择。在规划品类策略、满足顾客不同需要的基础上，购物者营销还要针对不同顾客的购物任务，分析什么样的品类组合能够满足顾客一次购物的全部需要。

在寻找发挥影响力的节点时，要通过多重数据分析顾客需要的特点是什么，其购物任务是由哪些需求组成的，其需求还与哪些商品有相关性等问题。在所有环节的细微之处关注顾客的购物行为，观察顾客关注的信息以及受到哪些因素的影响，才能有针对性地发挥影响作用。

购物者及其需求可以被细分成无数个类型。通过对顾客购物行为的处理分析，掌握这些不同需求的特点，在营销细节上设计得更具体、细致，那么最终传达给顾客的信息会达到近乎量身定做的程度。购物者营销被越来越多的品牌企业、实体零售企业和电子商务企业接受，主要的原因是这种方法对顾客的影响效果更好。从投资回报的角度来看，即投入产出比更高。

计算机技术、智能终端采集技术与大数据处理能力迅猛提升，经营者可以得到对顾客高度精确的分析结果，甚至远远超出顾客自己的个人认知。这些分析结果加上设计巧妙的顾客影响方法，可以让顾客感受到强烈的可靠性，甚至产生强烈的依赖感。**让顾客感觉那些来自零售企业的及时、贴心的提醒比最亲密的好朋友还温暖，这就是购物者营销的意义和目标。**

购物者营销的方法逐渐成熟，成本越来越低廉，将很快成为零售企业和消费品供应商的主力营销方法。其实我们已经在生活中接触到很多购物者营销，比如在闲谈聊天后收到购物软件的定向推荐。购物者营销是在技术发展的推动下，以消费者为中心的营销的进步。

全渠道营销

“全渠道”这个词是在互联网电子商务兴起时经过多次迭代产生的。那时，人们把实体店零售称为“线下”，与电子商务的“线上”相对应。后来，部分实体线下零售企业得到加入互联网拓展业务的机会，一部分线上做电子商务的企业开始尝试走向线下，人们把这种跨越渠道经营的方式叫多渠道。**如果把购物者营销理解为在时间维度上对顾客的及时把握，那么全渠道营销就是在空间维度上对消费者的追随：“顾客去哪里，我就在哪里。”**在这个阶段，不论实体零售还是电子商务，企业增加自己经营的渠道时，还没有能力精准分辨顾客到底是哪些人。

在多渠道营销之后，人们逐渐认识到，不论做线上还是线下，同一个企业应该针对同样的目标顾客，传达同样的价值观，通过不同的渠道触达消费者的时候应该是同一个身份。在顾客看来，不论是线上还是线下，同一个品牌所代表的内涵都是一样的。这样的营销理念就是全渠道营销。单一渠道、多渠道与全渠道营销示意如图 8-4 所示。

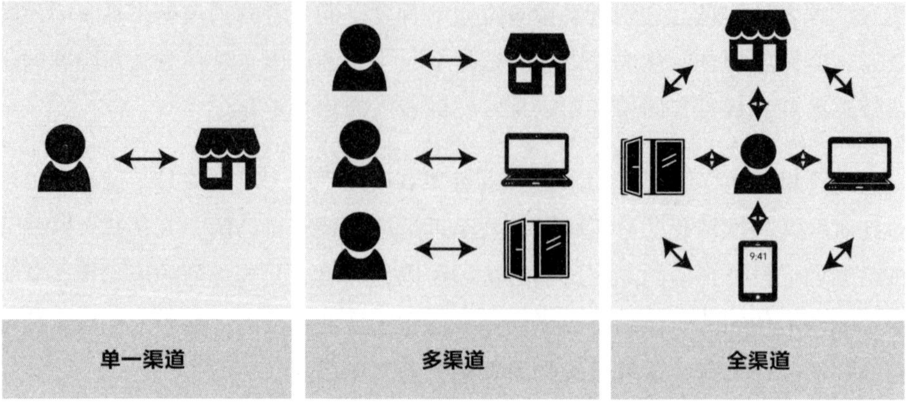

图 8-4　单一渠道、多渠道与全渠道营销示意图

多渠道营销是从产品或服务的角度去定义的，而全渠道是围着同一个顾客的，是以顾客为中心的。

零售企业的营销管理

营销能力是零售企业重要的核心竞争力。零售营销的起点就是品类管理。 零售企业的品类管理实践推动零售营销发展到新的高度，帮助零售企业塑造品牌价值。

从零售营销实践的发展史看，不论是在品类管理之前的早期，还是在品类管理的诞生初始，或是在品类管理方法被提出以后盛行的购物者营销、全渠道营销实践中，我们都可以发现，发展的整个过程和顾客之间的距离越来越近，对顾客的了解越来越精准，越来越深刻。

在历史的进程中，总有一些零售企业走在竞争对手的前面，抢占先机。而品类管理是现代零售营销的重要基础，只有打好了这个基础，更精准、更有效的数据应用才有价值。如果缺了扎实的基础，后面的购物者营销和全渠道营销等手段也就无从做起。

Category Management

第 9 章

全渠道的无界空间

品类管理，是在商品之间建立联系，并将商品与顾客的生活关联。

导语

“核心竞争力是企业在市场竞争中相对于竞争对手所拥有的无法模仿的独特优势或能力，能够为企业带来可持续的竞争优势和市场地位。

一个零售企业的核心竞争力主要体现在，为顾客提供满意的商品和服务的同时，还能持久盈利并保持稳健发展。这种能力的形成需要企业建立完善的运行体系，形成以经营战略为牵引，业务流程为实施保障的运行机制。品类管理的六要素为我们提供了运行体系建设的模板，而优化品类的八个步骤就是‘以顾客为中心’的最有效的业务流程。

从过去几年的品类管理学习和实践过程中，我们的收获是多方面的。

首先，品类管理已经成为超市业务最基础的操作系统。通过对目标顾客的价值定位提炼出我们的价值主张，结合顾客需要与企业的资源和能力确定差异化的经营战略，包括线上线下的全渠道业务、商品构成优化计划、目的性品类打造方案等，以此作为我们一切工作的出发点。工作的系统性、逻辑性和针对性明显增强，效果更显著，真正实现了可持续发展。

其次，提高企业内部的协作效率。高层管理者和基层管理者之间的沟通协作以消费者需求为导向，更高效地就工作方向和目标达成一致；门店、采购、营销等跨部门协作效率也得到极大提升，增强了企业以顾客为中心理念落地的执行力。

最后，针对核心业态和主要门店，把商品选择、价格、陈列展示和促销机制纳入品类经理的决策范畴，这既为顾客提供了卓越体验，也节省了门店管理人员的时间和精力，让他们能集中精力做好门店的顾客服务工作。

规范的业务流程和统一的话语体系，提高了所有岗位的工作效率，整个团队都能够把精力聚焦于分析顾客、了解顾客需要等更有价值的工作。与此同时，尊重流程、用数据作为决策依据逐步成为习惯，为企业未来数字化、智能化的更高级运作做好了必要准备。

通过实践品类管理，企业整体的知识、技术和专业能力水平得到提高，由此吸引了大批有为年轻精英的加入，为企业的后续发展积蓄了力量。

通过与供应商分享企业对顾客需要和消费者价值的认识，发现更多值得与供应商交流的要点，有利于进一步强化与供应商的合作关系，提高吸引供应商资源的水平及合作效率。

经过多年的学习与实践，我们深刻地认识到：品类管理既可以帮助企业提高销售、利润和投资回报率，更能在外部整体经济停滞或下行，行业竞争加剧的情况下，聚焦顾客需要的变化，及时调整经营战略，配套相应品类策略及战术等品类管理的组合打法，使成本费用结构保持在合理区间，确保企业财务安全，现金流稳定，实现有效益的增长，并为长期稳定的发展奠定坚实的基础。”

以上这段文字，由天虹数科商业股份有限公司前副总经理兼超市事业部总经理姜勇执笔亲述，这些都是他带领天虹超市事业部的团队跟随哈里斯博士本人和元旨品类管理的专家团队，经过 7 年学习与应用之后的认识和感悟。

一堆砖垒成一面墙，墙的价值远大于之前那堆砖；四面墙围成房屋，房屋的价值超出了四面墙的价值总和。墙与砖堆的不同，在于组成墙的砖与砖之间有了联系；屋跟四面墙的不同，在于组成房屋的墙跟人的生活有了联系。

品类管理就是在商品之间建立联系，并将商品与顾客的生活关联。

当零售企业能够认识消费者选择商品和顾客选择门店的规律，并牢牢地掌握为顾客选择商品的主动权时，就能成为整个消费品供应链上最有影响力的一环。把影响力变为领导力，就是“终端为王”时代的开端！

本章站在已经推行了品类管理的角度，探究全渠道零售时代零售企业的广阔空间。

提前思考下列问题，会让本章的阅读更有收获：

- 为什么说实体零售永远不会衰落？
- 如何为顾客提供卓越的服务？
- 有了人工智能是否不需要人了？
- 什么是正确的业态创新？
- 如何树立零售品牌？
- 如何有效经营零售自有品牌商品？
- 如何实现全渠道零售？

有了品类管理的基础，一个零售企业的集体智慧才能够发挥到极致：商品被顾客喜爱，门店让顾客感到愉悦。

实体门店永远不会衰落

零售是消费品流通的最后一个环节，是上游所有努力最终实现价值的关键所在，又因为占据了流通的终端，这个行业就有了与生俱来的优势。

真理属于卖场和收款机

在产品和产能过剩的时代，对商品做出选择是零售行业的先天优势。

要实现商品的流通，需要在离顾客近的地方有一个固定的零售门店，把商品集中展示给顾客，这是零售行业从古至今不变的存在价值。零售门店的价值一方面是让制造商在靠近顾客的地方暂存商品，另一方面是在这个空间向顾客展示商品。

顾客在店里购买商品一般要即时支付，但在上游的各个环节都是以赊销的方式，或者从赊销演变而来的按约定账期支付的方式。所以，在收款机收入顾客所付款项之前的所有交易都存在不确定性，最终消费者会不会付款，什么时候付款，上游的经营者都无法确定。只有当顾客把商品拿到收款机旁完成支付，才有了最终答案。因为拥有卖场和收款机，零售有了在流通链条中的决定性地位。品类管理提供了正确选择和有效经营的方法，帮助零售企业把先天优势发挥到极致。

对消费者深度认知

基于效率上的绝对优势，超市从多年前开始推广顾客自选的经营模式。关于自选模式下的具体做法，超市经营者一直在观察、调研、分析、总结和调整。如何影响顾客在卖场的购物行为，已经形成一门内容丰富的专业技术。

在自选模式下与顾客之间有限的互动是备受关注的一个方向。超市经营者重视这种互动的价值和效率，不断在方法上提升改进，从而优化对顾客产生影响的措施和效果。在与顾客近距离互动的过程中，得到的关于产品和服务的直接反馈是改进服务和升级产品最宝贵的信息。在卖场跟顾客的实景互动既是零售经营独有的优势，也受到了供应商的重视。

对顾客购物数据进行分析和解读，配合在卖场中对顾客购物行为的观察，并结合在与顾客互动过程中的新发现，零售企业能够获得对消费者的深度认知。这些认知不仅能够提高顾客满意度和经营效益，为商品经营提供有价值的指导，也对供应商的经营也有着莫大的价值。从另一个角度来说，能够深度解读消费者在门店端购物行为的零售企业，可以在相当大的程度上帮助供应商改进经营方式，升级产品与服务，进而会受到供应商的倚重，得到更大的支持。

品类管理正是提供了系统性的方法，帮助零售企业观察、分析与解读顾客在零售门店的购物行为。

规模

销售规模越大，固定成本所占的比重越低，这是超市行业追求销售规模最直接的一个动力。销售规模越大，与供应商商定价格时零售商就会更有优势，这是超市行业追求规模的另一个直接动力。

一个零售企业发挥规模经济优势的必要基础，是商品的统一管理。如果没有统一的商品管理，供应商除了要和总部的采购部门打交道外，还需要分别跟各个门店确定选品结论、陈列位置和促销方案等琐碎的具体事宜，所谓规模经济效益就成了一句空话。规模优势的发挥需要统一的商品管理，当零售企业能够承诺供应商统一规划与使用资源的时候，才会真正实现规模经济效益。

品类管理，以选择并销售对的商品为目标做商品经营规划，统筹支配全部门店的空间资源，能够让供应商更有效地享受规模优势。

让门店绽放，创造零售品牌价值

实施品类管理的超市企业，把"卖什么"和"怎么卖"这两个最关键的问题放在采购环节之前优先解决，这样当商品到达门店时，已经有具体的陈列与展示计划，因此，能够节省门店人员大量的时间，让他们可以把精力集中投入保障商品经营计划的落实和为顾客提供高品质的服务中。

实体门店的运营要领

发挥店长专业价值

连锁超市的门店店长，是一个企业最宝贵的人力资源。要让店长做他应该做的专业工作，发挥出他的专业价值。店长的专业价值在于三个方面：带领团队完成任务的领导力；落实商品经营计划的执行力；保障顾客卓越体验的服务意识。

带领门店团队有效地开展工作，需要店长具备卓越的领导力。所谓领导力，就是能够带领团队高质量地完成任务的能力。具备相应领导力的店长，能使团队有集体意识，有完成任务的责任感，有服从指令及做好工作的劲头。让下属信服的店长像优秀的将军一样，纪律严明的同时，还让团队感到正直和温暖，是值得下属信赖的人。领导力的形成需要先天的性格特征，也需要后天的培养和历练。

落实商品经营计划，就是执行每一份品类经营计划。商品经营计划是由品类管理得出的最终的结论，是相关部门经过顾客分析和市场调研，结合企业内部条件做了大量准备，并跟供应商沟通谈判达成一致的结果。而这个结果必须在门店得到落实才能体现出其价值，发挥其作用。所以，店长和门店团队在业务上最重要的责任就是落实商品经营计划。

如果商品经营计划得不到落实，给顾客呈现的就不是那个通过大量调研和分析得出的最佳结论，企业就无法实现对供应商的承诺，相对应的，企业也就不可能达到理想的经济效益。商品经营计划的落实工作中有很多复杂的细节。店长要分清主次，做到“要事优先”，培养自己优秀的时间管理能力和抗压能力。

为顾客提供优质服务是店长最独特的专业能力，也是零售企业最有价值的工作之一。顾客在门店购物的过程中经常需要帮助，零售服务的作用就是为顾客答疑解惑，支持和保障顾客的购买计划都能够实现。影响门店员工为顾客提供的服务的重要因素之一就是店长的言行，他们会学习和模仿店长的行事风格。善于做好服务的店长，一定是善于倾听，让顾客感受到亲和力的人。

没有推行品类管理的企业，常常要求店长和门店的管理人员积极参与商品的选择、定价、促销等商品经营工作。当每一个门店都需要解决这些问题时，就会忽略共性问题，而把精力放在本门店的个性化问题上，浪费了大量的时间精力，耽误店长和团队宝贵的精力和时间，无法为顾客提供专业的高质量服务。

当店长和门店管理人员花了很大的精力去权衡自己的店到底应该卖什么和怎么卖的时候，他们就需要跟供应商打交道；而供应商为了争取一个好的陈列位置或者促销机会，就会直接与他们协商通道费，这样一来，也给供应商工作增加了难度。

专业的门店营运管理

是否有品类管理，会造成超市门店营运和管理水平之间的天壤之别。**没有品类管理，营运和管理只是保障企业运转的很多琐碎工作的集合；有了品类管理，门店营运工作就有了一条清晰的主线任务：有效提升商品服务率。**

商品服务率是顾客在任何一个具体时间在门店里能够买到的商品品项数占当时根据品类规划应该在门店呈现给顾客的品项总数的百分比。这个指标也称为“得购率”。比如，全部品类的品项规划总数是 20 000 个 SKU，顾客在店里各个品类集中陈列的位置上能够找到的价钱对位的商品一共有 19 000 个 SKU，这时的商品服务率就是 95%。

商品服务率低，表示顾客不容易在店里找到企业想卖的商品，这样会直接损失销量和利润。如果缺少的商品恰恰是体现“吸引客流”品类策略的商品，还会降低顾客满意度，影响长期客流。

在实际经营中，100% 的商品服务率是不现实的，过高的指标也会导致成本显著增加。一个合理的商品服务率指标的确定，需要丰富的经验和科学的计算。如果只是要求提升商品服务率，提高安全库存是最直接的办法，但这会导致库存周转速度下降；如果只对库存周转提出要求，增加订货频次就成了首要的选择，但这会导致零售企业或者供应商的物流成本上升。如何平衡三者之间的关系，在最恰当的时间把最适合的订货量通知发到物流中心或者供应商手中，以最经济的成本保障门店的商品服务率，是门店最重要的工作，也是门店营运管理水平的最重要体现。

出色的门店体验

因为有了总部的品类管理方案，店长和门店团队得以从纷乱复杂的商品选择、空间分配、定价和促销等事务中解脱出来，可以把更多的精力集中用到为顾客体验做努力。顾客在门店的体验来自以下三个方面。

首先是商品的展示，通过最直观的商品视觉效果吸引顾客。陈列涉及货架空间的分配和营销美学的展示，而空间分配已经在品类经营计划中有了完整的答案，店面工作的内容就是在落实这个方案的同时，适度吸收营销美学的创意，完成陈列。

其次是顾客服务。遵照公司的服务原则，顾客服务包括在门店现场支持、帮助顾客选购商品，并解答顾客可能有的问题和处理顾客对不满意事项的投诉。

最后是现场的员工。超市的开放式的售货方式下，员工在正常营业时间里的行动轨迹是穿插在购物的顾客中间的，如搬运、陈列和整理商品的行为，是顾客都能看见的，常常还有近距离接触。卖场的氛围、员工的工作态度、处理商品的方式，甚至员工的个人卫生、穿着打扮、言谈举止等等，都可能受到顾客的关注，也会给顾客购物体验带来显著的影响。顾客看到的员工形象是其购物体验中很重要的一个方面。

有了品类管理的指导，就可以给顾客更出色的购物体验。

选择高度匹配的业态

门店的业态是从顾客角度看到的零售经营模式，是零售企业向顾客呈现商品的具体方式，是顾客体验的根本性影响因素。企业的综合经营能力是业态成功的保障。

业态与经营能力

业态本身没有好坏，一个零售企业对业态的选择不是其能否成功的决定性因素，还要看这个企业的经营水平和团队文化是否能够支持其业态选择。

沃尔玛在美国是以低价闻名的折扣店，保障其成功的是高效的物流系统和超低的开店成本。但到了德国，由于其企业文化与德国人的性格特征严重冲突，最后只能铩羽而归。家乐福在发展中国家的开店趋势所向披靡，但到了发达程度和居住密度高的日本，根本发挥不出其优势，营收惨淡。开市客的模式高度适合超市密度高的市场，但他们从来不会进入发展中国家超市行业不成熟的市场。

市场在变，业态模式也需要变，在 20 世纪 30 年代，美国的超市营业的平均面积只有几百平方米，20 世纪 80 年代平均面积达到 4 500 平方米，最近 10 年开始缩小，平均面积只有 3 800 平方米。

业态的原生地特征

纵观世界范围内的优秀零售业态，往往都是由伟大的企业家怀着坚定的信念，带领团队历尽千辛万苦打造出来的。成功的业态都有很强的原生地特征，与其诞生的国家和市场有着密切的关系，如消费者购物行为、居住与交通条件，以及工作习惯等。当企业借助其在本国成功的经验把这个业态推广到其他国家或市场时，企业中带有的原生地特征会持续发挥影响。

以沃尔玛为例。沃尔玛在美国的诞生和成功，与美国消费者的购物行为、交通条件和居住方式，以及美国人的工作习惯等因素密不可分。美国的大众媒体发达，广告业也很发达，消费者受媒体广告的影响大；从居住和交通角度看，美国消费者的房子普遍较大，人人有车；同时，美国人对待工作态度比较放松，信息技术成本低。所以我们看到的沃尔玛购物广场是一次购足式的大卖场，注重销售氛围，突出低价特点，门店自动化程度高，员工的工作高度简化。

再看奥乐齐。德意志民族严谨、内敛、重视逻辑，他们不太容易受到广告的影响，而奥乐齐店里的自有品牌超过 90%；德国人的居住方式以小城镇为主，社区内部比较紧密，奥乐齐的店型主要是针对小城镇特点的社区型门店，几百平方米就能够满足整个社区的需求；在工作上，德国人是严谨的“工程师性格”，注重流程，遵守流程，所以奥乐齐的门店标准化程度高，流程简洁，成本低。

家乐福也带有明显的法国风格。法国人重视生活，喜欢热闹，积极的促销活动容易打动他们；很多城市里的法国人都喜欢周末去郊外游玩，家乐福就把店址选在城市的边缘地带；法国人崇尚自由，反映在企业管理上就是大店自治程度比较高，门店的店长和门店的管理团队有一定的权利决定具体的经营方案。

7-Eleven 虽然诞生于美国，但真正发展起来是在日本，所以它带有浓厚的日本特征。日本人与我国民众有类似之处，也以大米为主食，但日本人吃的简单得多。日本便利店里的熟物的做法没有中国的熟食制作工艺复杂，各种简单的饭团就足够满足日本全国人的吃饭需求了。日本人的居住空间比较狭小，城市里的交通没有美国、欧洲发达，步行是最方便的。所以 7-Eleven 便利店在日本发展起来了，店面不大，密度极高，遍布大街小巷。日本人尊重社会秩序，服从精神强，所以加盟店的方式会很成功，加盟总公司对加盟店提出的要求也容易被遵守。

保持一致性

超市的业态与营运风格要一致，不能有冲突。比如，最低的价格不能与最好的服务搭配，因为低价就要节省成本，而服务要付出成本。

沃尔玛在德国不是被奥乐齐打败的，而是因为其经营方式与德国消费者的购物行为有冲突，与德国文化格格不入。奥乐齐的服务很有限，但高端超市布里斯托农场会有员工主动跟顾客聊天。好的服务，要配备有热情的员工才行。

业态表现的六个方面中，若有一项特别突出，顾客就会喜欢这个企业，若有两项，对顾客的吸引力就会很大，但如果同时拥有三项，这个企业一定有很大的问题。顾客是要权衡比较的，没有绝对的好，也没有绝对的不好。用品类管理的原理说，在目标顾客、价值主张、品类角色和品类优势等项目上，企业表现一致很重要。比如，为付费会员提供的好处要实实在在地体现在商品的物超所值上，而不是办卡返利，或给一大堆看起来面值不小但顾客不需要的东西。

创造零售门店的品牌价值

当顾客对某一个品牌的零售门店有了相对稳定的期待，不管是在选品、价格还是服务上，零售门店的品牌就有了价值。在零售门店和线上渠道过剩的市场，消费者期待可以简化寻找及选择购物场所或线上平台的过程。而一个鲜明、有特色的零售品牌能让顾客更高效地做出选择，是获得顾客忠诚度的最佳方法。

品牌对顾客的意义

在目前的市场环境下，各种新产品和新的零售模式通过许诺新的体验吸引顾客，持续增加的可支配收入也增强了顾客在经济上的承担能力，可以经常性地去尝试任何引起自己注意的新事物。当成长速度显著下降或逐渐趋于稳定时，顾客的好奇心也会下降，尝试和接受新鲜事物的意愿随之降低。消费者期待找到简单的方法，帮助他们寻找并选择想要的商品和购买的场所与渠道。尤其当外部环境出现震荡，可支配收入增幅减少甚至下降的时候，普通消费者会把他们的要求简化，选择熟悉且信任的品牌解决购物需要。

通过互联网和移动终端的去中心化式传播，让人们对全球气候变暖、自然资源枯竭、国际局势动荡、全球性疾病等世界性危机充满焦虑，而对自己身边发生的日常事务又常常感到无能为力。一个可靠的零售品牌能给顾客带来安全感和社会归属感。

心理学家、社会学家和经济学家们认为，这个世界正在快速进入一种全面品牌化的社会形态，人们的社交和消费将完全被各种品牌主导。消费者需要品牌，提供食品和日常基础性消费品的超市就需要以品牌经营的实际行动做出回应，不仅包括实体店，也包括网上平台。

零售的品牌特征

信息高度发达的今天，仿造产品的成本越来越低，产品的品牌特征主要表现在三个方面：第一是功能上的不断创新；第二是有知识产权保护的视觉形象，如图 9-1 所示的产品外观和设计；第三是传播途径。

图 9-1　品牌的视觉形象

在门店的外观设计和店内的卖场布局规划上，零售门店的品牌特征能最直观地体现出来。外观的设计重在向目标顾客传达其经营理念和经营特色，突出目的性品类的特点。布局会直接影响顾客的主要购物任务，合理的布局会对各品类按角色进行有效衔接，并按照品类贡献调整空间分配。图 9-2 以奥乐齐超市的外观和布局为例。

零售门店的品牌特征也会通过各品类的具体表现展示出来。超市经营是一门用商品为顾客演绎美好生活的表演艺术，门店是舞台，商品是演员，超市经营者就像编剧和导演，要想方设法让商品打动顾客。

顾客选择一个品牌，有其理性的考量，比如品质优，性价比高等，而零售门店需要回应顾客的关注，用具体、直观的方式去表达相关特质。

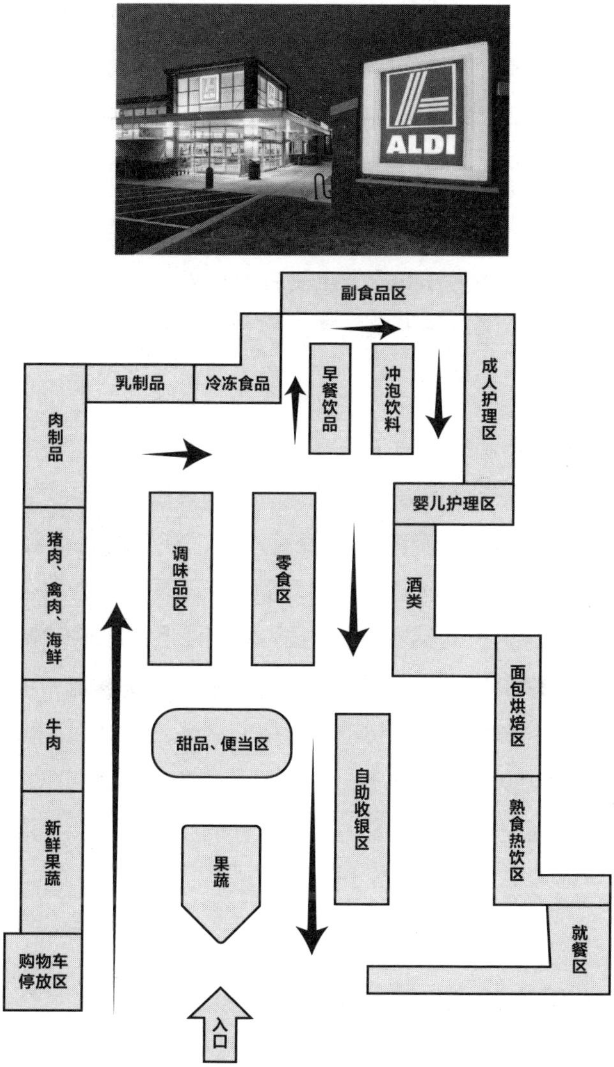

图 9–2　奥乐齐超市的外观和布局

地面、灯光、设备、道具和各种指示标识的应用，都是为了衬托和表现商品，突出各品类的优点，发挥品类角色的作用。对重视商品品质的顾客而言，平整干净的地面、敦实耐用的设备、明亮温和的灯光和规格整齐的生鲜商品等，都在给顾客传递强有力的信息。反之，坑坑洼洼的地面或一块破损的瓷砖、一节歪斜的货架、一个螺丝脱落的挂钩、一根忽闪着的灯管、一棵有烂叶的白菜、一堆大小不一颜色斑驳的苹果等，都会让顾客对整体品质产生怀疑。类似地，如果要表现价格便宜，就要应用简单的装修设计；要体现服务专业度，特色鲜明的员工制服就是必需品。

品牌口号对有些品牌而言是强化传播的有效方式，比如沃尔玛的口号是“省钱，过得更好”，从创立至今，沃尔玛的品牌口号共有六个版本。特易购的品牌口号是“Every Little Helps”（点滴皆有助益），既面向内部员工，也面向顾客。家乐福针对中国市场提出品牌口号：“开心购物家乐福。”当然，不是所有企业都必须设定一个品牌口号，开市客、奥乐齐就没有。

品牌口号是个对企业的营销工作有战略影响的大事情，不能将就，不能随意，不能人云亦云。如果做不好，宁可不做，也不能让顾客产生一点点负面感受。比如，在广东地区，消费者普遍偏爱鲜肉，甚至是保留着温度的新鲜猪肉，“不卖隔夜肉”是一句会受欢迎的口号，能让顾客体会到企业对肉的新鲜程度的控制力度。但把这句话用在盛行冷鲜肉的北方，不但起不到积极的作用，还会让顾客一头雾水。在内蒙古自治区、东北三省等地，消费者习惯在家里把肉放到冰箱里冷冻保鲜，这句口号对他们来说不但难以理解，甚至有一种荒唐感。从“不卖隔夜肉”延伸到“不卖隔夜菜”的问题更明显，对于土豆、萝卜、大白菜而言则完全没有必要，况且这样的歧义还可能给顾客带来不确定的信息，产生负面效应。

零售企业的品牌战略

制定明确的品牌战略是零售企业最重要的长远规划之一，需要从公司整体发展方向的角度出发，清楚地回答“我们的顾客是谁”“我们要怎样为顾客服务，让顾客满意”等问题。

按照品类管理的思路和方法，首先要确定目标顾客，再针对目标顾客的需求确定零售门店的价值主张，并用品类覆盖范围和不同的品类角色去实现价值主张。

下面列举了一些适合中国零售市场总体发展趋势的工作标准。经过若干年的努力，这些工作将成为所有超市的共同标准，但走在前面的企业，不仅有助于树立积极的品牌形象，还会获得一定程度的先发优势。

- **卫生状况：** 超市的卫生状况是赢得顾客对品质、服务、新鲜等方面信任的最基础的一步。没有达到卫生标准的超市，只能靠低价吸引顾客，毫无竞争力可言。

- **食品安全保障：** 食品安全是全世界消费者共同关注的焦点。超市食品安全的管理标准和制度不应该以法律规定为底线，而是要比法律的要求更高，给顾客信心，让顾客满意。

- **农产品的"良好农业规范"管理系统：** 世界上大多数超市企业都在采用"良好农业规范"的标准对生鲜农产品实施安全管控。从土地和种子开始，不仅保障最终产出作物的安全和质量，而且从农药和化肥的使用方法上指导农民的种植实践，支持和保障种植者的利益。为控制农产品安全而在超市端额外设置农产品检验环节，不仅会造成很多浪费和损失，且无法提供最终解决方案。

- **生鲜商品的标准化包装：** 蔬菜和水果的预冷、分拣、包装等工作若在田间地头一次性完成，既能极大地提升品质，还可以减少中间流程的大量损耗。在生鲜商品的标准化经营上，欧美市场有丰富、成熟的经验可供借鉴。

- **顾客的统一体验：** 在同一个品牌下的门店结合了共同的目标顾客和企业的价值主张，应该有一致的品类覆盖范围、一致的品类角色、一致的门店外观、一致的店面布局、一致的内涵，以及最重要的——给顾客一致的体验。

有些工作标准需要企业有深厚的内功来执行，但实现这些标准能够让门店明显比竞争对手更有魅力，同时让竞争对手难以模仿、无法追赶，在塑造门店品牌方面有不容小觑的独特作用。

打造充满活力的自有品牌

自有品牌是零售商根据自己门店销售商品的情况经验，为了获得更高的利润或实现其他营销目的，以供应商品牌的商品为参照而开发的商品，但使用的是自己的品牌标签。

当零售门店的品牌获得了顾客的信任，这些品牌就有了“品牌价值”，零售品牌为自有品牌背书，自有品牌的高性价比或者产品特色反过来强化零售门店的品牌，在这样的良性循环中，自有品牌就会真正鲜活起来。

自有品牌的分类

早期的自有品牌主要集中在一些品牌影响力不大的品类，这些品类下的商品的品质有通用的行业标准或者产地特征，比如白糖、盐、锡兰红茶、爪哇咖啡、加拿大鳟鱼等，产品的包装简单朴素，主要标出商品名称，也许在不显眼的位置有个门店的标记。这种商品被称为“无牌商品”。当知名品牌商品在各个品类下不断丰富的时候，无牌商品的存在就是为了满足那些特别看重价格的顾客的需求。

20 世纪 60 年代开始，一线品牌大量出现。因为品牌影响力的扩大，零售价格比产品的实际制造成本高出很多。零售企业的自有品牌实践也在调整升级，采购渠道逐渐趋向于一线品牌的大规模制造工厂，在产品的包装上也高度标准化，出于节省成本的考量，包装风格上依然比较朴实，重点突出与一线品牌相比之下的价格优势，但实际毛利润常常较高。

进入 20 世纪 90 年代，品类管理日渐普及，零售营销实践也逐渐成熟，以英国的特易购和荷兰的 Albert Heijn 为代表的欧洲零售企业率先做出突破，改变了仅从毛利润出发的自有品牌战略。他们从强化零售品牌形象和增加顾客忠诚度的角度，多层次地开发并经营自有品牌。比较典型的做法是在每一个品类里面把自有品牌分为“好”“更好”和“最好”三个层级分别进行开发和经营。

其中，“好”的级别代表品质和价格的最低门槛，强调性价比，此级商品主要用以巩固企业高性价比的积极形象，抵御折扣店的进攻；“更好”级别的商品与一线品牌对标，突出品质的优秀和价格的实惠，这一级商品经营的重点是利润，也是与一线供应商谈判时的重要砝码；“最好”级别的商品在品质上明显超越一线品牌，重在树立企业的品牌形象和提升高端顾客的忠诚度。

普通超市企业为了强化顾客忠诚度，都会在自有品牌商品包装上突出门店或者企业的品牌名称和标志，用企业的声誉对产品的品质背书，用自有品牌的良好形象强化门店的品牌形象。以德国的奥乐齐为代表的硬折扣业态企业有不同的做法，其自有品牌商品不但没有明显的企业标志，而且使用多个品牌。这是适合硬折扣模式的好方法。

普通超市企业制定自有品牌策略时的重点考虑因素包括强化物美价廉的企业形象，并让顾客通过统一且独特的包装风格，在数万个 SKU 中轻松识别其自有品牌商品，这是有战略意义的。而在硬折扣模式下则不同，几乎所有的商品都是自有品牌，无须识别。而且，如果上千个左右的 SKU 都做成同一风格，顾客可能会感觉单调，不同风格的各种形象则能带给顾客丰富多彩的感觉，不至于产生视觉疲劳。

最近几年，社交电商[①]渐成大势，由此催生的“白牌”（white label）[②]作为自有品牌最有生命力的一个变种，正在全球范围内引起经营者和研究者的广泛关注。白牌的真正推手，是对社媒商务反应迅捷的生产商，他们为众多社交电商经营者或个体主播生产没有任何品牌标识的、完全相同的产品，再按照要求贴上个性化定制的商标和标识，统一向消费者发货。白牌商品的运作方式，包括从产品研发到生产制作，从物流营运到市场营销，从订单执行到售后服务等环节，都在向着更高效的专业化方向发展。

① 指由社交媒体推动的电子商务贸易。——编者注

② 指由产业链及上游的生产商或渠道商直接供应的品牌，主要突出性价比。——编者注

自有品牌的经营

自有品牌是产能过剩和产品过剩的时代产物。如果没有产能普遍过剩这个社会经济背景，就不会有对自有品牌的需求。零售企业自有品牌商品的采购能力，主要表现在对商品制造过程的技术、原料和工艺的把握，其采购的目标不是产品，而是过剩的产能。只有与产能过剩的供应商合作，才有可能拿到实惠的价格。

经营好自有品牌，企业需要具备包括品类管理在内的基础能力。品类管理是关于“卖对商品”的专业能力，所以在最开始就要把自有品牌的开发放到具体的品类里面去考虑，根据品类角色和品类策略组合来确定待开发的自有品牌商品的市场定位和经营指标，从而明确其经营目标。没有实施品类管理的零售企业，对自有品牌的认识仅仅是更低的价格或更高的毛利，却意识不到它在品类中的具体作用，不但难以获得积极的经营结果，甚至可能破坏既定的品类角色，影响整个门店的形象。

零售企业需要具备控制自己所经营的商品的能力，包括对品质的把控和对上游货源的管理。在现今这个高度发达的商品市场，任何产品都会有多种层级的替代品。这些替代品大都是品质与价格在不同水平上相互让步、折中取舍的结果：品质好的往往价格高，价格低的常常品质差。但在消费者眼里，这些差别并不意味着绝对的“好”或者“差”，不同的消费者群体都有自己的最佳“价值”选择。成熟的零售企业中，自有品牌的产品规格和原料成分应该由企业的市场营销部门提出，其决策依据是企业的目标顾客和产品定位。在此基础上，商品的获得过程细分为“采购”与“货源优化”两种紧密关联却截然不同的工作。“采购”是专业解决商品物权转移过程中的各种问题；而“货源优化”是专业解决“同样的品质，更有效的供应”这一要求。从资质和能力上说，自有品牌的供应商不应该是唯一的，而要有多家生产企业作为备选。一个零售企业的采购能力与货源优化能力综合起来，就是其控制商品的能力。

经营好自有品牌，需要零售企业具备市场营销的综合能力。这个能力是了解消费者，并把对消费者购物行为的深度洞察与企业的发展目标、体系架构、运行机制等因素有机地结合起来，在经营实践中不断调整、创造，通过商品和服务让自己的零售品牌根植于特定顾客群体的心中，让顾客产生依赖感，提升顾客忠诚度。只有到达了这个高度，零售自有品牌才堪称真正的“品牌”。

品类管理小知识

自有品牌不是 OEM

把零售自有品牌称为 OEM 是一个认知错误。在国际上，它原本主要运用于品牌服装、汽车配件和电子产品等领域，指那些超大型的跨国企业把设计好的产品及相关的设备和生产工艺通过许可证委托给第三方完成制造的方式。OEM 是 Original Equipment Manufacturer（原始设备制造商）的缩写，专指接受委托的制造企业，是个名词。这个看起来微不足道的细节，可能导致零售企业及其供应商对自有品牌的根源和经营方式的错误认识。

驾驭信息技术，拓展全渠道的无界空间

信息技术是第四次工业革命的焦点，用好信息技术是零售企业生存与发展的必由之路。信息技术在零售行业的应用有一个渐进的过程。

早期的信息技术应用与进销存系统

早期利用计算机处理企业经营问题的尝试，集中在会计和库存管理领域。即使在 20 世纪 50 年代硬件和软件都处于初级的时候，用计算机处理账务的速度和准确性的优势就已非常明显，而用计算机系统管理库存就更神奇了。

在工厂里，一个产品需要多种不同的原料或配件。比如，一辆轿车大约有 30 000 个零件，在生产的过程中缺少任何一个零件最终都无法组装出成品。为

保障每个零件的充足供应，员工常常需要在本子上做复杂的记录，不断计算，定期检查。用计算机给每个零件编号，进货时按编号记录库存增加的数量，出库时再按编号做减法，这一流程不仅可以省去大量的纸笔工作，还可以随时查询准确的库存余额，在需要时及时补货。这种库存管理系统吸引了很多制造型企业积极尝试。

20 世纪 60 年代，一家制造拖拉机和建筑机械的企业与 IBM 合作开发出了一套被称为"物料需求计划"（Material Requirements Planning，MRP）的软件系统，实现了对库存和生产过程的追踪，并用以指导原材料的采购和送货到厂的管理，成为有实力的大型制造企业效仿的样板。到了 20 世纪 70 年代，又出现了专门做这种软件的公司，比如甲骨文（Oracle）和 J. D. Edwards 等，这些公司生产的标准化 MRP 软件产品降低了开发成本，在制造业得到大规模推广。到了 20 世纪 80 年代，开始出现升级版的"生产资源计划"（Manufacturing Resource Planning，MRP Ⅱ）系统，升级后的系统增加了对生产过程的支持，协调制造业不同部门的生产，对生产计划进行时序管理。在技术上，MRP 和 MRP Ⅱ系统都有一些标准的处理方法，比如，硬件的构成、数据库的结构、输入 / 输出方法等。

超市的商品库存管理有着不同于制造业的特点。首先，数量多、变化快，加之开架售货导致的丢失和损坏情况时有发生，很难有准确的库存数量；其次，对商品的存货不像制造业那么严谨，偶尔发生的缺货不是致命的。所以，在超市行业的会计账簿上，库存始终是个估算的值，要在定期盘点的时候才能做出最接近事实的修正。而日常记账都是在上期库存金额的基础上，减去本期销售量，再加上本期进货量。具体金额有进货价格和零售价格两种算法，结果不甚准确，方法却极其复杂。

在条形码和激光扫码技术成熟之前，超市经营者根本无法享受库存管理软件和 MRP 系统的诸多便利，因为在顾客付款购买商品的时候，无法要求顾客停下来，只能等待超市员工把她购买的商品一样一样地记录并对库存做好减法后，再让顾客离开。所以，条形码和激光扫码技术在 20 世纪 70 年代中期被推出后，迅速得到超市行业的积极响应，制造业上应用成熟的 MRP 和 MRP Ⅱ系统，只需要略加修改就能很好地适用于超市行业，并有了一个贴近超市管理的名称：商品管理系统（Merchandise Management System）。

中国超市行业对信息技术的应用和开发走了一条与美国和欧洲不同的道路。1981 年开始的“会计电算化”活动的重点是，用计算机系统代替人工处理复杂的会计记账工作，应运而生的进销存系统主要用来为会计系统提供记账凭证。1995 年前后，“商业自动化”运动开始时，又把基于工业实践的进销存系统转用于商业企业。

进销存系统的目的和设计理念与 MRP 和 MRP Ⅱ系统有本质上的差别。前者的重点是记账凭证的准确及时，后者的重点是库存数量的动态管理；前者与会计电算化的系统一脉相承，后者与会计的记账系统完全不相干，仅用于生产过程管理，会计记账另有一套独立运行的系统。

实际工作中常常会发生库存的实物数量与计算机系统的记录不一致的情况，损坏、丢失，或是录入错误都可能导致不一致。在 MRP 或 MRP Ⅱ系统中，这些错误会打断生产工作的持续进行，因为一旦发现上述错误，就需要及时纠正和调整，让系统记录的数量与实物保持一致。短期内，这种调整在会计核算上的意义微乎其微，无须同步更改会计账。因此，把平时的调整单独记录下来，每年做一次汇总再调整会计账就可以。但是在进销存系统中，系统记录的数量是直接对应库存账目的，任何一次实物数量的调整都需要记录到会计账目中，而对实物的频繁调整给会计记录带来大量琐碎而无实质意义的工作负担。

由于进销存系统这一与生俱来的特点，使用这种系统的零售企业无法采用国际上常见的与库存管理有关的应用软件，其中就包括自动补货系统。

需要业务流程再造的 ERP 系统

随着 MRP Ⅱ系统的推广和普及，再加上其他功能的软件解决方案越来越丰富，人们逐渐认识到，在某些领域，信息技术的应用能够从本质上改变人们惯用的经营方式。一些在以前很重要的工作失去了原来的价值（比如手工记账），另有一些从前没有的工作出现了（比如按单个客户管理订单）。仅仅把信息技术看作是在原先的工作流程上加入自动化是不够的，对工作流程的全面重新设计中蕴藏着更多机会。

1990 年，美国麻省理工学院计算科学专业教授迈克尔·海默（Michael Hammer）在《哈佛商业评论》上发表了一篇文章《改造工作方法：不要自动化，要摧毁》（*Reengineering Work: Don't Automate, Obliterate*），对信息技术对传统经营方式的彻底改变做了全面阐述。他在文章中批评道，管理者的真正任务应该是摒弃那些不产生附加值的工作，而不是用信息技术自动化完成这些工作。

海默的观点很简单：企业的很多工作并没有为顾客带来价值，而没有价值的工作就应该被去除。在信息技术广泛普及的现实面前，经营者需要重新思考企业的经营方式，回归基础性的本质问题：顾客的需求是什么，以及如何才能更有效地满足顾客需要。海默的文章激起了管理实践者和研究者的热烈讨论，重新审视经营工作要点，对工作原则、组织结构、职责划分、技能要求和激励机制做彻底改造的“业务流程再造”（Business Process Re-engineering，BPR）运动在美国各行各业兴起。到 1993 年，《财富》500 强企业中的 60% 都表示本企业已经开始或正在进行业务流程再造工作。

业务流程再造是对工作方式的重新思考和重新设计，目的是以更低的成本更好地达成企业的使命。业务流程再造有两个关键：第一，充分利用现代技术扩大数据的传播，提高决策效率；第二，改变组织的职能分工，按任务组成职能小组。

这种再造工作从企业的高层开始，重新审视企业的使命、战略目标和客户需求，探究基础性的本质问题，比如，企业的使命是否需要重新定义？战略目标是否与使命一致？目标顾客是哪些人？这时很多企业都会发现，他们关于这些问题的答案并不明晰，企业实际上的运行方向也已偏离了目标，尤其是关于顾客需要这方面。企业只有确定应该做什么之后，才可能找到最好的做法。

以任务和目标的重新评估为基础，接下来的重点就是对业务流程的重新设计，也就是利用经营资源创造产品和服务，满足目标顾客需要的具体步骤和程序。把分布在不同时间和地点的结构化的工作流程拆解为具体的行动，对其进行量化及建模，并持续优化。重新设计的目的在于辨别、分析并根据自身情况设计企业的核心业务流程，改善关键绩效指标，如成本、质量、服务和速度等。

从业务流程再造的角度来看，企业的业务流程通常被分割成多个子流程和任务，由企业内部不同的职能部门承担，企业内部却常常没有对总体结果负责的专人或者部门。所以，如果从优化子流程入手，虽然会有一些改善，但若整个大流程是过时的，局部的改进就没有意义。因此，业务流程再造是整个流程的重新设计，为企业及其客户创造最大的利益。这种从根本上重新思考企业的经营工作应该如何完成的思想和方法，与注重局部功能改进的努力明显不同。

在业务流程再造运动兴起之后，到了 20 世纪 90 年代中期，在 MRP Ⅱ的基础上，又有了“企业资源计划”（Enterprise Resource Planning，ERP）系统，其应用范围几乎涵盖了企业所有的主要经营活动，包括会计记账、财务控制、人力资源、生产过程、供应链、采购、销售与顾客服务等。

品类管理的原则和完整的方法体系，以及以品类经营计划的八个步骤为代表的核心业务流程，就是在这种背景下被完整地提出来的。以信息技术在管理上的应用为基本前提，吸收了当时管理领域的最新思想成果。经过 30 多年的验证，品类管理的方法是与信息时代相适应的、最有效的商品管理方法，是零售信息技术应用的重要基础。

全渠道零售，未来的方向

关于零售的未来，现有的共识是线上和线下的分界会消失，零售企业都将同时拥有线上业务和线下业务，线上线下融为一体。或者说，全渠道零售就是未来的方向。

现实中的全渠道，实践者来自三个不同的方向。从线上发展到线下并引起广泛关注的，有阿里集团收购高鑫零售，亚马逊旗下的 AmazonGo 和全资收购的全食超市，可以总结的成功之处寥寥无几；从线下实体店发展到线上的实例很多，大小企业均有，成功与失败均不少见；一成立即是线上线下同步运作的企业有盒马鲜生，对行业影响卓著，但盈利难度较大。

针对线下实体店开展线上业务，援引品类管理的逻辑和方法，在此提出以下重要问题，帮助读者深入思考全渠道零售。

实体店为什么上线

这是一个"经营战略"层面的问题。对这个问题的回答，是决定实体零售企业用什么方式开展线上业务，以及为线上业务设定经营目标的基础。不能清晰地回答这个问题的企业，或者只是随波逐流地盲目认为这是个必然趋势的企业，最后的结局只会是一无所获。

线上的经营环境与线下实体店有着本质的不同，比较突出的有四点：第一，"位置"的意义不复存在。线上购物的顾客不需要亲自到店里，对实体店至关重要的"商圈"和"客流"在线上经营中不再有同等重要的意义。第二，线上渠道和平台间的比较非常容易，价格高度透明，在移动终端上动动手指即可查询到所需信息。第三，顾客的购物习惯很容易被改变，顾客忠诚度相对较低。第四，顾客对购物体验的评价的传播不局限于亲朋好友，而是在购物网站或社交平台上发布信息，传播面得到了近乎无限的扩大。

对实体店有很高价值的消费者细分工作对线上经营来说失去意义，线上顾客千差万别，有的人尤其在乎送达速度，有的人只关注价格。顾客的喜好极度难把握，消费者的购物行为更无法归类概括，营销很容易失去针对性。

竞争的复杂程度陡增。新的竞争对手随时都可能出现，而且常常是行业内的新面孔，很难判断其动作是经过反复推演的绝招，还是单纯只是初生牛犊不怕虎的冒险，抑或是资本催动的结果。无论出于什么动机，进攻的势头总是前所未有的猛烈，价格根本不在话下。在这些情况下，理性的评估是必不可少的。

从顾客来源看，可以把线上业务针对的目标顾客分为实体店已吸引的顾客和非实体店的顾客；再把经营的目标分成三种：强化实体店的影响，线上和线下业务同时开展、相互补充，单纯拓展线上业务。如此，将经营任务排列组合为六种不同情况，如图 9-3 所示。

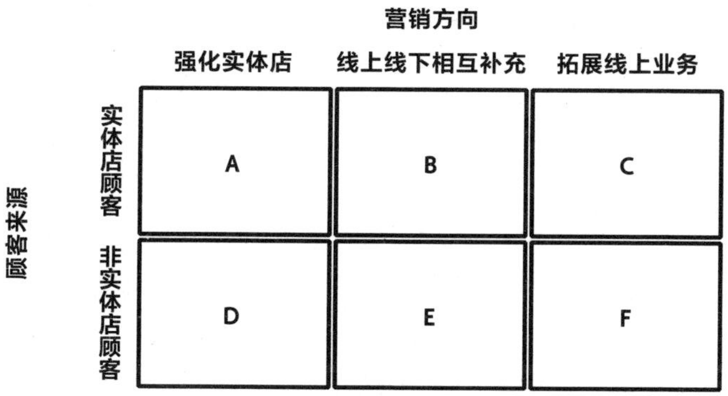

图 9-3　实体店的线上拓展情况分类

目标 A：针对实体店现有顾客，强化实体店经营。这种情况不需要鼓励顾客转移到线上购物，也不必给顾客发放线上购物优惠券，但可以有针对性地发放线下购物优惠券。

目标 B：针对实体店现有顾客，实现线上线下互补。比如，当顾客不愿意或者不方便到店购物时，避免顾客流向竞争对手一方。针对这种目标，线上的优惠没有任何价值，而送货服务应该适当收费。如果顾客被竞争对手线上业务吸引的原因是其免费送货的服务或者线上的补贴与优惠，花代价留住顾客是不值得的。

目标 C：针对实体店现有顾客，开展线上业务，满足他们在实体店无法被满足的需求。这种目标有一定的潜力，但是需要企业付出相应的努力，如拓宽的商品经营范围，增强自身经营能力。

目标D：为了从网上吸引更多顾客到实体店而开展线上业务，作用相对有限。处于实体店商圈内却从没有到店里购物过的顾客，能被线上业务说服的可能性较低，难度也会比较大。

目标E：通过线上和线下互补，吸引那些从没有到过实体店的顾客，实际意义同样微不足道。

目标F：针对非实体店顾客开展网上业务，类似于单纯地开展电商业务。

结合对企业自身能力的评估，很容易看出，只有目标A和目标B的合理性较高。

线上的营运

首先，应关注品类覆盖范围和品类角色。目的性品类在顾客心目中有牢固的良好形象，也是顾客寻找的目标，应该成为线上的主力。顾客在线上的购物任务比实体店更丰富，因而常规性品类和便利性品类都需要作调整，并配合有针对性的促销机制和活动。美国和欧洲有很多成功的案例显示，零售企业有机会在线上拓展一些在实体店销售受限的商品品类，比如，有连锁超市企业在线上销售定制的家用汽车、旅游季节的特种装备等。

其次，具体的品类战术若是原原本本地把实体店的商品复制粘贴到线上购物界面，是不合理且没有意义的。调整的重点应放在营销角度上对顾客的吸引力和商品实物的营运管理效率上。适当压缩线上呈现的品项数可以提高顾客挑选的效率，也能降低实时调整库存的难度。

相比于线下，线上业务最大的机会是促销方式的改变。线上业务有成熟的技术手段，能帮助零售企业在消费者浏览购物界面时判断其身份和购物任务，据此进行定向的购物者营销。购物者营销的有效开展，需要零售企业与供应商的积极合作，而品类管理的基本技能就成了必不可少的前提。

线上业务提供的送货服务是寻求便利的顾客最为看重的一点。但免费送货或者持续的巨额补贴都是难以持久的，而且“30分钟送到家”等类似的服务承诺也并非对所有顾客都是有必要的。欧美市场上，超市免收送货费的服务很少见。以下是一种比较通行的做法。

按会员级别制定收费标准，会员资格是收费的，在普通会员的收费标准基础上，银卡、金卡、钻石卡等分别给以不同的送货费用的优惠折扣。在交付地点上，主要的选项是“线上订货到店取货”，此外还有指定地点取货，送货到家只是选项之一。还有一种方法是汽车后备箱交货，送货员在收货人工作的时间把货送到停车场，用特殊的钥匙打开顾客的汽车后备箱，放入商品后再锁好。至于交付时间，也有多种方案：即时（可以设定为20分钟，30分钟或1小时等）、当天、隔天等；也可以是提前约定的固定时间，比如周三到周五下午6点前付款，周六上午9点到12点送货等。

追随顾客，开创未来

回溯零售行业的发展历史，从每一次变革发生的背景和起因中我们都能看到，有三种力量交织在一起推动着这个行业的发展：消费者生活方式和购物行为的变化，信息技术的进步，行业竞争的压力。

30多年前，品类管理在美国被提出，为陷入门店过剩的超市经营者找到在竞争中脱颖而出、超越对手的有效方法，并得到长期陷于产品过剩和产能过剩的消费品制造行业的热烈回应和积极支持，由此开启现代零售营销的一个全新时代，为后来的会员数据分析、消费者洞察和购物者营销等奠定基础，影响所及直至今天的全渠道和社交媒体营销。

最近几年，中国的超市经营者遇到与当年美国同行类似的问题：成本上升，销量下降，渠道被挤压，惯用的促销方式失去吸引顾客的效果。利润越来越薄的实体店抱怨生意被电商抢走了，靠资金“砸出”流量的电商羡慕实体店经营的稳定。其实，与 30 年前的美国零售市场一样，当前问题的实质是门店和线上渠道的过剩，而且这是一个永远不会逆转的情况。不论是线下的实体零售还是线上的电子商务，抑或是线上线下一体化的全渠道零售，在目前的行业背景下，经营的核心任务就是要成为消费者首选：一旦消费者产生需求，不论何时何地，要让他最先想到你的门店或者线上平台。

品类管理的原则和方法，回答的是零售经营中最本质的底层问题：顾客是怎么选择零售门店的？零售门店应该销售什么商品？如何销售效果最佳？

美国的同行们常说，“零售是‘人’的生意”。零售的经营模式各不相同，但优秀的企业都会显示出共同的素质：有效的差异化，积极的协作，卓越的组织（见图 9-4）。与顾客、供应商，以及企业的内部团队三方力量建立稳固而富有建设性的关系。

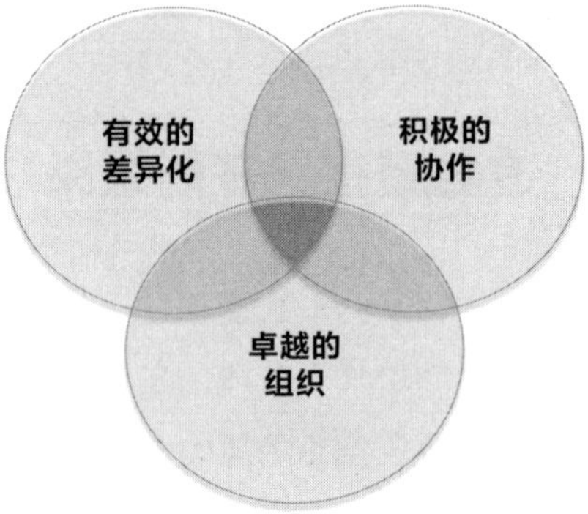

图 9-4　优秀零售企业共同的素质

有效的差异化对维持零售企业与顾客之间的长久关系非常重要。在顾客眼里，如果一家企业的门店与竞争对手相比有明显的优点，能给顾客带来不一样的体验，那这家企业就更容易得到顾客的青睐和偏爱。表现在商品上，可以是高性价比，也可以是优秀品质等。

品类管理从深度解析目标顾客的购物行为的角度出发，按顾客的需求把商品分为一系列的品类，为各品类赋予不同的角色，按角色做出策略组合，再进一步落实到品类战术，从商品构成、定价、陈列和促销四方面实现差异化。

零售企业与供应商就是在由品类管理得到的共同目标的指引下建立协作关系，充分利用各自的资源与专业优势，通过实现消费者价值，共同获得经营效益的提升。**品类管理为零售企业与供应商的沟通找到了共同的立脚点，以顾客需要为中心，以清晰的业务流程作为经营决策的沟通逻辑，确定最终结论，既能增进相互信任，又会提高工作效率。**

卓越的组织能让团队中的个人在集体中发挥出最大的价值。团队成员之间沟通顺畅度与工作效率，取决于组织结构的科学性与职责分工的合理性，取决于业务流程的高效简洁与岗位技能的清晰明确，还取决于绩效考核与激励体系的推动效果。品类管理的零售经营体系逻辑清晰，流程简单，按照品类管理原则重新分工，可以显著提升每个人的工作效率。

社会在不断进步，消费者的生活方式复杂多变；更庞杂的数据，更快的计算速度，日新月异的技术进步让人应接不暇；零售行业内部的竞争格局也将被更新的经营模式打破。**推动零售发展的三种力量都是永动的，零售的进步也是不会停歇的。这纷纷扰扰的变化中，顾客的方向，就是未来的方向。约束零售行业的恒定不变的法则是：零售的经营决策要永远以顾客为中心，以事实为依据。**

而品类管理，是零售经营一切努力的起点。

附　录

品类指标用于确定零售企业为实施品类经营计划而设定的目标。品类经营计划层面的业绩指标应包含四种类型，分别为消费者指标、市场指标、财务指标、效率指标。一组均衡的业绩指标既可以帮助零售企业有效衡量、监测品类经营计划，也能为在实施阶段调整计划提供依据。表 A-1 是对具体品类指标如何界定、如何计算以及其作用的具体说明。

表 A-1　品类指标的详细介绍

指标类型	指标名称	具体说明
消费者指标	商品服务率，或称得购率（inventory availability）有货率（product availability）	商品服务率 =（有效品项数 / 规划品项总数）x 100% 算法说明：有效品项数是指在某一具体时间点上，该品类在门店的指定位置，有商品并且有价签与之相对应的品项数。“规划品项总数”是指由商品部或采购部提供，门店认可（不反对）的品类应该在门店呈现给顾客的品项数。 影响商品服务率的原因： • 商品分组问题：商品陈列位置脱离应归属的商品组 / 品类。 • 门店管理问题：有商品、无价签。 • 门店管理问题：货架上无商品，商品都存在仓库。 • 门店订货或物流中心订单处理问题：门店缺货。 • 物流中心订货或供应商问题：物流中心缺货。
	交易规模	指顾客在该品类每次购买的商品平均金额。 该指标可以通过“增加交易”和“树立形象”的品类策略来改善。
	家庭渗透率	家庭渗透率 =（该品类的顾客交易次数 / 全店顾客交易次数）x 100% 该指标可以通过吸引客流、保护地盘和创造兴奋等品类策略来改善，也可适当运用“锁定特殊使用者”的品类策略来改善。
市场指标	市场份额	市场份额 =（本企业的该品类销售规模 / 品类的市场总规模）x 100% 该指标可反映出本企业在该品类的市场影响力。
	机会缺口	机会缺口 = 本企业的该品类实际市场份额 − 应该拥有的合理市场份额 该指标为负数时，表示有具体而简单的原因导致企业未能完全获得应得的市场份额，但修正错误来获得公平市场份额的代价往往不会很大。
财务指标	销售额	指在一定时间段的品类销售总额。
	销售增长率	销售增长率 =（当年销售额 / 上一年销售额）x 100% − 1 所取的时间段需要有可比性，通常需要以星期为单位。
	综合毛利率	综合毛利率 = 前台毛利率 + 后台毛利额 / 销售额
	自有品牌销售额	自有品牌销售额 = 企业自有品牌销售额 + 联合自有品牌销售额

续表

指标类型	指标名称	具体说明
	毛利存货回报率	毛利存货回报率 = 毛利总额 / 平均库存（进货成本）
		该指标可针对一个或多个品类，一个或多个门店，反映经营水平的一个方面，把资金投在商品存货上获取毛利的能力。
	存货	存货金额（售价计） = 存货金额（成本价）/（1 - 综合毛利率）
	库存周转次数	库存周转次数 = 销售额 / 平均库存金额（售价计） = 销售商品成本 / 平均库存金额（进价计）
效率 / 产能指标	订单满足率	按时、按量准确送货到门店的订单数 / 门店发出订单的总数
		该指标反映的是物流中心配送（或者供应商直送到店）的服务水平，是保障门店营运效率的重要指标。
	坪效	对品类而言，坪效指每平方米营业面积所产生的销售额；营业面积也可以用相应货架的延长米计算。

致　谢

2021 年 4 月，哈里斯博士提议我跟他合写这本书。能与享誉世界的“一代宗师”共同为中国的消费品和零售业同仁揭示品类管理的奥义，让我倍感荣幸。欣喜之余，没想到从动笔到成书，竟花了两年半多的时间，大规模修改和更换书稿达五六次之多。

在欧美大学的商科院系，品类管理通常是需要一到两个学期学习的零售专业课程；也有把品类管理及相关内容作为硕士研究生毕业论文乃至博士研究课题的。要把这样一个内涵丰富、影响深远的课题讲清楚，需要用上我近 30 年的专业学习积累和职业经历。因此，每一次修改，我都致力于让表述更通俗易懂。

在与哈里斯博士合著本书的过程中，许多业界、学界的前辈和同仁给予我莫大的帮助。在这里表示由衷的感谢。

奈耶诺德大学的弗雷德·拉考茨基（Fred Lachotzki）教授是我认识零售经营奥秘的启蒙者，他的诸多精辟见解，直接影响了我对品类管理的理解。在与SPAR国际的前总裁高登·康贝尔（Gordon Campbell）博士和现任总裁托比亚斯·华斯穆特（Tobias Wasmuht）先生共事的那些年，他们帮助我更深刻地认识了欧美零售业的经营实践。关于品类管理的实操，与荷兰皇家阿霍德公司美国区前副总裁埃德加·艾尔泽曼（Edgar Elzerman）先生的详细探讨让我受益颇多。

中国连锁经营协会的三任会长都为我在品类管理领域的发展起到了巨大的推动作用。创会会长郭戈平是最早鼓励我把品类管理介绍给全国同行的人，20多年来，她一直给予我鼓励和支持。在第二任会长裴亮博士的统筹和领导下，我正式开启引介品类管理的标志性工作——参与翻译了《品类管理实施指南》的五卷巨著。而国内最早的品类管理培训班则是我与现任会长彭建真先生共同组织的。

杭州米雅科技联合创始人杨德宏博士，是我推广品类管理的积极拥护者，他20多年来为我提供了很多支持。

在我离开零售企业经营一线后，北京超市发前董事长李燕川先生，SPAR河南前总经理董启先生，中国百货商业协会秘书长杨青松博士都积极鼓励我以品类管理的培训和咨询为业，让更多的国内同行了解和掌握这门革命性的零售经营技术。

书中结合国内实践案例的讲解，深受天虹数科超市事业部前总经理姜勇先生的启发，他从零售经营体系建设与核心业务流程两个角度对品类管理六要素和业务流程八步骤的阐述，代表了国内零售实践者对品类管理原理和方法认识的新高度。

在写作过程中，元旨的诸位同事一直为我提供最积极的支持。其中第5章的核心内容由王琨从英文翻译而来，英国萨里大学零售专业硕士背景和十余年外资零售企业高管经历，让他的译文准确而通顺。元旨北京总经理李晓欢是每一稿的第一位读者，积极搜集学习品类管理的元旨客户企业实践者们的反馈，对内容要点和表述方式提出极具建设性的意见。书中引用的国内案例，经由元旨首席咨询师孙蕴华女士的审核，让理论讲解格外鲜活、生动；元旨高级咨询师孙春菊女士对供应商合作部分的内容提供了中肯的建议。

李雪博士对本书涉及的有关日本零售行业的信息和日语专业名词等的翻译提供了积极支持。

我要感谢湛庐的董事长韩焱、总编辑董寰、副总编辑吴悦琳在图书出版过程中给予的支持，以及编辑陆林颖、张頔、郭宏浩、石瑞对书稿的打磨，他们帮助本书确定最终结构和定稿，让内容大为生色。

再次感谢每一位提供帮助的朋友和老师！

张智强

未来，属于终身学习者

我们正在亲历前所未有的变革——互联网改变了信息传递的方式，指数级技术快速发展并颠覆商业世界，人工智能正在侵占越来越多的人类领地。

面对这些变化，我们需要问自己：未来需要什么样的人才？

答案是，成为终身学习者。终身学习意味着永不停歇地追求全面的知识结构、强大的逻辑思考能力和敏锐的感知力。这是一种能够在不断变化中随时重建、更新认知体系的能力。阅读，无疑是帮助我们提高这种能力的最佳途径。

在充满不确定性的时代，答案并不总是简单地出现在书本之中。“读万卷书”不仅要亲自阅读、广泛阅读，也需要我们深入探索好书的内部世界，让知识不再局限于书本之中。

湛庐阅读 App：与最聪明的人共同进化

我们现在推出全新的湛庐阅读 App，它将成为您在书本之外，践行终身学习的场所。

- 不用考虑“读什么”。这里汇集了湛庐所有纸质书、电子书、有声书和各种阅读服务。
- 可以学习“怎么读”。我们提供包括课程、精读班和讲书在内的全方位阅读解决方案。
- 谁来领读？您能最先了解到作者、译者、专家等大咖的前沿洞见，他们是高质量思想的源泉。
- 与谁共读？您将加入优秀的读者和终身学习者的行列，他们对阅读和学习具有持久的热情和源源不断的动力。

在湛庐阅读 App 首页，编辑为您精选了经典书目和优质音视频内容，每天早、中、晚更新，满足您不间断的阅读需求。

【特别专题】【主题书单】【人物特写】等原创专栏，提供专业、深度的解读和选书参考，回应社会议题，是您了解湛庐近千位重要作者思想的独家渠道。

在每本图书的详情页，您将通过深度导读栏目【专家视点】【深度访谈】和【书评】读懂、读透一本好书。

通过这个不设限的学习平台，您在任何时间、任何地点都能获得有价值的思想，并通过阅读实现终身学习。我们邀您共建一个与最聪明的人共同进化的社区，使其成为先进思想交汇的聚集地，这正是我们的使命和价值所在。

图书在版编目（CIP）数据

品类管理 /（美）布莱恩·哈里斯（Brian Harris），张智强著．-- 北京：中国财政经济出版社，2024.2
ISBN 978-7-5223-2657-3

Ⅰ．①品…　Ⅱ．①布…　②张…　Ⅲ．①零售业一商业管理　Ⅳ．①F713.32

中国国家版本馆 CIP 数据核字（2024）第 011615 号

责任编辑：罗亚洪　　　责任校对：胡永立
封面设计：张东东　　　责任印制：张　健

品类管理
PINLEI GUANLI

中国财政经济出版社　出版
URL：http://www.cfeph.cn
E-mail:cfeph@cfemg.cn

社址：北京市海淀区阜成路甲 28 号　　邮政编码：100142
营销中心电话：010-88191522
天猫网店：中国财政经济出版社旗舰店
网址：https：//zgczjjcbs.tmall.com
唐山富达印务有限公司印装　　各地新华书店经销
成品尺寸：170mm×230mm　　16 开　　21.5 印张　　323 000 字
2024 年 2 月第 1 版　　2024 年 2 月河北第 1 次印刷
定价：109.90 元
ISBN 978-7-5223-2657-3
（图书出现印装问题，本社负责调换，电话：010-88190548）
本社图书质量投诉电话：010-88190744
打击盗版举报热线：010-88191661　　QQ：2242791300